astrojildo pereira

machado de assis

astrojildo pereira

machado de assis

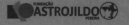

© desta edição, Boitempo e Fundação Astrojildo Pereira, 2022

Conselho editorial da coleção Astrojildo Pereira
Fernando Garcia de Faria, Ivana Jinkings, Luccas Eduardo Maldonado, Martin Cezar Feijó

Fundação Astrojildo Pereira

Conselho Curador
Presidente: Luciano Santos Rezende
Diretoria Executiva
Diretor-geral: Caetano Ernesto Pereira de Araújo
Diretor financeiro: Raimundo Benoni Franco

Fundação Astrojildo Pereira
SEPN 509, bloco D, Lojas 27/28, Edifício Isis
70750-504 Brasília DF
Tel.: (61) 3011-9300
fundacaoastrojildo.org.br
contato@fundacaoastrojildo.org.br
facebook.com/FundacaoAstrojildoFap
twitter.com/FAPAstrojildo
youtube.com/FundacaoAstrojildoPereira
instagram.com/fundacaoastrojildo

Boitempo

Direção-geral: Ivana Jinkings
Edição: Tiago Ferro
Coordenação de produção: Livia Campos
Assistência editorial: Luccas Maldonado, Fernando Garcia, Frank de Oliveira e Pedro Davoglio
Preparação de texto: Ronald Polito
Revisão: Carmen T. S. Costa
Diagramação e tratamento de imagens: Mika Matsuzake
Capa: Maikon Nery
Equipe de apoio: Camila Nakazone, Elaine Ramos, Erica Imolene, Frederico Indiani, Higor Alves, Isabella Meucci, Ivam Oliveira, João Cândido Maia, Kim Doria, Lígia Colares, Luciana Capelli, Marcos Duarte, Marina Valeriano, Marissol Robles, Maurício Barbosa, Raí Alves, Thais Rimkus, Tulio Candiotto, Uva Costriuba

Jinkings Editores Associados Ltda.
Rua Pereira Leite, 373
05442-000 São Paulo SP
Tel.: (11) 3875-7250 / 3875-7285
editor@boitempoeditorial.com.br
boitempoeditorial.com.br | blogdaboitempo.com.br
facebook.com/boitempo | twitter.com/editoraboitempo
youtube.com/tvboitempo | instagram.com/boitempo

CIP-BRASIL. CATALOGAÇÃO NA PUBLICAÇÃO
SINDICATO NACIONAL DOS EDITORES DE LIVROS, RJ

P489m

Pereira, Astrojildo, 1890-1965
Machado de Assis : ensaios e apontamentos avulsos / Astrojildo Pereira. - 1. ed. - São Paulo : Boitempo ; Brasília : Fundação Astrojildo Pereira, 2022.
Apêndice
ISBN 978-65-5717-144-8

1. Assis, Machado de, 1839-1908 - Crítica e interpretação. 2. Literatura brasileira - História e crítica. I. Fundação Astrojildo Pereira. I. Título.

22-76833   CDD: 869.09
CDU: 821.134.3.09(81)

Gabriela Faray Ferreira Lopes - Bibliotecária - CRB-7/6643

É vedada a reprodução de qualquer
parte deste livro sem a expressa autorização das editoras.
1ª edição: março de 2022

Dedico este livro à Sociedade dos
Amigos de Machado de Assis.
E a Carlos Ribeiro.

SUMÁRIO

Nota da edição 9
Astrojildo: política e cultura, *por José Paulo Netto* 11

Prefácio da primeira edição 31
Machado de Assis, romancista do Segundo Reinado 33
Instinto e consciência de nacionalidade 59
Crítica e política social 95
O Almada e a história da cidade 117
Pensamento dialético e materialista 145
Antes e depois do *Brás Cubas* 173
O "mau" e o "bom" Machado 181

APONTAMENTOS AVULSOS

Trabalho e estudo 195
Diderot 199
Proudhon 203
Ainda Proudhon 205
Miséria da filosofia 207
Benjamin Constant 211
Benjamin Constant e Benjamin Constant 215
Relações sociais 217
O mesmo assunto 221
Ausência de paisagem 223
O charlatão José Dias 227
Saint-Clair das Ilhas e Paula Brito 233
Uso e abuso da memória 237
Frota da boa vizinhança 241

Preocupações políticas 245
Alguma bibliografia 249

APÊNDICE

A última visita, *por Euclides da Cunha* 259
Machado de Assis é nosso, é do povo, *por Astrojildo Pereira* 263
Em memória de Machado de Assis, *por Rui Facó* 265
Tradição e revolução, *por Otto Maria Carpeaux* 269

Sobre o autor 275

NOTA DA EDIÇÃO

No ano do centenário de fundação do Partido Comunista Brasileiro (PCB) a Boitempo e a Fundação Astrojildo Pereira relançam um autor fundamental de nossa cultura: Astrojildo Pereira (1890-1965). Militante comunista e crítico literário, Astrojildo publicou em vida cinco livros — alguns esgotados há décadas — que voltam agora à circulação, em novas edições: *Crítica impura*; *Formação do PCB*; *Interpretações*; *Machado de Assis*; e *URSS Itália Brasil*.

    A presente obra, *Machado de Assis*, é um dos trabalhos mais importantes e conhecidos do autor, contando com várias edições. A primeira surgiu em 1959 pela Livraria e Editora São José, propriedade de Carlos Ribeiro, amigo de Astrojildo, que viabilizou a sua publicação. Uma segunda apareceu em 1991 pela Oficina do Livro, coordenada por Antonio Roberto Bertelli, após a morte de Astrojildo. Nessa versão, adicionou-se um estudo introdutório de José Paulo Netto, professor da Universidade Federal do Rio de Janeiro (UFRJ), intitulado "Astrojildo: política e cultura". Em 2008, no centenário da morte de Machado de Assis (1839-1908), a Fundação Astrojildo Pereira (FAP) publicou uma edição em parceria com a Academia Brasileira de Letras (ABL). O trabalho contava com ilustrações do jornalista Claudio de Oliveira e dois textos introdutórios: "Apresentação" do historiador Martin Cezar Feijó e "Prefácio" do jornalista e membro da ABL Ivan Junqueira. O livro vinha acompanhado de um DVD com o curta-metragem *A última visita*, dirigido por Zelito Viana e produzido pela FAP e pela Mapa Filmes do Brasil. O vídeo foi gravado nas instalações da ABL, utilizando-se dos móveis originais de Machado de Assis.

Esta edição de *Machado de Assis* recupera a integridade da obra original de Astrojildo Pereira, estabelecendo o texto conforme escrito pelo autor, realizando somente a atualização gramatical e padronização editorial. Os textos introdutórios das edições anteriores foram suprimidos (com exceção do escrito por José Paulo Netto, revisto e ampliado para esta edição) e novos foram incorporados, como o texto de orelha escrito pelo historiador Luccas Eduardo Maldonado. As ilustrações de Claudio de Oliveira utilizadas na terceira edição também foram mantidas.

Alguns anexos foram ainda incorporados: a crônica "A última visita", de Euclides da Cunha (1866-1909), na qual relata a visita de Astrojildo ao leito de morte de Machado de Assis. Esse artigo foi publicado originalmente no *Jornal do Comércio* em 30 de setembro de 1908, no dia seguinte à morte do Bruxo do Cosme Velho. Outro incremento foi "Machado de Assis é nosso, é do povo", de Astrojildo, publicado em novembro de 1938, nos trinta anos do falecimento de Machado de Assis. O texto apareceu originalmente na *Revista Proletária*, periódico vinculado ao PCB, que tinha uma circulação restrita devido à ditadura do Estado Novo. Um artigo do militante comunista Rui Facó (1913-1963), intitulado "Em memória de Machado de Assis", foi também anexado. Esse texto apareceu originalmente em 27 de setembro de 1958 no *Voz Operária*, jornal oficial do comitê central do PCB, e fazia uma homenagem ao fundador da ABL no cinquentenário de sua morte. Por fim, uma resenha de *Machado de Assis*, de Astrojildo Pereira, redigida pelo jornalista e crítico literário Otto Maria Carpeaux (1900-1978) foi incluída. Esse texto, intitulado "Tradição e revolução", apareceu originalmente no *Correio da Manhã* em 1959.

ASTROJILDO: POLÍTICA E CULTURA

Este texto foi publicado pela primeira vez em 1991, como prefácio à edição de *Machado de Assis: ensaios e apontamentos avulsos* — obra de Astrojildo Pereira que veio à luz originalmente em 1959[1].

Desde fins dos anos 1990 cresceu enormemente a bibliografia sobre a vida e a obra de Astrojildo, em especial a produção universitária. Nesta nova edição, não foi possível relacionar todas as fontes disponíveis. Porém, sem referir o grande rol de teses e dissertações, de acesso nem sempre fácil, uma pequena listagem pode ser oferecida ao leitor à guisa de amostragem do interesse atual sobre o crítico literário que foi também um dos fundadores do Partido Comunista Brasileiro.

Antes de fazê-lo, cabe indicar que o livro mais importante publicado sobre o nosso autor neste século é da lavra de Martin Cezar Feijó, *O revolucionário cordial: Astrojildo Pereira e as origens de uma política cultural*[2]. Dez anos antes, Leandro Konder fizera interessantes observações sobre Astrojildo em seu *Intelectuais brasileiros & marxismo*[3]. E em vários dos seis volumes da coleção *História do marxismo no Brasil*[4] — organizada por qualificados e reconhecidos acadêmicos, editados em Campinas e São

---

[1] Astrojildo Pereira, *Machado de Assis: ensaios e apontamentos avulsos* (Belo Horizonte, Oficina de Livros, 1991).

[2] Martin Cezar Feijó, *O revolucionário cordial: Astrojildo Pereira e as origens de uma política cultural* (2. ed., São Paulo/Brasília, Boitempo/Fundação Astrojildo Pereira, 2022).

[3] Leandro Konder, *Intelectuais brasileiros & marxismo* (Belo Horizonte, Oficina de Livros, 1991). "Astrojildo Pereira (1890-1965)", um dos artigos dessa obra, consta como apêndice na nova edição do livro de Astrojildo Pereira *Crítica impura* (São Paulo/Brasília, Boitempo/Fundação Astrojildo Pereira, 2022).

[4] João Quartim de Moraes, Daniel Aarão Reis et al. (orgs.), *História do marxismo no Brasil* (6 vols., 2. ed., Campinas, Editora Unicamp) 2007.

Paulo — encontram-se preciosos textos[5] que contribuem para uma adequada aproximação à obra de Astrojildo Pereira.

*

O relevo intelectual e humano de Astrojildo Pereira era, para os protagonistas mais salientes da cultura brasileira entre os anos 1940 e 1960, algo de inconteste: havia como que um consenso acerca da significação dos seus escritos e da exemplar verticalidade do seu roteiro pessoal — consenso partilhado por atores que se situavam nos espaços mais diferentes do espectro ideológico brasileiro, dos mais tradicionais (Gilberto Freyre, Afonso Arinos, Manuel Bandeira) aos mais avançados (Otto Maria Carpeaux, Graciliano Ramos, Nelson Werneck Sodré).

Esse quadro muda nos desdobramentos do golpe de abril de 1964, que atingiu duramente o escritor e militante revolucionário[6]. O silêncio dos bem-

---

[5] Quanto a artigos e ensaios mais breves e recentes, veja-se, entre muitos: Marisa Lajolo, "Astrojildo Pereira nos bastidores da historiografia literária", *Ideias*, Campinas, Instituto de Filosofia e Ciências Humanas/Unicamp, ano 2, n. 1, jan.-jun. 1995; Santiane Arias, "O intelectual Astrojildo Pereira e a política cultural do PCB (1945-1958)", *Revista de iniciação científica*, Marília, FFC/UNESP, vol. 4, n. 1, 2004 e "Astrojildo Pereira e a revista Estudos Sociais", *Novos Rumos*, São Paulo, Instituto Astrogildo Pereira, vol. 20, n. 44, 2005; José A. Fenerick, "A literatura anarquista dos anos 1900/1920: um estudo da recepção em dois quadros críticos", *Mneme. Revista de Humanidades*, Seridó, UFRN, vol. 5, n. 10, abril-jun. 2004; Laryssa de S. Goulart, "Os intelectuais e o Partido Comunista Brasileiro: um estudo de Astrojildo Pereira", *Anais do XXI Encontro Estadual de História*, Campinas, ANPUH-SP, setembro de 2012; Marcos Del Roio, "A trajetória de Astrojildo Pereira (1890-1965), fundador do PCB", *Praia Vermelha*, Rio de Janeiro/ESS-UFRJ, n. 22, jan.-jun. 2013; Gleyton Trindade, "Astrojildo Pereira: o dilema da nacionalização do marxismo no Brasil", *Crítica marxista*, n. 38, 2014; Augusto C. Buonicore, "Astrojildo Pereira e a gênese do comunismo no Brasil", São Paulo, Fundação Maurício Grabois, 2015; Danilo M. Oliveira, "O papel do escritor na *Crítica impura* de Astrojildo Pereira", *Perseu*, São Paulo, Fundação Perseu Abramo, ano 12, n. 15, 2018; Elina Pessoa e Rodrigo Guedes, "A coleção de Astrojildo Pereira no AMORJ/Arquivo da memória operária do Rio de Janeiro", *Trabalho Necessário*, Niterói, Neddate/UFF, vol. 17, n. 33, maio-ago. 2019.

[6] Astrojildo, septuagenário, é preso e responde a inquérito policial-militar; sua casa é invadida e seus preciosos arquivos e biblioteca (organizada com o carinho de bibliófilo

-pensantes e a tentativa de apagamento da memória nacional, parte integrante da política da ditadura, conjugaram-se para estabelecer um hiato entre o legado político e intelectual de Astrojildo e as novas gerações de brasileiros.

A derrota do regime político oriundo do 1º de abril acompanhou-se de um processo que marca o resgate da obra — política e cultural — de Astrojildo: de um lado, pelo renovado interesse para com a história do nosso movimento operário e revolucionário[7]; de outro, pela atenção que a própria figura do fundador do PCB vem recebendo de pesquisadores no Brasil e no exterior[8]. Para esse resgate contribui também, de forma expressiva, a divulgação de testemunhos importantes de companheiros de luta de Astrojildo[9]. O fato é que, ao longo dos anos 1980, várias e distintas iniciativas se articularam para superar o hiato antes referido[10].

que ele foi) são saqueados. O que se pode salvar dos arquivos está preservado, hoje, na Itália, no *Archivo Storico del Movimento Operario Brasiliano*/ASMOB (Via Romagnosi 3, 20.121, Milão); parte da sua biblioteca encontra-se no acervo do Instituto de Estudos Brasileiros (IEB), da Universidade de São Paulo (USP).

[7] Dentre as várias contribuições efetivadas nesse campo, destaca-se o cuidadoso empenho de Michel Zaidan Filho, *O PCB: 1922-1929: nas origens da busca de um marxismo nacional* (São Paulo, Global Editora, 1985); *Comunistas em céu aberto: 1922-1930* (Belo Horizonte, Oficina de Livros, 1989) e o ensaísmo de Edgard Carone, especialmente *Classes sociais e movimento operário* (São Paulo, Ática, 1989), além da recente pesquisa de Marcos Del Roio, *A classe operária na revolução burguesa* (Belo Horizonte, Oficina de Livros, 1990). Ainda nesse terreno, aporte considerável foi oferecido por Dario Canale — intelectual revolucionário precocemente desaparecido —, cuja tese de doutorado, na Alemanha, enfocando os primeiros passos do movimento comunista no Brasil, ainda permanece inédita, mas da qual se pode ter algo no volume organizado por José Nilo Tavares, *Novembro de 1935: meio século depois* (Petrópolis, Vozes, 1985).

[8] Entre nós, assinalem-se os eficientes estudos de Martin Cezar Feijó, cujos primeiros resultados aparecem na pioneira *Formação política de Astrojildo Pereira, 1890-1920* (São Paulo, Novos Rumos, 1985; 2. ed., Belo Horizonte, Oficina de Livros, 1990); no exterior, recorde-se o ensaio de Virgilio Baccalini, *Astrojildo Pereira, giovane libertario : alle origini del movimento operaio brasiliano* (Milão, Cens, 1984).

[9] Pense-se no memorialismo de Leôncio Basbaum, *Uma vida em seis tempos* (São Paulo, Alfa-Ômega, 1976), do amargo Octávio Brandão, *Combates e batalhas* (São Paulo, Alfa-Ômega, 1978) e, principalmente, de Heitor Ferreira Lima, *Caminhos percorridos* (São Paulo, Brasiliense, 1982).

[10] Uma delas foi a criação, em São Paulo, por intelectuais afetos ao PCB, do Instituto Astrojildo Pereira, que edita a revista *Novos Rumos*. Outra foi o lançamento da revista

No entanto, ainda há muito o que fazer para restituir a Astrojildo o lugar que lhe cabe, por direito, por mérito, na história da política e da cultura brasileira; um passo fundamental nesse sentido é a republicação da sua obra escrita[11] — e eis por que, na passagem do seu centenário de nascimento, é mais que oportuna esta reedição do seu *Machado de Assis*.

Uma existência modesta

Astrojildo Pereira[12] nasceu no distrito de Rio dos Índios, município de Rio Bonito (RJ), a 8 de outubro de 1890. Viveu em Rio Bonito até o início da adolescência, quando sua família (que tinha participação política na cidade) se deslocou para Niterói[13].

Memória & História, cujo primeiro número (São Paulo, Ciências Humanas, 1981), dedicado a Astrojildo, reúne textos de Edgard Carone, Heitor Ferreira Lima, Otto Maria Carpeaux, Nelson Werneck Sodré e um belo ensaio de Leandro Konder, além de material iconográfico e inédito de Astrojildo.

[11] Sob seu próprio nome, Astrojildo publicou poucos livros, *URSS Itália Brasil* (Rio de Janeiro, Alba, 1934); *Interpretações* (Rio de Janeiro, Casa do Estudante do Brasil, 1944); *Machado de Assis* (Rio de Janeiro, São José, 1959); *Formação do PCB* (Rio de Janeiro, Vitória, 1962) e *Crítica impura* (Rio de Janeiro, Civilização Brasileira, 1963). Pouco antes de morrer, ele se ocupava da redação de "um capítulo de memórias", do qual se publicou apenas um fragmento ("Notas e reflexões de um capítulo de memórias", *Revista Civilização Brasileira*, Rio de Janeiro, Civilização Brasileira, ano I, n. 2, maio 1965). Postumamente, escritos seus foram coligidos em duas antologias organizadas uma por Heitor Ferreira Lima: *Ensaios históricos e políticos* (São Paulo, Alfa-Ômega, 1979) e outra por Michel Zaidan Filho, *Construindo o PCB. 1922-1924* (São Paulo, Ciências Humanas, 1980).

Esses títulos nem de longe dão conta da produção de Astrojildo, polígrafo precoce: a maior parte do que escreveu, sob os pseudônimos mais diversos (Basílio Torresão, Aurélio Corvino, Pedro Sambê, Tristão, Alex Pavel, Astper), divulgada pela imprensa anarquista até o fim dos anos 1910 e comunista depois (brasileira e estrangeira), permanece dispersa. Em meados dos anos 1980, sob o estímulo de Raul Mateos Castell e a organização de Martin Cezar Feijó, o Instituto Astrojildo Pereira iniciou a publicação das suas *Obras*, v. I: *URSS Itália Brasil* (São Paulo, Novos Rumos, 1986)], mas o projeto não seguiu adiante.

[12] Registrado Astrogildo (com gê) Pereira Duarte da Silva, o escritor fazia questão absoluta da grafia Astrojildo (com jota).

[13] Aliás, foi na casa da família, em Niterói (rua Visconde do Rio Branco, 15), que se realizou, em março de 1922, o congresso de fundação do PCB.

Os únicos estudos formais de sua vida, Astrojildo fê-los na sua região de origem, e na capital do estado do Rio: começou na escola pública, depois foi matriculado no famoso Colégio Anchieta (Nova Friburgo) e, enfim, chegou ao Colégio Abílio (Niterói). Não concluiu sequer o curso ginasial: deixou a escola em 1908, na terceira série, para trabalhar como gráfico, no Rio de Janeiro.

Depois da "campanha civilista" de Rui Barbosa, jornada em que se empenhou vivamente (embora já se inclinasse para o anarquismo), Astrojildo empreende uma romântica viagem à Europa (1911), da qual retorna sem dinheiro, mas com muitos livros e uma definida opção pela militância anarquista, no interior da qual começa a se destacar a partir de 1912.

Suas convicções são abaladas pela crise do anarquismo no Brasil, no final dos anos 1910, e pelo impacto da Revolução de Outubro — na entrada dos anos 1920 adere ao bolchevismo e, em 1922, é o principal articulador da fundação do PCB. Entre 1922 e 1930, secretariando o novo partido[14], desenvolve intenso trabalho organizativo.

Na década de 1930, após uma breve estada em São Paulo, afastado das atividades partidárias, recolhe-se ao interior do estado do Rio. Casado com Inês Dias[15], Astrojildo sobrevive vendendo frutas até a crise do Estado Novo — donde a antológica referência de Graciliano Ramos: "Homem de pensamento e ação, Astrojildo Pereira tem imensa dignidade... Quando muitos intelectuais se vendiam, Astrojildo, para aguentar-se na vida, preferiu vender frutas numa quitanda".

Essa fase da vida de Astrojildo tem valor simbólico: nela aparece, hipertrofiada, uma das suas características mais marcantes, sempre presente na sua existência singular como indivíduo e na sua obra intelectual — a *modéstia*. Trata-se não da humildade, própria aos que se inclinam com servilismo,

---

[14] De fato, o congresso de fundação do PCB elege como secretário-geral Abílio de Nequete, que logo se demite da função, assumida por Astrojildo.
[15] O matrimônio com a filha do militante operário Everardo Dias realizou-se em 1931. Sem filhos, o casal permaneceu unido até a morte — d. Inês sobreviveu poucos meses a Astrojildo, falecendo em 1966.

e menos ainda da autocomplacência, típica dos fracos — trata-se mesmo daquela qualidade que peculiariza a sabedoria: o sentido da relatividade dos homens e das situações. Essa a qualidade mais visível de Astrojildo, agente político e ator intelectual: uma intensa consciência dos limites de toda ação e toda reflexão, donde o enorme *respeito* com que enfrentava os homens e suas obras. Ao longo de toda a sua vida, antes e depois dessa fase, o traço constante da intervenção de Astrojildo é essa sábia serenidade, esse respeito nas avaliações e essa modéstia na autoavaliação[16]. Esse traço, assinale-se ainda, jamais implicou, na sua vida e na sua obra, qualquer ranço ascético e qualquer transigência de princípio: pessoalmente, Astrojildo era um companheiro alegre[17]; ideológica e intelectualmente, era homem de posições firmes e cristalinas.

É com esse perfil que, no pós-45, retorna aos quadros orgânicos do PCB e se dedica à política cultural. Sem influência no aparelho partidário, vai desenvolvendo o seu trabalho de publicista ao largo dos anos 1950, inclusive desempenhando papel significativo no esforço para a renovação do debate marxista no país — a revista *Estudos Sociais*, que o PCB começa a publicar em 1958, é dirigida por ele.

O golpe de abril, como seria de esperar, despeja sobre Astrojildo o ódio anticomunista que haveria de assinalar a ditadura burguesa em instauração.

---

[16] O retrato que dele fez Heitor Ferreira Lima, descrevendo-o em 1923, revela este traço: "Estatura mediana, cheio de corpo, rosto rosado, liso, cabelos louros, óculos claros de aros de ouro cobrindo-lhe os olhos azuis vivos, sorriso franco e acolhedor [...] Calmo, sério, falando sem pressa, tinha prosa agradável e variada. Jovial e simples, apreciava anedotas, bebendo às vezes cerveja, nos encontros de café, com os companheiros [...] Tratava a todos com grande amabilidade" ("Apresentação", em *Ensaios históricos e políticos*, cit., p. XXI).

[17] Veja-se a constatação do seu melhor biógrafo: "Em todos os depoimentos que pude obter, Astrojildo aparece como pessoa bem-humorada, até expansiva entre os poucos amigos, chegado a uma ironia, a uma piada de botequim e admirador desde jovem da conversa e da cerveja, plenamente incorporado ao universo carioca" (Martin Cezar Feijó, *Formação política de Astrojildo Pereira, 1890-1920*, cit., p. 13).

Num autógrafo sem data, conservado no Asmob, Astrojildo define a "sua ideia de felicidade: paixão amorosa e paixão política ao mesmo empo. Um doce amor de mulher em meio de uma bravia luta política" (cf. *Memória & História*, cit., p. 112).

É preso e humilhado, sua pobre casa no subúrbio carioca de Rio Comprido (rua do Bispo, 151, casa X) é saqueada pelos esbirros da repressão[18]. Sai da cadeia doente, para morrer dez meses depois — o falecimento sobrevém em novembro de 1965, mal completados os seus 75 anos.

Uma vida em quatro tempos

Uma aproximação ao percurso biográfico de Astrojildo indica uma vida inteira dedicada ao projeto socialista. Dos combates anarquistas à adesão ao modelo bolchevique, a que permaneceria fiel até a morte, Astrojildo se perfila como um intelectual revolucionário que se entregou ao publicismo e às tarefas organizativas. Esse é o "fio vermelho" que unifica e dá extrema coerência aos momentos diversos da sua evolução — que esses são nítidos e claros, fazendo com que a sua vida e a sua obra constituam uma *unidade* articulada sobre *diferenças*. Parece-me possível circunscrever essa unidade em *quatros tempos*.

Um "primeiro tempo" é aquele que Martin Cezar Feijó analisou com segurança: são os anos da sua "formação política", decorrentes entre aproximadamente 1908 e 1920 — trata-se do período em que Astrojildo, integrando-se no universo próprio do Rio de Janeiro[19], insere-se no movimento anarquista, ao qual dedica as suas melhores energias juvenis, evoluindo depois para a prática política pensada conforme o exemplo bolchevique.

---

[18] Nem mesmo nesse período negro Astrojildo perdeu o bom humor; conta Konder ("Astrojildo Pereira: o homem, o militante, o crítico", *Memória & História*, cit., p. 71) que, comentando o comportamento dos seus carcereiros, ele ironizou: "São pesquisadores de um novo tipo: colocam no xadrez as fontes de informações históricas".

[19] A referência ao ensaio de Feijó é obrigatória para elucidar esse "primeiro tempo" da evolução de Astrojildo. No que toca à integração do nosso pensador ao universo carioca, diz Feijó (*Formação política de Astrojildo Pereira, 1890-1920*, cit., p. 37): "O Rio [...] possibilitou o encontro de Astrojildo com a modernidade e a tradição, o nacional e o internacional, numa contraditória tensão sem a qual não se pode compreender a origem do revolucionário".

Está claro que a "campanha civilista" de Rui teve um peso específico na constituição da vocação política de Astrojildo — digamos que é com a participação nela que Astrojildo desperta efetivamente para a vida pública. Mas, para compreender plenamente os seus primeiros passos políticos, é preciso conjugá-la, de uma parte, com o choque causado no jovem Astrojildo por dois eventos: a cruel repressão governamental à "revolta da chibata" (liderada por João Cândido), que o fez perder quaisquer ilusões sobre o republicanismo liberal, e o fuzilamento, na Espanha, do pedagogo anarquista Francisco Ferrer, fato de grande ressonância internacional, e que levou Astrojildo a avaliar melhor a "justiça" das classes dominantes. De outro lado, é preciso considerar que, desde 1909, Astrojildo mergulhara na leitura dos anarquistas — Kropotkin, Faure, Grave e Bakunin. E, no plano da vida social, o movimento operário, no que tinha de mais combativo no Rio de Janeiro, era direcionado por lideranças anarquistas.

A partir de 1911, logo depois de seu regresso da Europa, Astrojildo vinculou-se àquele movimento e suas lideranças — passou a dedicar todo o seu tempo e suas energias à divulgação do anarquismo, militando ativamente na imprensa operária e envolvendo-se nas iniciativas classistas (colaborou intensamente, em 1912, com o Segundo Congresso Operário, convocado para contrapor-se às ações cooptadoras do governo Hermes da Fonseca).

Em pouco tempo, Astrojildo ganhou destaque nas fileiras anarquistas. Seu trabalho de publicista torna-o conhecido, sua militância nas ações de massa — crescentes a partir de 1915 — conferem-lhe respeito. No "ano quente" de 1918, no marco da greve da Companhia Cantareira (que operava transportes), esboça-se um projeto conspirativo, à cabeça do qual encontra-se o núcleo de vanguarda anarquista: José Oiticica, Manuel Campos, Augusto Leite, Carlos Dias, Ricardo Perpétuo e Astrojildo. A insurreição, marcada para o dia 18 de novembro, é abortada pela ação de um agente policial (o capitão José Elias Ajus). A repressão é imediata — e leva os líderes anarquistas à cadeia, da qual Astrojildo só sairia em meados de 1919.

Entre 1920 e 1921, na sequência de um visível refluxo da influência anarquista sobre o movimento operário — tanto mais flagrante quanto maior fora a sua gravitação entre 1917 (data da greve que paralisou São Paulo) e 1918 —, amplos setores libertários são compelidos a repensar a experiência recente. E não era somente a respeito de como o exaurimento da polarização anarquista sobre o movimento operário forçava essa reflexão: o impacto causado pelo êxito dos bolcheviques jogava no mesmo sentido.

Astrojildo, que desde 1917 voltara simpaticamente os olhos para a Rússia soviética, na transição dos anos 1910 aos 1920, conduzirá tal repensamento às últimas consequências. Ainda em 1920, considerava-se "um intransigente libertário", mas, em sua reflexão, vai ficando cada vez mais claro o reconhecimento da exaustão do papel histórico do anarquismo. A emergência de grupos comunistas no país — egressos ou não do anarquismo[20] — precipita o ritmo da sua evolução, e já pelo fim de 1921 ele se convence de que o projeto revolucionário reclama outra via, diferente daquela que até então seguira: em janeiro de 1922, ele cria o primeiro periódico comunista brasileiro, o *Movimento Comunista*.

A passagem de Astrojildo do anarquismo ao comunismo, que magoou profundamente alguns de seus companheiros ácratas[21], revela, obviamente, uma opção pessoal; entretanto, nela se expressa, de forma condensada, um processo mais amplo, histórico-social, indicador de substantivas mudanças na sociedade brasileira e, em especial, na composição, na gravitação e na dinâmica da nossa classe operária[22]. Dentre os vários militantes anarquistas que transitaram para o comunismo, Astrojildo foi aquele que percorreu

---

[20] Para a análise deste processo, cf. Carone, *Classes sociais e movimento operário*, cit., p. 79-89.

[21] Konder, no texto já citado ("Astrojildo Pereira", cit., p. 54), reproduz uma passagem de Oiticica, escrita décadas depois da adesão de Astrojildo ao comunismo, em que essa mágoa é vazada em termos violentos. Quanto a Astrojildo, "jamais denegriu os anarquistas e seus antigos companheiros, mantendo por eles respeito" (Heitor Ferreira Lima, "Apresentação" a *Ensaios históricos e políticos*, cit., p. XXI).

[22] Cf. entre outros, o texto de Carone, já citado, e ainda: J. A. Segatto, *Breve história do PCB* (2. ed., Belo Horizonte, Oficina de Livros, 1989) e Nelson Werneck Sodré, "Contribuição à história do PCB", *Temas de Ciências Humanas* (São Paulo, Ciências Humanas, vol. 8, 1980).

esse caminho com mais consciência, à base de uma atenta observação do cenário internacional; por isto mesmo, sua adesão à nova perspectiva revolucionária é paradigmática, sinalizando tanto uma escolha singular quanto a objetiva maturação do protagonismo proletário na sociedade brasileira.

A partir de *Movimento Comunista*, abre-se o "segundo tempo" da vida de Astrojildo, que vai estender-se até novembro de 1930, quando é afastado da direção central do partido que fundara[23]. Se no período da militância anarquista, ele se revelara um notável publicista, agora se mostrará um organizador: nos anos que vão de 1922 a 1930, à frente do núcleo dirigente original do PCB — onde se destacavam Cristiano Cordeiro e Octávio Brandão —, Astrojildo se desdobra numa atividade febril que lança as bases do partido enquanto instituição nacional. Capitaneando a criação do PCB em março de 1922, já a partir de julho ocupa o lugar determinante da direção central e é, sem dúvida, o grande responsável pela afirmação da proposta comunista na cena brasileira[24]. Ao longo desses oito anos — quando assimila o marxismo pelo viés das lentes bolcheviques —, Astrojildo dirige o PCB com métodos democráticos, estimula o livre debate e o confronto de ideias e imprime a marca da sua generosidade na vida orgânica do partido. Obtém o seu reconhecimento pela Internacional Comunista, vincula-o ao movimento sindical, abre-o às alianças com setores democráticos[25] e desempenha funções na articulação

---

[23] A crise que culmina no afastamento de Astrojildo da direção central do PCB é analisada por Carone (*Classes sociais e movimento operário*, cit., quarta parte) e, mais detalhadamente, por Marcos Del Roio (*A classe operária na revolução burguesa*, cit., cap. III). Depois de afastado da direção central, Astrojildo deslocou-se para São Paulo, ainda exercendo funções partidárias; é só em 1931 que, após humilhante processo autocrítico, ele sai do PCB.

[24] O protagonismo de Astrojildo na primeira década da existência do PCB é largamente analisado nas obras de Zaidan Filho, Carone e Marcos Del Roio, já citadas.

[25] Recorde-se, por exemplo, que foi ele quem estabeleceu o primeiro contato dos comunistas com o então democrata radical pequeno-burguês Luís Carlos Prestes, em 1927, em Puerto Suárez (Bolívia). Depois de sua conversão ao comunismo, Prestes não hesitaria em caracterizar Astrojildo como "oportunista" (cf. Canale, na obra organizada por José Nilo Tavares, *Novembro de 1935*, cit., p. 119).

internacional do movimento comunista[26]. Dirigente comunista em tempo integral, entrega ao movimento a inteireza da sua vida e o melhor do seu talento — escrevendo para a imprensa comunista do país e do exterior. Muito especialmente, conjuga a sua enorme admiração pela União Soviética com uma projeção nacional para o PCB.

Por isso mesmo, quando a Internacional Comunista, dirigida já pelo segmento que incorporaria as balizas stalinistas, inicia a "bolchevização" dos partidos comunistas, começando por influir nos seus destinos internos e derivando no obreirismo, joga-se a sorte de Astrojildo. A confluência dessa pressão externa com as debilidades internas do PCB determina o desfecho: em 1931 o partido não oferece condições mínimas para a militância do seu fundador.

O afastamento de Astrojildo das fileiras do PCB também revela um processo mais inclusivo, estudado por Marcos Del Roio: "a desarticulação do grupo dirigente" original do partido, na rota de equívocos e aventureirismos que conduziria ao golpismo de novembro de 1935. Entram em ocaso, logo em seguida a Astrojildo, figuras como Cristiano Cordeiro e Heitor Ferreira Lima. O afastamento de Astrojildo, porém, é doloroso: saindo discretamente do partido, a sua atividade revolucionária à frente do PCB é acoimada de "oportunista", o "astrojildismo" é visto como o maior perigo para o desenvolvimento do PCB, a sua orientação política é situada como "teoria oportunista de direita" e como "podre linha menchevista" e, enfim, ele recebe o carimbo de "renegado"[27].

É assim que se inicia o "terceiro tempo" da vida de Astrojildo: marginalizado, sofrendo ataques injuriosos a que respondia com um silêncio digno ou com a defesa apaixonado do partido que criara[28], ele se recolhe

---

[26] Em 1928, no VI Congresso da Internacional Comunista, é eleito (com o pseudônimo de Américo Ledo) membro do seu Comitê Executivo; foi também integrante do Pleno do Secretariado Sul-Americano da Internacional Comunista.

[27] Cf. Canale, cit., p. 112 e ss.

[28] Entre novembro de 1933 e maio de 1934, quando a campanha de calúnias contra ele prosseguia forte, Astrojildo escrevia: "Na situação brasileira atual [...] só há um caminho

ao interior do estado do Rio, tocando um negócio de frutas de sua família. Por mais de dez anos, o organizador comunista da década de 1920 experimentará com estoicismo e nobreza o ostracismo. Esse não será, porém, um tempo de inércia: Astrojildo encontrará condições, no meio do comércio de bananas, para estudar, refletir e escrever — e publicar alguns pequenos textos notáveis de crítica política e ideológica; sobretudo, pôde se dedicar ao prazer da análise literária, centrando-se na devoção de toda a sua vida: Machado de Assis.

Entrando em erosão o Estado Novo, Astrojildo emerge do ostracismo. A publicação, em 1944, de *Interpretações* ressitua-o no debate político e cultural. Em 1945, sua participação no I Congresso Brasileiro de Escritores, quando é saudado por Oswald de Andrade, marca o seu retorno definitivo ao primeiro plano do universo cultural brasileiro. É o começo do "quarto tempo" de sua vida, assinalado também pelo ingresso do PCB na legalidade e sua volta aos quadros partidários: finalmente Astrojildo (e não sem problemas)[29], na 3ª Conferência Nacional do PCB (julho de 1946), reinsere-se na direção do seu partido, num cargo discreto (é eleito membro-suplente do Comitê Central). Essa discrição não será mais revertida[30]: daí em diante, tudo passará no PCB como se Astrojildo tivesse autoridade intelectual, mas carecesse de qualquer peso *político-partidário*. O velho combatente aceitou esse condicionalismo tático e assumiu as tarefas culturais que lhe atribuíram. Já em 1946 lançou *Literatura*, uma revista para "servir com amor à cultura brasileira, ao povo brasileiro", e participou ativamente dos movimentos organizativos da categoria intelectual. E, movido por sua

---

de salvação para as massas operárias e camponesas. É o caminho indicado pelo Partido Comunista" (*URSS Itália Brasil*, cit., p. 153).

[29] Sobre esses problemas, cf. os textos de Konder e Nelson Werneck Sodré no primeiro número de *Memória & História*.

[30] No IV Congresso do PCB (1954), seu nome não figura na direção central; mas reaparece no V Congresso (1960), na mesma condição de membro suplente do Comitê Central [cf. M. Vinhas, *O Partidão: a luta por um partido de massas. 1922-1974* (São Paulo, Hucitec, 1982)].

fidelidade ao partido, aceitou também o esquerdismo sectário do PCB entre 1948 e 1955, tão pouco afeito às suas concepções políticas.

Quanto ao XX Congresso do PCUS, a primeira denúncia do stalinismo atinge Astrojildo em cheio — ele reconheceu claramente a sua adesão reverencial a Stálin: "Incluo-me, cem por cento, entre aqueles que mais entusiasticamente participaram do culto à personalidade de Stálin"[31]. Se, de fato, assumira inteiramente a perspectiva e os desdobramentos da tese do "socialismo num só país"; se, com efeito, mesmo estando afastado do PCB, jamais pusera em dúvida as ações de Stálin; se, realmente, nunca questionara o "modelo soviético" — a verdade é que Astrojildo não tem no seu passivo *ações* cujo alcance possam colocá-lo no banco dos réus. Se, homem político que se forjara no "aço stalinista" e limitado pela sua cega fidelidade ao partido, ele compartilhou das concepções do marxismo-leninismo próprio da autocracia stalinista, não só é inconteste a sua honradez mesmo nos seus equívocos ideológicos como, sobretudo, o fato de eles não terem vulnerabilizado substantivamente o seu trabalho intelectual.

Na sequência de 1956, Astrojildo procurou compreender as novas condições do desenvolvimento da luta revolucionária. Prosseguiu no seu trabalho cultural — dirigindo a renovadora revista *Estudos Sociais* (1958-1964) e escrevendo as suas "Notas sobre livros" no semanário *Novos Rumos*, num esforço que não foi reduzido nem mesmo pelo infarto que o vitimou em 1961. Em torno dele, jovens intelectuais do PCB, inquietos, se reuniam e encontravam palavras de estímulo; mas não chegou nunca a constituir qualquer espécie de cenáculo ou "escola" — nada disto estava nos seus planos: bastava-lhe, na sua modéstia, contribuir para a renovação do pensamento marxista no Brasil, ainda que ele mesmo não tivesse muita clareza acerca do processo que então se iniciava.

---

[31] Apud Konder, "Astrojildo Pereira", cit., p. 67.

Um homem apaixonado pela literatura

Os "quatro tempos" da vida e da obra de Astrojildo conformam, como assinalamos, uma unidade articulada deferencialmente pelo "fio vermelho" do projeto revolucionário. Essa indicação, contudo, nada diz, concretamente, da relação que encontramos nessa vida e nessa obra com a *literatura*.

E essa é uma relação essencial para uma avaliação histórica de Astrojildo: os papéis do publicista ácrata e do organizador comunista não esgotam o seu protagonismo no cenário brasileiro. A intervenção cultural de Astrojildo — basicamente centrada no seu cuidado com a literatura — não pode ser vista como algo adjetivo no seu roteiro biográfico; arrisco-me mesmo a afirmar que, depois de 1930, à sua atividade cabe perfeitamente o mote do jovem Lukács — a política como meio, a cultura como fim.

A sua relação com Machado de Assis avulta aqui, com enorme centralidade: sua emocionada (e emocionante) visita ao Mestre do Cosme Velho, na hora da sua agonia[32], tem caráter emblemático, deflagrando um trabalho crítico construído com dedicação e amor ao longo de toda uma existência. Astrojildo agarra na obra machadiana a sua *qualidade estética* e o seu *caráter nacional-popular* de forma intuitiva e pioneira. A leitura de seus textos sobre Machado é sempre gratificante, pela finura das observações, pela argúcia com que filtra detalhes aparentemente insignificantes, pela riqueza das sugestões analíticas que oferece para ulteriores pesquisas. Entretanto, se a sua paixão pela escritura machadiana é a constante do seu exercício crítico, ela se integra precisamente numa acertada abordagem do *valor* literário conexo ao traço *nacional-popular*[33] — abordagem que

---

[32] Que aparece descrita em Konder ("Astrojildo Pereira", cit., p. 62) e em Feijó (*Formação política de Astrojildo Pereira, 1890-1920*, cit., p. 41-4).

[33] Está claro que Astrojildo não trabalhou a concepção gramsciana do "nacional-popular" — mas é também claro que, bem menos sofisticadamente, foi nesse terreno que ele lavrou por conta própria.

lhe permitiu não apenas um rico confronto com Machado, mas ainda a compreensão de Lima Barreto (de quem foi amigo) e de Eça de Queirós.

Parece-me essencialmente correto o juízo de Konder sobre os fundamentos teóricos da crítica literária de Astrojildo. Segundo ele, Astrojildo tendia a pensar a crítica conforme os parâmetros de uma sociologia da literatura; esse reducionismo, no entanto, jamais o impediu de reconhecer e qualificar, certeiramente, o "bom" e o "ruim"[34]. Com efeito, o quadro teórico de Astrojildo era pobre — basicamente, não ultrapassou nunca as colocações típicas de Plekhánov[35]. A sua grandeza como crítico reside justamente em, trabalhando com esse referencial, tê-lo transcendido nas suas apreciações *qualitativas*. E a sua limitação radica, igualmente, na defasagem entre os seus juízos adequados e os procedimentos toscos com que os fundava — ou melhor, não os fundava: antes, eles se deviam ao que se pode designar, de maneira impressionista, como o bom gosto do crítico, o que, obviamente, é pouco para embasar a apreciação do texto literário.

Não se trata, aqui, de proceder a um rastreio mesquinho das fragilidades dos procedimentos críticos de Astrojildo — quando, e para tanto basta apenas ler os seus trabalhos, o saldo positivo destes é indubitavelmente dominante. Cabe, todavia, assinalar a assimetria entre seus instrumentos e os resultados a que chegava na operação analítica. O problema consiste, pois, em compreender a correção dos últimos em face da rudimentaridade dos primeiros.

Creio que a base para essa compreensão implica ir além da questão do gosto do crítico Astrojildo: implica em considerar a sua *atitude* diante do fato literário. E essa sempre se orientou no sentido de apanhar a

---

[34] Cf. Konder, "Astrojildo Pereira", cit., p. 63.
[35] Não creio que essa observação tenha o cariz de um anacronismo — afinal, não só o debate marxista dos anos 1950 era mais rico que a tradição sociologista, como ainda na própria cultura brasileira contemporânea de Astrojildo se impunham outros vetores teórico-analíticos, aos quais ele permaneceu invulnerável.

literatura sem bitola ou viseiras, sem preconceitos de qualquer espécie[36]. No fundo, *a repugnância de Astrojildo por qualquer tipo de sectarismo cultural* é que me parece a responsável pelo seu profícuo exercício crítico. Mais: é *esse* traço da sua crítica que entendo como atual e modelar.

No entanto, essa perspectiva de abertura e receptividade em face da obra literária só se especifica quando conectada ao seu substrato político — efetivamente, em Astrojildo, tal perspectiva não é casual ou episódica, *mas assenta numa definida projeção de política cultural*. Aqui, as suas ideias estão cristalinamente expressas num texto dos anos 1940, "Posição e tarefa da inteligência brasileira"[37] — trata-se de uma formulação canônica, com a questão cultural inscrita organicamente no processo de reprodução da vida social. Inserindo a problemática da cultura na dinâmica social abrangente e inclusiva, Astrojildo não dilui a especificidade da cultura, nem lhe confere uma significância adjetiva; ao contrário, ao vincular o *desenvolvimento democrático da cultura à sua necessária contextualidade social* — a erradicação do analfabetismo, o combate à miséria e a exploração, o acesso a meios de comunicação livres de censura, padrões de participação social democráticos —, Astrojildo articula com rara felicidade a dialética cultura/sociedade.

Precisamente essa articulação torna o crítico Astrojildo tão *contemporâneo*: para além das visíveis limitações que a sua operação analítica apresenta, ele é nosso companheiro tanto na justa avaliação da qualidade literária de um clássico como Machado quanto na convicção profunda de que a cultura não é um subproduto ou um epifenômeno da vida social — antes, resulta da decidida vontade criadora dos homens, subversiva e fascinante.

José Paulo Netto

---

[36] Leia-se, por exemplo, o que ele, homem de partido, escreveu em *Interpretações* (cit., p. 278): "Em último caso, mais vale um escritor honesto sem partido do que um escritor partidário até a raiz dos cabelos, mas desonesto — desonesto como escritor ou como homem, o que vem a dar na mesma".

[37] Acessível no volume 4 de *Temas de Ciências Humanas* (São Paulo, Ciências Humanas, 1978).

Casa em que Machado de Assis morou no Cosme Velho, bairro do Rio de Janeiro. A foto está sob custódia da Biblioteca Nacional.

Machado de Assis

Caricatura de Machado de Assis,
por Claudio de Oliveira.

PREFÁCIO DA PRIMEIRA EDIÇÃO

Com exceção do ensaio inicial, já publicado em livro que se esgotou, e de uns três apontamentos avulsos, tudo o mais neste volume é de redação recente e em sua maior parte já foi também divulgado em revistas e jornais.

Compõe-se o livro de trabalhos avulsos, quase diria — de escritos de circunstância, cuja elaboração não obedeceu a nenhum plano prévio de conjunto. Com isso, é óbvio, sofre o seu tanto a unidade ou a estrutura do livro como tal. Mas tudo é Machado de Assis — ponto de convergência, base de operações, tema central de todas as variações.

Não se exime o autor de possíveis discrepâncias no tratamento de pontos iguais ou parecidos — sem falar de certas repetições inevitáveis — sobretudo entre os trabalhos mais antigos e os mais novos. Mas a linha geral de orientação crítica permanece a mesma de ponta a ponta; as discrepâncias resultarão propriamente de má aplicação da linha. Seja como for, deve ficar bem claro que não há aqui nenhuma presunção de formular juízos definitivos, ou de descobrir a pólvora. Nem se admite nada de indiscutível, de acabado e conclusivo, com ares de última palavra, em questão de natureza variável e controvertida, quais são aquelas abordadas nestas páginas. O que porventura escapar a esse critério deve ser descontado a título de mero impulso da escrita, nem sempre obediente aos freios do comedimento e da autocrítica.

Ao cabo do volume, em apêndice, transcrevem-se dois artigos de inequívoca significação: o primeiro é um editorial, datado de junho de 1939, da *Revista Proletária*, publicação paupérrima, impressa em mimeógrafo, que só assim podia circular, nos ominosos tempos do Estado Novo; o segundo é um breve ensaio firmado pelo crítico Rui Facó e saiu em número recente do semanário *Voz Operária*, autorizado porta-voz dos comunistas brasileiros. Tanto o editorial da *Revista Proletária* quanto o artigo de Rui Facó sustentam opinião idêntica em relação a Machado de Assis, que o povo compreende, ama e exalta, justamente porque vê nele um grande escritor nacional, cume da nossa cultura, glória da pátria comum.

Setembro de 1958
A. P.

MACHADO DE ASSIS, ROMANCISTA DO SEGUNDO REINADO

Machado de Assis realizou, na sua obra, e na sua vida também, uma singular conjunção de contrastes. Nascido de pais humildes, órfão desde cedo, menino afeito ao trabalho, fez-se pelas próprias mãos o maior escritor brasileiro. Tímido até ao excesso, pacato e comedido, ele era, no entanto, um autêntico homem forte, no melhor sentido do termo: tendo em si essa força que faltava a um dos seus personagens — "a força indispensável a todo o homem que põe a mira acima do estado em que nasceu"[1]. Solitário, encaramujado, pessimista, andava sempre metido em sociedades e cenáculos literários, desde as rodinhas de Caetano Filgueiras e Paula Brito até à Academia de Letras, da qual foi não só o fundador mais eminente, o chefe incontestado, como ainda um animador perseverante e um dos sócios mais ativos. Os seus biógrafos e exegetas são acordes em incluí-lo na classificação dos indivíduos de tipo sensual; mas a sua vida privada era notoriamente um modelo de bons costumes, em matéria de amores como no resto. Ele era um enfermo constitucional; mas a sua existência decorreu toda ela normalmente, com a saúde equilibrada, tendo chegado sem outras complicações até quase setenta anos.

O escritor é um desdobramento do homem. Em Machado de Assis, coexistem e completam-se o analista rigoroso e frio e o criador empolgante. O seu método de composição é um misto de cálculo e de espontaneidade: a trama da ficção, o desenvolvimento das situações, o encadeamento

---

[1] Machado de Assis, *Obras completas*, v. II: *A mão e a luva* (Rio de Janeiro, W. M. Jackson Inc., 1955), p. 29. Desta mesma edição de *Obras completas*, salvo indicação em contrário, são as demais citações de obras de Machado de Assis neste livro.

dos episódios, o desenho dos caracteres, a reação psicológica dos personagens, o desenlace dos conflitos — tudo isso se processa obedecendo a cálculos minudentes e seguindo ao mesmo tempo uma linha de absoluta espontaneidade na fixação da narrativa no papel. Era o que ele próprio chamava o método de palavra-puxa-palavra; mas palavra-puxa-palavra dentro de limites dispostos com exatidão. Labieno já notava o feliz efeito que essa conjunção de contrastes produzia na estrutura da sua frase — "às vezes notável pela força da expressão, não tanto pela imagem, como pela aliança insólita ou pelo contraste das palavras"[2]. A mesma coisa se verifica no que concerne ao conteúdo substancial, ao sentido humano e filosófico da sua obra. A negação e a afirmação aparecem e andam de braço dado em todos os seus livros — ainda quando parece negar demais ou negar somente, sabido que a negação de uma negação anterior equivale em regra a uma afirmação posterior.

Já se tem dito e repetido bastante — e com razão evidente — que Machado de Assis é o mais universal dos nossos escritores; estou que falta acentuar com igual insistência que ele é também o mais nacional, o mais brasileiro de todos[3]. Eu acrescentaria, sem querer fazer jogo de palavras, que uma qualidade resulta precisamente da outra: que ele é tanto mais nacional quanto mais universal e tanto mais universal quanto mais nacional. Outros escritores terão mostrado mais paisagem brasileira; nenhum mostrou mais profundamente o homem brasileiro. Na sua obra, melhor do que em qualquer outra, encontramos uma imagem de conjunto mais expressiva do fenômeno brasileiro normal, isto é, da gente e da terra em suas manifestações normais, quotidianas, correntes. O seu regionalismo

---

[2] Labieno, *Vindiciae* (Rio de Janeiro, Livraria Cruz Coutinho, 1899), p. 34.

[3] Referindo-se a José de Alencar, disse Machado de Assis, em 1897: "Nenhum escritor teve em mais alto grau a alma brasileira. E não é só porque houvesse tratado assuntos nossos. Há um modo de ver e de sentir, que dá a nota íntima da nacionalidade, independente da face externa das coisas" (*Páginas escolhidas*, Rio de Janeiro, Garnier, 1899, p. 279). Na verdade, estas palavras se ajustam mais ao próprio Machado de Assis do que a José de Alencar. Ainda quando procurava analisar os outros, ele acabava sempre analisando-se a si mesmo.

carioca não o limita, pelo contrário: porque a capital do país sempre foi o ponto de convergência, a súmula, o índice de todo o país.

*

Existe uma consonância intima e profunda entre o labor literário de Machado de Assis e o sentido da evolução política e social do Brasil[4]. A sua atividade de escritor começou pouco antes de 1860 e só terminou às vésperas da sua morte, em 1908. Mas o tempo durante o qual se formou e se desenvolveu a sua personalidade coincide quase todo ele com o período histórico do Segundo Reinado. Ao proclamar-se a República, já o escritor havia atingido a plenitude da sua maturidade. Esta coincidência de tempo possui naturalmente muita importância para a caracterização e compreensão da obra de Machado de Assis.

Bem feitas todas as contas, o longo reinado de Pedro II marcou em bloco um período de transição no desenvolvimento da nacionalidade brasileira. A sua aparente estabilidade de superfície não infirma esta característica fundamental. A própria existência da Monarquia, como regime político, resíduo que era da efêmera Monarquia joanina imprevistamente e apressadamente transplantada de Portugal para o Brasil, trazia em si mesma o signo da transitoriedade histórica inevitável. Não seria talvez difícil encontrar nesse mútuo ajustamento de transitoriedades a melhor explicação da sua relativa durabilidade em terras americanas...

A massa de trabalhadores escravos movimentando a monocultura dos latifúndios, na base; a multidão heterogênea de agregados e artesãos, de comerciantes e de intermediários, no meio; por fim, no alto, a reduzida camada de proprietários de terras, que integrava a chamada "aristocracia rural" dirigente — tal a configuração da pirâmide que refletia a estrutura social do país nos primeiros anos do Segundo Reinado. A maioridade de

---

[4] Com acerto observou Labieno que Machado de Assis "luta, pensa e escreve como um homem do seu tempo" (Labieno, *Vindiciae*, cit., p. 12).

Pedro II data de 1840, e assinala de certo modo o fastígio daquela "aristocracia rural". Mas já o ano de 1843, que trouxe no seu bojo a tarifa Alves Branco, assinala por sua vez o aparecimento da burguesia querendo, senão ainda disputar, pelo menos partilhar com os senhores territoriais da governação da coisa pública. Está visto que o aparecimento da burguesia como tal na arena política não significava apenas o "desejo" de partilhar do poder; significava principalmente o início da ascensão histórica de uma nova classe dirigente, que subia do meio para o ápice da pirâmide, impulsionada pela força de novos interesses acumulados em consequência do deslocamento subterrâneo que se operava na estruturação econômica do país[5]. Ora, este fenômeno de deslocamento — portanto de transição — lastreou toda a evolução social do Brasil a partir de então, e as suas etapas decisivas podem ser assim demarcadas: extinção do tráfico de escravos, protecionismo, estradas de ferro, usina Mauá, lei de 28 de setembro, abolicionismo, questão religiosa, questão militar, 13 de Maio, primeira República, encilhamento, Floriano, etc. etc. etc. (o último etc. é dos nossos dias: outubro de 1930).

*

Evidentemente, a obra de Machado de Assis nada possui de panorâmico, de cíclico, de épico. Não há nela nenhuma exterioridade de natureza documentária, nenhum sistema rapsódico ou folclórico, nenhum plano objetivo elaborado de antemão. Os seus contos e romances[6] não abrigam heróis extraordinários, nem fixam ações grandiosas e excepcionais. Eles são constituídos com o material humano mais comum e ordinário,

---

[5] "Iniciava-se uma grande época da história nacional, a partir do meado da era dos quarenta." João Pandiá Calógeras, *Formação histórica do Brasil* (Rio de Janeiro, Pimenta de Melo & Cia., s.d.), p. 281.

[6] A natureza e o intuito deste trabalho explicam por que limitei aqui o campo das minhas pesquisas aos contos e romances, os quais de resto formam a parte mais importante da obra de Machado de Assis.

com as miudezas e o terra a terra da vida vulgar de todos os dias. Mas que poderosa vitalidade vibra no interior da gente que povoa os seus livros! É a gente bem viva — barões e coronéis, citadinos e provincianos, nhonhôs e sinhás, escravos e mucamas, deputados e magistrados, médicos e advogados, rendeiros e comerciantes, padres e sacristães, empregados e funcionários, professores e estudantes, agregados e parasitas, atrizes e costureiras, e as donas de casa, e as moças namoradeiras, e as viúvas querendo casar de novo... — gente que se move, que se agita, que trabalha, que se diverte, que se alimenta, que dorme, que ama, que não faz nada, que morre... Gente rica, gente remediada, gente pobre, gente feliz, e gente desgraçada — toda a inumerável multidão de gente bem brasileira que vai empurrando o Brasil para a frente, avançando em zigue-zague, subindo montanhas e palmilhando vales, ora puxando ora sendo puxada pelo famoso carro da história...

É coisa mais que sabida que a família, seja qual for a sua forma, constitui sempre o centro e a base da vida em sociedade. Ora, quem diz família diz casamento, e quem diz casamento diz amor, e quem diz amor diz complicação — "complicação do natural com o social"[7]. É nos conflitos suscitados por esta complicação que Machado de Assis vai buscar os elementos necessários à tessitura de quase toda a sua obra de ficção. Eterna complicação, conflitos eternos. Sem dúvida; mas as criaturas envolvidas na complicação e nos conflitos, que ele explorou nos seus livros, são a réplica literária de outras criaturas de carne e osso, que viveram em dado momento histórico num dado meio social. Criaturas humanas, na realidade e na ficção, de essência igual a todas as criaturas humanas de todas as épocas e de todos os quadrantes da Terra, mas ao mesmo tempo criaturas brasileiras que viveram durante um determinado período da história brasileira. Daí por que a vida criada pelo ficcionista espelha, nas páginas dos seus livros, com igual intensidade e de modo inseparável, o humano e o brasileiro, o natural e o social, o permanente e o contingente. Ainda neste

---

[7] Machado de Assis, *Crônicas*, v. XXVI, cit., p. 22.

ponto encontramos Machado de Assis realizando, com arte suprema, uma harmoniosa conjunção de contrastes.

Cabe aqui notar a circunstância, certamente fortuita, mas em todo caso muito significativa, de ter Machado de Assis escrito a maioria dos contos da sua primeira fase literária (entre 1864 e 1878) para o *Jornal das Famílias*. O título define a qualidade e a finalidade do periódico — órgão literário e recreativo das famílias fluminenses da época. O contista havia forçosamente de adaptar a escolha e a apresentação dos seus assuntos ao gosto dos leitores ou, melhor, das leitoras, moças românticas, lânguidas viúvas, matronas saudosas de amores irrealizados. Engendrou, assim, dezenas de contos que eram variações infinitas em torno do mesmo tema: o amor do coração contrariado e quase sempre vencido, dolorosamente vencido pelo amor da conveniência. Mas a passividade do autor ficava só no tema: ele mantinha-se intransigente no seu ponto de vista moral. Intransigente — e vingativo, poder-se-ia acrescentar. Um dos seus personagens escrevia em carta o seguinte: "Tudo isto é singular: a maior parte dos casamentos fazem-se independentemente do amor. Mas, que quer? Eu, profundamente cético, a respeito de tudo, tenho a veleidade de crer no amor, ainda que raro, e quero que o amor seja a única razão do casamento"[8]. Evidencia-se aí não apenas a opinião de um personagem, porém o próprio ponto de vista moral do autor. E era deste ponto de vista que ele condenava, com veemência então, as uniões conjugais de interesse, quando, por exemplo, se referia a um de tais casamentos: "Nem mais nem menos tratava-se de um desses mercados a que, por cortesia, se chama — casamento de conveniência — dois vocábulos inimigos que a civilização aliou"[9]. Ou quando, não mais com a veemência anterior, mas com uma

---

[8] Idem, *Histórias românticas*, v. XI, cit., p. 324.
[9] Ibidem, p. 260. Fora das suas normas, obedecidas desde os primeiros tempos da sua carreira de escritor, Machado de Assis chega em certa ocasião a empregar um tom violento de panfletário, ao fustigar o sistema do matrimônio sem amor: "O casamento é a perfeita união de duas existências; e mais do que a união, é a fusão completa e absoluta. Se o casamento não é isto, é um encontro fortuito de hospedaria; apeiam-se à mesma

dose de *humour* já bem no tom da sua maneira definitiva, observava, em outro conto, que entre os parentes da jovem Mafalda "havia um primo, pálido, esguio e magro, que nutria em relação a Mafalda uma paixão, correspondida pelo pai"[10].

Ainda em outro conto dos mais antigos, intitulado "Frei Simão", publicado primeiro no *Jornal das Famílias*, em 1864, e depois incluído no volume *Contos fluminenses*, Machado de Assis nos oferece uma imagem, de corte violento e extremado, de como se resolviam naquele tempo as questões de amor e de casamento, isto é, as questões relativas à constituição da família. Simão era filho único de abastado comerciante da corte. Ele ama sua prima Helena, órfã de pai e mãe, menina pobre, que vive de favor sob o mesmo teto que Simão. Os pais deste último "davam de boa vontade o pão da subsistência a Helena; mas lá casar o filho com a pobre órfã é que não podiam consentir. Tinham posto a mira em uma herdeira rica, e dispunham de si para si que o rapaz se casaria com ela"[11]. Para o afastarem da presença da prima, remeteram Simão para a província, a trabalhar na casa comercial de um amigo. Passam-se meses, e um dia o pai lhe escreve comunicando o falecimento repentino de Helena. Simão, desesperado, resolve fugir do mundo, e ingressa num convento. Mais tarde, anos passados, indo pregar numa solenidade religiosa que se realizava em certa cidadezinha do interior, Frei Simão encontra-se na Igreja — com quem havia de ser? — com Helena em pessoa, viva e casada com outro. O frade não resistiu a tamanho choque e ficou meio maluco.

Aí temos uma história bem sentimental, de inspiração cem por cento romântica, talhada ao sabor do tempo. O seu conteúdo moral, no entanto, equivale ao mais terrível libelo formulado contra o patriarcalismo que regulava a constituição da família e legitimava a intervenção

---

porta, escolhem o mesmo aposento, comem à mesma mesa, nem mais, nem menos [...]" (Ibidem, p. 277).
[10] Idem, *Contos fluminenses II*, v. XXI, cit., p. 306.
[11] Idem, *Contos fluminenses I*, v. XX, p. 331.

discricionária dos pais no casamento ou nos projetos de casamento dos filhos. Compreende-se que essa concepção patriarcal corresponde a determinado estágio da evolução social do país, e por isso a encontramos tão frequentemente na trama dos contos e dos romances de Machado de Assis, é claro que perdendo terreno com o correr dos anos. Note-se que ele desde cedo começou a investir contra semelhante concepção não na qualidade de reformador social — qualidade completamente estranha ao seu temperamento e à sua formação intelectual — mas porque, indivíduo que emergia de uma camada social oprimida pelas condições dominantes, ele exprimia, instintivamente pelo menos, uma nova concepção moral relativa ao triângulo amor, casamento e família, em consonância com o novo tipo de civilização que se ia elaborando, lentamente, nas entranhas da sociedade brasileira.

O sr. Manuel Bandeira, no prefácio tão bem-feito e tão lúcido que escreveu para a *Antologia dos poetas brasileiros da fase parnasiana*, observou com inteira razão como e quanto as transformações sociais da época influíram na superação histórica do romantismo pelo parnasianismo, relativamente à expressão poética das relações entre os dois sexos: "O lirismo amoroso dos parnasianos foi de resto condicionado pelas transformações sociais. Com a extinção da escravidão, acabou-se também em breve o tipo da 'sinhá', que era a musa inspiradora de lirismo romântico, e a moça brasileira foi perdendo rapidamente as características adquiridas em três séculos e meio de civilização patriarcal"[12]. Machado de Assis, que vinha da fase já em começo de decadência do romantismo, e impregnado ainda, forçosamente, da sua influência, trazia também dentro de si mesmo o germe do antirromantismo, que se desenvolvia e não podia deixar de se desenvolver ao calor das condições de vida antipatriarcais em elaboração. Assim é que podemos acompanhar, através da sua obra de ficcionista (a qual, sendo obra de criação, melhor exprime as reações mais íntimas

---

[12] Manuel Bandeira, *Antologia dos poetas brasileiros da fase parnasiana* (Rio de Janeiro, Ministério da Educação e Saúde, 1938), p. 17.

suscitadas pelo meio ambiente na sensibilidade do escritor), as modificações operadas na mentalidade reinante em seu tempo, paralelamente ao desenvolvimento econômico, político e social do país.

Enorme, nos assuntos de amor e de família, foi o caminho percorrido entre "Frei Simão" e o *Memorial de Aires*. Aqui, a união conjugal é determinada exclusivamente pelo amor e pela livre escolha. Fidélia casou a primeira vez com o dr. Noronha contra a vontade expressa do pai; viúva e órfã, o seu segundo casamento se fez igualmente por amor e por livre escolha. O fazendeiro Santa-Pia, pai de Fidélia, homem ainda do passado, opôs-se, intransigentemente, ao casamento com o dr. Noronha, e chegou a romper com a filha; já o seu irmão desembargador Campos, homem de profissão liberal, tio e tutor moral de Fidélia, em cuja casa de Botafogo ela vivia, nenhuma interferência teve no segundo noivado, nem lhe cabia intervir, pois "nada tinha que opor a dois corações que se amam"[13].

Mas entre "Frei Simão" e o *Memorial* mais de quarenta anos se passaram, no decorrer dos quais o ficcionista compôs muitas outras histórias, debulhando as complicações amorosas e conjugais de centenas de outros personagens que viveram durante o período do Segundo Reinado. Dentre eles, para citar os mais importantes, apontaremos os casos capitais de Brás Cubas-Virgília-Lobo Neves, Rubião-Sofia-Palha, Bentinho-Capitu-Escobar. Do ângulo em que estamos tentando compreender o sentido social da obra de Machado de Assis, estes três casos marcam momentos culminantes. Eles revelam a mais completa decomposição moral — a decomposição que minava e deteriorava a própria base sobre a qual assentava a concepção patriarcal da família. É na sua "execução" — notemos de passagem — que o espírito de "vingança"[14] atingiu no escritor o máximo de virtuosismo, de vigor e de crueldade.

---

[13] Machado de Assis, *Memorial de Aires*, v. IX, cit., p. 217.

[14] Não sei se me faço compreender. Emprego este vocábulo "vingança" num sentido meramente conjetural de interpretação psicológica. Machado, vindo de uma camada social que a sociedade timbra em colocar num plano inferior, "vinga-se" da sociedade, submetendo-a às experiências do seu laboratório de analista, como uma espécie de sadismo muito semelhante ao sadismo patético de Fortunato em "A causa secreta".

Até *Iaiá Garcia*, as complicações, se bem que produzindo quase sempre os resultados mais desastrosos, desenrolam-se geralmente numa certa atmosfera de pureza mais ou menos convencional. E mesmo aí já aparece o tipo de Procópio Dias, amostra do moralismo que viria depois. Com o trio Brás Cubas-Virgília-Lobo Neves acabaram-se as concessões convencionais. O analista inexorável molhou a pena nos mais irreverentes corrosivos, e a devastação começou. Divertida, deliciosa, sutil devastação — mas devastação. Virgília é um símbolo da "imponente ruína" a que ficou reduzida a moral patriarcal. Em *Quincas Borba* continua a devastação, personificada pela maliciosa Sofia, cuja fidelidade mal e mal consegue escapar aos botes do desejo pecaminoso, que já é uma traição potencial, porque o romance acaba: mas a sua alma, senão o seu corpo, não é mais monopólio do marido. *Dom Casmurro*, finalmente, nos apresenta Capitu, tipo de extraordinária vitalidade, soma e fusão de múltiplas personalidades, espécie de supermulher toda ela só instinto metida na pele de uma pervertida requintada e imprevisível. A sua dissimulação arrasa tudo, e o desfecho do seu caso vem a ser uma consolação bem melancólica de um mundo arrasado.

Com *Esaú e Jacó* entramos no limiar de um mundo diferente, de configuração ainda indecisa, onde a contradição entre o velho e o novo domina a situação; mas trata-se realmente de um mundo diverso, que se vai levantando em meio aos destroços do mundo antigo arrasado. Não é por acaso que a ação do *Esaú e Jacó* começa na Monarquia e só termina nos primeiros anos da República. Com este romance o escritor faz a liquidação dos saldos do Segundo Reinado e estabelece o divisor das águas entre o tipo patriarcal e o tipo burguês de civilização, representados no terreno da organização política respectivamente pela Monarquia e pela República.

*

A existência da escravidão e a luta abolicionista constituem as duas faces do mesmo fator dominante na caracterização social da vida brasileira durante o Segundo Reinado. Tudo, naquele período, mas absolutamente tudo, tudo girava em torno do negro escravo. Este era, na verdade, o senhor de tudo e de todos, e todo o sistema econômico, político e social de então é que estava de fato escravizado ao negro. A luta pela abolição se processou sob o signo da decadência do sistema, e o fim da escravidão foi também o fim do sistema.

Em Machado de Assis não encontramos nenhum acento panfletário que o possa colocar entre os combatentes da longa batalha abolicionista. Naturalmente, ele era partidário da abolição; mas nunca foi propriamente um abolicionista no sentido militante e apostolar do termo. Excetuando-se o conto "Pai contra mãe", que tem por motivo um dos aspectos mais atrozes do regime escravocrata, não há na sua obra nenhuma intenção reformista imediata a favor da emancipação dos escravos. Isto não quer dizer que ele não condene nem combata a escravidão. Condena e combate, mas a seu modo, indiretamente. Com efeito, em quase todos os seus contos e romances aparecem escravos, na maioria empregados no serviço doméstico, moleques, criados e mucamas. Os negros cativos são personagens inevitáveis, que estão por toda parte, que enchem as suas páginas como enchiam as casas e as chácaras senhoriais onde se passam as suas histórias. Personagens muitas vezes importantes, por sua significação episódica, embora desempenhando papéis secundários de meros comparsas. É o caso, por exemplo, do pajem de Helena, o negro Vicente, "nobre espírito de dedicação" no "corpo vil do escravo"[15]. Outro negro bom como Vicente era o criado de Estêvão Soares, no conto "A mulher do preto" — "mais irmão do que escravo, na dedicação e no afeto"[16]. Mas os escravos por serem escravos não se tornavam homens à parte, todos eles forçosamente bons. Eram também criaturas humanas, uns bons e outros maus, como todos os homens de todas as raças e condições. No *Brás Cubas* o memorialista descreve uma cena que presenciou no Valongo: o liberto Prudêncio verga-

---

[15] Machado de Assis, *Helena*, cit., v. I, p. 104.
[16] Idem, *Contos fluminenses I*, v. XX, cit., p. 104.

lhando um irmão de raça, comprado e castigado pelo próprio ex-escravo, que assim se "desfazia" das pancadas que recebera outrora. A cena dá motivo a uma interpretação psicológica em que o tom zombeteiro e displicente mascara muito machadianamente o mais amargo desalento íntimo. Vale a pena citar:

> Exteriormente, era torvo o episódio do Valongo; mas só exteriormente. Logo que meti mais dentro a faca do raciocínio[17] achei-lhe um miolo gaiato, fino, e até profundo. Era um modo que o Prudêncio tinha de se desfazer das pancadas recebidas – transmitindo-as a outro. Eu, em criança, montava-o, punha-lhe um freio na boca, e desancava-o sem compaixão; ele gemia e sofria. Agora, porém, que era livre, dispunha de si mesmo, dos braços, das pernas, podia trabalhar, folgar, dormir, desagrilhoado da antiga condição, agora é que ele se desbancava: comprou um escravo, e ia-lhe pagando, com alto juro, as quantias que de mim recebera.[18]

Outra cena não menos degradante é a do cortejo do negro criminoso que ia ser enforcado no largo do Moura, narrada no *Quincas Borba*. O carrasco oficial era também um preto[19]...

Machado de Assis não via na escravidão apenas o aspecto sentimental, mas sim o fenômeno social em seu conjunto — e sobre este fenômeno é que incidia a sua lente de analista, servindo-se dos indivíduos como componentes e como expressão de um todo complexo.

Estender-me-ia demasiado se fosse apontar, já não digo um por um, porém mesmo as figuras mais personalizadas e os episódios mais típicos, relacionados com o fenômeno da escravidão e que enchem os seus contos e romances. Limitar-me-ei a mais algumas citações colhidas nos romances principais, para o fim de mostrar — é o que mais me interessa

---

[17] Atente-se bem neste passo, no qual transparece o processo mental interior de refreamento e esmagamento do primeiro ímpeto caloroso pelo domínio obstinado do analista sem entranhas.
[18] Machado de Assis, *Memórias póstumas de Brás Cubas*, v. V, cit., p. 215.
[19] Idem, *Quincas Borba*, v. VI, cit., p. 94 e 97. Também aí o sadismo do analista machuca e deixa estraçalhada a alma do pobre Rubião.

aqui — o seu paralelismo com o sentido que ia tomando o desenvolvimento histórico do embate entre a escravidão e a abolição.

Nas suas reminiscências da meninice, Brás Cubas recorda a conversa que ouvira de traficantes de escravos: "Um sujeito, ao pé de mim, dava a outro notícia recente dos negros novos, que estavam a vir, segundo cartas que recebera de Loanda, uma carta em que o sobrinho lhe dizia ter já negociado cerca de quarenta cabeças, e outra carta em que [...] Trazia-as justamente na algibeira, mas não as podia ler naquela ocasião. O que afiançava é que podíamos contar, só nessa viagem, uns cento e vinte negros, pelo menos"[20]. Isto se passava em 1814. Cerca de quarenta anos depois, refere Brás Cubas que os inimigos do seu cunhado Cotrim acusavam este último de bárbaro. Bárbaro por quê? "O único fato alegado neste particular — escreve o memorialista — era o de mandar com frequência escravos ao calabouço, donde eles desciam a escorrer sangue; mas além de que ele só mandava os perversos e os fujões, ocorre que, tendo longamente contrabandeado em escravos, habituara-se de certo modo ao trato um pouco mais duro que esse gênero de negócio requeria"... e aqui Brás Cubas procura justificar o procedimento do cunhado, acrescentando que "não se pode honestamente atribuir à índole original de um homem o que é puro efeito de relações sociais"[21]. Este argumento, que me parece perfeitamente justo, é de uma importância capital na determinação do paralelismo e da consonância que procuramos estabelecer entre a obra de Machado de Assis e a evolução das condições sociais do seu tempo. Repare-se nas datas. As "relações sociais" existentes em 1814 permitiam encarar como honesto e moral o tráfico de escravos e as suas consequências lógicas; por volta de 1850 existiam outras "relações sociais", que já não permitiam encarar como honesto e moral maltratar os escravos e fazer negócio com o tráfico de negros: e é de 1850 que data exatamente a Lei Eusébio de Queirós.

---

[20] Idem, *Memórias póstumas de Brás Cubas*, v. V, cit., p. 56.
[21] Ibidem, p. 339-40.

De 1850 a 1870 vão mais vinte anos, e 1871 assinala nova etapa na luta pelo abolicionismo: nesse ano, a 28 de setembro, é sancionada a lei Rio Branco. Pois aqui temos no *Quincas Borba* a repercussão e a apreciação do acontecimento: Camacho, político e jornalista em oposição ao governo, "declarou pela sua folha que a lei dos ingênuos absolvia a esterilidade e os crimes da situação"[22]. Tais palavras não poderiam ser escritas por um Camacho vinte anos antes. As "relações sociais" existentes em 1850 não poderiam fazer brotar semelhante ideia na cabeça dos Camachos de então.

No *Dom Casmurro* aparecem numerosos escravos e escravas, durante o curso da narrativa, que abrange os anos de 1857 a 1871. Aparecem como simples figurantes, sem nenhum relevo especial, mas aparecem naturalmente, como fato ordinário, aceito sem repugnância pelo consenso geral da gente que povoa o romance. Gente, não esqueçamos, cuja culminância social é representada por uma mulher, d. Glória, viúva de fazendeiro rico, pessoa de boa índole, mas mentalidade conservadora e rotineira.

Os dois romances derradeiros de Machado de Assis, o *Esaú e Jacó* e o *Memorial de Aires*, alcançam o 13 de Maio, e em ambos o fato repercute profundamente. Já no início do *Esaú e Jacó*, o banqueiro Santos, certo dia de 1871, em caminho de Botafogo para o centro da cidade, refestelado no seu cupê de homem importante, ia pensando em várias coisas, entre elas, precisamente, a "lei Rio Branco, então discutida na Câmara dos Deputados; o banco era credor da lavoura"[23]. Ele seria, com toda a certeza, adversário da lei, porque a lei, ferindo os interesses dos fazendeiros, devedores do banco, ia por tabela ferir os seus próprios interesses... Nesse tempo, os filhos de Santos eram dois pirralhos: em 1888, porém, um era médico e o outro advogado; o médico — conservador e monarquista, e o advogado — revolucionário e republicano. Brigavam por tudo, sempre às turras; pois o 13 de Maio os colocou por instantes na mesma posição de aplauso — se bem que inspirado cada qual em motivo diverso:

---

[22] Idem, *Quincas Borba*, v. VI, cit., p. 403.
[23] Idem, *Esaú e Jacó*, v. VIII, cit., p. 43.

"Desacordo no acordo", põe Machado de Assis no alto da página como título do episódio. E conta: "[...] em 1888, uma questão grave e gravíssima os fez concordar também, ainda que por diversa razão. A data explica o fato: foi a emancipação dos escravos. Estavam então longe um do outro, mas a opinião uniu-os. — A diferença única entre eles dizia respeito à significação da reforma, que para Pedro era um ato de justiça, e para Paulo era o início da revolução"[24].

A maior parte do tempo de ação do *Memorial de Aires* compreende exatamente todo o ano de 1888. Dois dos personagens principais do livro — Fidélia e seu pai, o fazendeiro barão de Santa-Pia — são pessoas cujos interesses estão diretamente ligados à existência da escravidão e sofrem, também, diretamente, as consequências da abolição. O conselheiro Aires, por sua vez, anotador cuidadoso de tudo quanto a eles se refere, registra não só o acontecimento, isoladamente, mas ainda os antecedentes imediatos do mesmo, em correlação com o que vai ocorrendo na sua vida e na vida dos seus amigos. Assim, com a data de 10 de março, alude o memorialista à organização do gabinete João Alfredo: "Afinal houve sempre mudança de gabinete. O Conselheiro João Alfredo organizou hoje outro"[25]. Dez dias depois, a 20 de março, uma curta referência aos rumores correntes então: "Ao Desembargador Campos parece que alguma coisa se fará no sentido da emancipação dos escravos — um passo adiante, ao menos. Aguiar, que estava presente, disse que nada corre na praça nem lhe chegou ao Banco do Sul"[26]. Em 27 de marco, chegando Santa-Pia da fazenda, Aires anota esta suposição, que reforça aqueles rumores: "Parece que ele veio por causa do boato que corre na Paraíba do Sul acerca da emancipação dos escravos"[27]. Duas semanas mais tarde confirma-se a suposição: "Grande novidade! O motivo da vinda do Barão é consultar

---

[24] Ibidem, p. 136.
[25] Idem, *Memorial de Aires*, v. IX, cit., p. 52.
[26] Ibidem, p. 53.
[27] Idem.

o Desembargador sobre a alforria coletiva e imediata dos escravos de Santa-Pia. Acabo de sabê-lo, e mais isto, que a principal razão da consulta é apenas a redação do ato"[28]. Devemos acentuar que o barão de Santa-Pia é um autêntico fazendeiro bem fazendeiro, conservador, escravista, mais barão de alma que de título. Como é homem de gênio violento e mandão, o seu propósito não obedece a nenhum sentimento humanitário, nem tampouco a qualquer preocupação idealista. Ele está indignado contra o governo João Alfredo, contra o próprio regime monárquico, e o seu gesto representa antes um protesto desesperado e uma espécie de desfeita prévia contra o 13 de Maio que se aproxima: "— Quero deixar provado — explica ele ao irmão Desembargador — que julgo o ato do Governo uma espoliação, por intervir no exercício de um direito que só pertence ao proprietário, e do qual uso com perda minha, porque assim o quero e posso"[29]. Em 19 de abril, o velho diplomata faz a seguinte anotação, muito importante porque também opinativa:

> [...] dizem que, abertas as Câmaras, aparecerá um projeto de lei. Venha, que é tempo. Ainda me lembro do que lia lá fora, a nosso respeito, por ocasião da famosa proclamação histórica de Lincoln: "Eu, Abraão Lincoln, presidente dos Estados Unidos da América..." Mais de um jornal fez alusão nominal ao Brasil, dizendo que restava agora que um povo cristão e último imitasse aquele e acabasse também com os seus escravos. Espero que hoje nos louvem. Ainda que tardiamente, é a liberdade, como queriam a sua os conjurados de Tiradentes.[30]

Sabe-se que o projeto de lei da abolição foi apresentado à Câmara dos Deputados de então no dia 7 de maio. Machado de Assis timbrou em salientar o fato no *Memorial*, registrando-o no próprio dia 7 e isolando-o de outros fatos ou comentários, como para lhe emprestar maior significação: "O Ministério apresentou hoje à Câmara o projeto de Abolição. E a Abolição pura e simples.

---

[28] Ibidem, p. 56.
[29] Ibidem, p. 57.
[30] Ibidem, p. 60.

Dizem que em poucos dias será lei"[31]. O 13 de Maio enche toda uma página movimentada, quase transbordante, do *Memorial*, relatando a agitação e a alegria geral que se apoderaram da cidade naquele dia, e ainda ocasiona esta preciosa confissão posta na pena de Aires: "Nunca fui, nem o cargo me consentia ser propagandista da Abolição, mas confesso que senti grande prazer quando soube da votação final do Senado e da sanção da Regente"[32].

As consequências imediatas de ordem econômica e política, que o 13 de Maio provocou ou acelerou, são igualmente mencionadas pelo romancista. Em mais de uma passagem do *Memorial* é anotado o fato do abandono da fazenda Santa-Pia por parte dos libertos, desorganizando-se o trabalho e arruinando-se o fazendeiro. Este último, em carta escrita ao irmão desembargador, mostra-se irritadíssimo, falando "muito mal do Imperador e da Princesa"[33]; e, "desgostoso da vida política", segundo o testemunho de Fidélia, "mandou dizer aos chefes daqui [da corte] que não contem mais com ele para nada"[34]. O barão de Santa-Pia morreu pouco depois. Morta a instituição, não podia o seu beneficiário subsistir. Como não podia subsistir por muito tempo o regime político que se apoiava sobre a classe dos beneficiários da escravidão. O 13 de Maio teria de acarretar o 15 de Novembro. Mais que uma ideia revolucionária, isto era um imperativo histórico, que Paulo, do *Esaú e Jacó*, exprimiu com exaltação num discurso demagógico pronunciado a 20 de maio: "A abolição é a aurora da liberdade; esperemos o sol; emancipado o preto, resta emancipar o branco"[35]. A mãe de Paulo, mais temerosa pelo filho do que pelo regime, percebeu a medo o que semelhante frase significava: "uma ameaça ao Imperador e ao Império"[36].

---

[31] Idem.
[32] Ibidem, p. 61.
[33] Ibidem, p. 64.
[34] Ibidem, p. 79.
[35] Idem. *Esaú e Jacó*, v. VIII, cit., p. 136.
[36] Ibidem, p. 137.

A guerra do Paraguai repercute com frequência nos escritos posteriores a 1864. O drama narrado em *Iaiá Garcia* começa justamente em plena campanha: a viúva Valéria instigando o seu filho Jorge a alistar-se como oficial voluntário e a seguir para o campo de batalha. Valéria pretendia, com isso, não tanto que o filho contribuísse com a sua parcela de bravura para matar muitos inimigos invasores da pátria; o que ela queria principalmente era matar uma paixão a seu ver inconveniente que havia invadido o coração do rapaz. Jorge acabou cedendo aos rogos da senhora sua mãe, movido por sua vez menos por terríveis sentimentos bélicos do que pelo desejo de sagrar-se herói aos olhos da moça que ele amava. Motivos, em ambos os casos, completamente desprovidos de senso, conforme opinou Luís Garcia, amigo da família e mais amigo ainda da vida sossegada e plácida: "Um desacordo por motivos de namoro — dizia ele — não é o Porto Alegre nem o Polidoro, é um padre que lhe deve pôr termo"[37]. A guerra prevaleceu sobre o bom senso e o ceticismo de Luís Garcia — felizmente para nós, pois foi desse modo que teve início a "complicação do natural com o social" em que se viram envolvidos Valéria, Jorge, Stela, Luís Garcia, Iaiá Garcia, Antunes, etc., e de onde resultou todo o romance... Quatro anos permaneceu Jorge no Sul, participando de vários combates, e ao cabo regressou coberto de louros — tudo isso resumido num só capítulo, a fim de mostrar que a guerra servira apenas para complicar ainda mais o que já começara complicado.

No *Quincas Borba* poucas referências, todas incidentais, são feitas ao conflito com o Paraguai: como assunto passageiro de conversa entre Rubião e o indiscreto major Siqueira; como assunto de discussão política entre Rubião e o periodista Camacho; como elemento para caracterizar a natureza de certos lucros fabulosos ganhos pelo negocista Palha em dois fornecimentos feitos ao governo; e finalmente como assunto noutra conversa do mesmo Siqueira com o Rubião já de miolo mole.

---

[37] Idem, *Iaiá Garcia*, v. IV, cit., p. 33.

No *Esaú e Jacó* anotamos somente duas referências retrospectivas e sem maior importância. O *Memorial de Aires* contém uma única referência, também retrospectiva: a comemoração da batalha de Tuiuti pelos jornais do dia 24 de maio. Mas esta referência fornece ao conselheiro Aires matéria para algumas recordações da carreira, seguidas de algumas reflexões corrosivas bem típicas:

> Isto me lembra que, em plena diplomacia, quando lá chegou a notícia daquela vitória nossa, tive de dar esclarecimentos a alguns jornalistas estrangeiros sequiosos de verdade. Vinte anos mais, não estarei aqui para repetir esta lembrança; outros vinte, e não haverá sobrevivente dos jornalistas nem dos diplomatas, ou raro, muito raro; ainda vinte, e ninguém. E a Terra continuará a girar em volta do Sol com a mesma fidelidade às leis que os regem, e a batalha de Tuiuti, como a das Termópilas, como a de Iena, bradará do fundo do abismo aquela palavra da prece de Renan: "Ó abismo! tu és o deus único!".[38]

No conto "O diplomático", aquele estupendo tipo, que é Rangel, "quando rompeu a guerra do Paraguai, teve ideia muitas vezes de alistar-se como oficial de voluntários; não o fez nunca; mas é certo que ganhou algumas batalhas e acabou brigadeiro"[39]. Numa das cartas que compõem o "Ponto de vista", Raquel escreve da corte para a amiga de Juiz de Fora que "a cidade está hoje muito alegre; andam bandas de músicas nas ruas; chegaram boas notícias do Paraguai"[40]. Outros três contos, "Uma noite", "Um capitão de voluntários", "Troca de datas"[41], fazem da guerra do Paraguai, não propriamente o tema ou o cenário, mas como que o pretexto ou o ambiente para a narrativa. Muito interessante, em todos três, é o fato de que os seus heróis — heróis do conto e dentro do conto heróis da guerra — alistaram-se como voluntários e partiram como oficiais levados por

---

[38] Idem. *Memorial de Aires*, v. IX, cit., p. 71.
[39] Idem. *Várias histórias*, v. XIV, cit., p. 181.
[40] Idem. *Histórias da meia-noite*, v. X, cit., p. 231.
[41] Incluídas, respectivamente, em *Páginas recolhidas*, v. XV, *Relíquias de casa velha*, primeiro volume, v. XVI, e *Relíquias de casa velha*, segundo volume, v. XVII, cit.

motivos semelhantes aos do Jorge, de *Iaiá Garcia*: complicações de amor. Complicações que em dois casos ("Uma noite" e "Um capitão de voluntários") só encontraram fim na morte dos heróis por bala inimiga.

Felizmente a guerra também teve um fim. Vamos pois a outros sucessos históricos e a outras ocorrências de natureza diversa.

*

O nosso conhecido Santos, banqueiro e figura de proa no *Esaú e Jacó*, era um pobre indivíduo quando veio de Maricá para a corte. O romancista fixa com precisão o momento que lhe deu a oportunidade de enriquecer: "Vindo para o Rio de Janeiro, por ocasião da *febre das ações* (1855), dizem que revelou grandes qualidades para ganhar dinheiro depressa. Ganhou logo muito, e fê-lo perder a outros"[42]. Aí temos o tipo situado no tempo e qualificado como perito na especulação. Outro especulador de boa marca era o antigo zangão da praça Cristiano de Almeida e Palha, marido feliz da bela Sofia do Quincas Borba. Quando começou ele a encher-se de dinheiro? Foi por ocasião da crise de 1864. O jovem espertalhão, "apesar de recente no ofício, adivinhou — não se pode empregar outro termo — adivinhou as falências bancárias"[43]. Bom adivinho, não há dúvida, que bem adivinhou para si...

Quem leu o *Brás Cubas* não esquece o capítulo VI, em que o defunto memorialista conta como lhe apareceu Virgília, estando ele às portas da morte, estirado na cama... Justo naquele momento, encontrava-se ao pé do leito em que ele jazia um certo cavalheiro, cuja identidade não foi revelada. Seria provavelmente um homem de negócios, ou algum inveterado patriota preocupadíssimo com os problemas econômicos do tempo: "Era um sujeito que me visitava todos os dias para falar do câmbio, da colonização e da necessidade de desenvolver a viação férrea..."[44]. Isto se passava

---

[42] Idem, *Esaú e Jacó*, v. VIII, cit., p. 24. O grifo e a data entre parênteses são do autor.
[43] Idem, *Quincas Borba*, v. VI, cit., p. 70.
[44] Idem, *Memórias póstumas de Brás Cubas*, v. V, cit., p. 25.

em meados de 1869, já no fim da guerra do Paraguai, quando as questões relativas ao câmbio, aos transportes e à colonização estavam na ordem do dia, pejadas de gravidade.

Essa preocupação de vários personagens pelos problemas nacionais fornece mesmo o tema de todo um conto, "Evolução", que é ao mesmo tempo uma deliciosa sátira política. Aparecem nele dois tipos, Inácio e Benedito, que se conheceram numa viagem a Vassouras, pouco tempo depois de inaugurada a estrada de ferro que partia da corte. Conversaram sobre o assunto obrigatório: o progresso que representavam as estradas de ferro. A certa altura, Inácio exprimiu a seguinte ideia: "Eu comparo o Brasil a uma criança que está engatinhando; só começará a andar quando tiver muitas estradas de ferro"[45]. Benedito achou a ideia do interlocutor uma "bonita ideia". Fizeram-se amigos e encontraram-se frequentes vezes, mais tarde, na corte. Benedito, ingressando na política, apresentou-se candidato a deputado. Inácio por essa ocasião embarcou para a Europa, em busca de capitais ingleses, a fim de levar por diante o seu projeto de organização de uma grande empresa ferroviária. Benedito foi derrotado nas eleições e seguiu também para o Velho Mundo, a espairecer a derrota. Viram-se os dois em Paris, novamente. A conversa entrou logo no terreno da política e dos negócios públicos. Algum tempo depois, já de regresso ao Brasil, Benedito conseguiu finalmente entrar para a Câmara dos Deputados. "Fui visitá-lo (conta Inácio); achei-o preparando o discurso de estreia. Mostrou-me alguns apontamentos, trechos de relatórios, livros de economia política, alguns com páginas marcadas, por meio de tiras de papel rubricadas assim: — Câmbio, Taxas das terras, Questão dos cereais em Inglaterra, Opinião de Stuart Mill, Erro de Thiers sobre caminhos de ferro, etc."[46].

Como esses, muitos são os personagens criados por Machado de Assis, políticos militantes, deputados, candidatos, publicistas, os quais expõem

---

[45] Idem, *Relíquias de casa velha*, primeiro volume, v. XVI, cit., p. 127.
[46] Ibidem, p. 133.

e debatem os problemas de mais agudo interesse para a opinião pública, em cada etapa do desenvolvimento geral do país, problemas cuja solução é exigida pelo próprio sentido social desse desenvolvimento. Muitos são, do mesmo modo, os casos e os episódios que refletem os costumes políticos da época, o monopólio da máquina eleitoral nas mãos dos privilegiados da fortuna, os métodos de velha politicagem e de intriga partidária, quer nos arraiais governistas, quer nos arraiais oposicionistas.

Camacho, que envolveu Rubião nas suas tramoias, é bem o tipo brasileiro do politicastro profissional. Foi numa roda em que se conversava acerca dos acontecimentos políticos do dia que ele se aproximou de Rubião e lhe fisgou o anzol traiçoeiro:

> Falava-se de chamada dos conservadores ao poder, e da dissolução da Câmara. Rubião assistira à sessão em que o ministério Itaboraí pediu os orçamentos. Tremia ainda ao contar as suas impressões, descrevia a Câmara, tribunas, galerias cheias que não cabia um alfinete, o discurso de José Bonifácio, a moção, a votação... Toda essa narrativa nascia de uma alma simples; era claro. A desordem dos gestos, o calor da palavra tinham a eloquência da sinceridade. Camacho escutava-o atento. Teve modo de o levar a um canto da janela, e fazer-lhe considerações graves sobre a situação. Rubião opinava de cabeça, ou por palavras soltas e aprobatórias.[47]

O pobre Rubião estava perdido nas unhas de Camacho... Admirável caracterização, na galeria dos políticos machadianos, é a do casal Batista-d. Cláudia, no *Esaú e Jacó*, a mulher mandona, desescrupulosa, gozando e sofrendo a volúpia do poder, e o marido, grave e passivo, contaminado até os ossos do vírus politicante. "Nele a política era menos uma opinião que uma sarna; precisava coçar-se a miúdo e com força."[48] Brás Cubas foi deputado, colega do marido de Virgília, o tragicômico Lobo Neves, e as suas memórias consignam a "impressão vária" causada na Câmara pelo seu grande discurso sobre a questão relativa ao tamanho da barretina da guarda nacional.

---

[47] Idem, *Quincas Borba*, v. VI, cit., p. 126.
[48] Idem, *Esaú e Jacó*, v. VIII, cit., p. 114.

Sem dúvida, boa parte de tudo isso pertence já ao domínio da sátira, como ao domínio da sátira — da pura sátira política em grande estilo — pertencem os episódios desenrolados na modorrenta vila de Itaguaí e narrados no conto "O alienista". Mas a sátira é apenas um processo literário de que o escritor se utiliza muitas vezes, não para mascarar, senão justamente para desmascarar a fisionomia de determinado momento ou de determinado meio. Ela se torna mesmo indispensável como elemento corretivo na verificação de certas versões demasiado bonitas da história oficial. Eu diria então que tais e tais passagens da obra de Machado de Assis acrescentam os direitos incontestáveis, que os seus livros possuem, de ocupar um lugar adequado em qualquer biblioteca onde pontifiquem os tomos da veneranda revista do Instituto Histórico e Geográfico Brasileiro.

A chamada questão religiosa, que tamanha agitação produziu no cenário político brasileiro durante anos da década de 1870 e que acabou marcando um momento importante no processo de liquidação do regime monárquico, não podia deixar de repercutir na obra de ficção de Machado de Assis. Dela há uma referência muito significativa no conto "Fulano", das *Histórias sem data*. O herói da história, homem arredio, modesto, apagado até aos quarenta anos de idade, transformou-se de repente, a essa altura, em homem de trepidante atividade social e política. Foi uma espécie de sezão que lhe pegou e não mais o largou até a hora da morte. Atacado desta febre é que ele se meteu no conflito suscitado entre os bispos e a maçonaria. Narra o contista:

> Deixara-se estar quedo, a princípio; por um lado, era maçom; por outro, queria respeitar os sentimentos religiosos da mulher. Mas o conflito tomou tais proporções que ele não podia ficar calado; entrou nele com o ardor, a expansão, a publicidade que metia em tudo; celebrou reuniões em que falou muito da liberdade de consciência e do direito que assistia ao maçom de enfiar uma opa; assinou protestos, representações, felicitações, abriu a bolsa e o coração, escancaradamente.[49]

---

[49] Idem, *Histórias sem data*, v. XIII, cit., p. 209.

A proclamação da República encontra-se registrada num capítulo do *Esaú e Jacó*; mas é um registro cheio de desencantada indiferença, tão cara ao conselheiro Aires. Cabe aqui observar que na realidade Machado de Assis se mostrou sempre mais ou menos insensível à propaganda republicana. Ele era um liberal confesso, militante das hostes liberais nos seus primeiros tempos de jornalismo, seguindo um rumo lógico e natural na sua condição e na sua formação; mas, fosse por insuficiência de visão ou antes de temperamento, ou fosse mesmo por conveniência e comodismo, o caso é que ele nunca tomou partido, pelo menos no que deixou escrito, entre a Monarquia e a República. Num dos seus contos já compostos depois de 1889, intitulado "Maria Cora", há um diálogo entre Corrêa e Maria Cora, durante o qual esta última se declarou partidária das ideias republicanas e aquele confessou "que não as professava de espécie alguma"[50]. Semelhante confissão pode ser igualmente atribuída ao próprio contista. Seja como for — e isto é o que nos importa aqui —, o fato da revolução de 15 de novembro, como acontecimento histórico, se acha devidamente consignado na sua obra de ficção. Além da página em que anotou a reação por assim dizer pessoal que lhe produziu o 15 de Novembro, no *Esaú e Jacó*, há outra referência direta ao acontecido, no conto "Mariano", também posterior a 1889. O herói do conto, Evaristo, residia em Paris fazia quase vinte anos, já desinteressado das coisas brasileiras, nem sequer lendo mais as folhas que lhe remetiam do Brasil. "Senão quando, em novembro de 1889, entra-lhe em casa um repórter parisiense, que lhe fala de revolução no Rio de Janeiro, pede informações políticas, sociais, biográficas. Evaristo refletiu."[51] Refletiu e resolveu de pronto embarcar para a terra natal. Mais significativo, porém, como expressão do ambiente político da época, são as palavras atribuídas ao barão de Santa-Pia e transmitidas ao conselheiro Aires pelo desembargador Campos, quase dois anos antes do

---

[50] Idem, *Relíquias de casa velha*, primeiro volume, v. XVI, p. 33.
[51] Idem, *Várias histórias*, v. XIV, cit., p. 185.

15 de Novembro: "— Meu irmão crê que também aqui a revolução está próxima, e com ela a República"[52].

O encilhamento, no terreno econômico e financeiro, e a revolta da esquadra, no terreno político e militar, vieram no rastro da revolução de 1889 como desdobramentos inelutáveis. Eram reações doentias que se manifestavam no organismo nacional, ainda abalado pelo desenlace dramático de uma longa gestação histórica. Qualquer coisa de febre puerperal, se me permitem a expressão. Machado de Assis oferece-nos no *Esaú e Jacó* um flagrante vivo do que foi a febre do encilhamento. O banqueiro Santos, conservador, monarquista, barão, mas acima de tudo encarnação do homem de negócios, caiu em cheio na corrida da especulação. Não me furto a citar toda a página, que reproduz um diálogo entre Santos e Batista:

> — Uma ideia sublime, disse ele ao pai de Flora; a que lancei hoje foi das melhores, e as ações valem já ouro. Trata-se de lã de carneiro, e começa pela criação deste mamífero nos campos do Paraná. Em cinco anos poderemos vestir a América e a Europa. Viu o programa nos jornais?
> — Não, não leio jornais daqui desde que embarquei.
> — Pois verá!
> No dia seguinte, antes de almoçar, mostrou ao hóspede o programa e os estatutos. As ações eram maços, e Santos ia dizendo o valor de cada um. Batista somava mal, em regra; daquela vez, pior. Mas os algarismos cresciam à vista, trepavam uns nos outros, enchiam o espaço, desde o chão até às janelas, e precipitavam-se por elas a baixo, com um rumor de ouro que ensurdecia. Batista saiu dali fascinado, e foi repetir tudo à mulher.[53]

Ainda no *Esaú e Jacó*, único romance de Machado de Assis cujo transcurso de ação atravessa os primeiros anos da República, alude-se aos acontecimentos de 1893: "No meio dos sucessos do tempo, entre os quais avultavam a rebelião da esquadra e os combates do Sul, a fuzilaria contra

---

[52] Idem, *Memorial de Aires*, v. IX, cit., p. 51.
[53] Idem, *Esaú e Jacó*, v. VIII, cit., p. 290.

a cidade, os discursos inflamados, prisões, músicas e outros rumores"[54]. No já citado conto "Maria Cora", a rebelião que se alastrava ao Sul, em ligação com a revolta da esquadra, contribuiu em muito para separar um casal que já possuía motivos íntimos de separação: João da Fonseca, partidário dos federalistas rebelados, e sua mulher Maria Cora, cujos laços de família a tornavam adversária dos mesmos. João da Fonseca era o tipo do mulherengo incontinente, e este seu temperamento, juntando-se ao dissídio de ordem política, provocou uma enorme complicação, que constitui precisamente o motivo central da narrativa. Dá-se o caso que Fonseca, apaixonado por uma tal Prazeres, é por esta impelido a pegar em armas e a enfileirar-se entre os rebeldes. O outro apaixonado da história, um sujeito de nome Corrêa, que cobiçava a mulher de Fonseca, partiu também para o campo da luta, no Rio Grande, formando nas fileiras governistas, e lá acabou matando o adversário e rival, no recontro da Encruzilhada. Contrariamente ao que ele esperava, a sua façanha, em vez de conquistar o coração de Maria Cora, o afastou definitivamente dela. Ingenuidades do coração masculino; sutilezas do coração feminino. Complicações que nos legaram Marte e Vênus. Parece que irremediavelmente — estão a segredar-me aqui ao pé do ouvido os manes de Machado de Assis.

Abril de 1939.

---

[54] Ibidem, p. 405.

INSTINTO E CONSCIÊNCIA DE NACIONALIDADE

> Esclarecer o espírito do povo de modo a fazer ideias e convicções disso que ainda lhe não passa de instintos, é, por assim dizer, formar o povo.
>
> Machado de Assis. *Crônicas*, v. I, p. 158.

I

Nossos melhores economistas e historiadores são unânimes em reconhecer que a abolição do tráfico negreiro, em 1850, marcou o início de uma importante mudança na vida brasileira. O tráfico era um dos mais rendosos negócios da época, e sua abolição entre nós levou os traficantes a buscar outros ramos de atividade onde pudessem inverter os capitais disponíveis.

> De 1850 a 1860 — escreve Castro Moreira em sua *História financeira* — se concederam 71 privilégios para diversas indústrias de invenções; concedeu-se autorização de 62 empresas industriais, para a incorporação de 14 bancos de depósitos e descontos e alguns de emissão; criaram-se 3 caixas econômicas, organizaram-se 20 companhias de navegação a vapor, 23 companhias de seguros, 4 de colonização, 8 de estradas de ferro, 2 de rodagem, 4 de carris urbanos com tração animada, 8 de mineração, 3 de transporte e 2 de gás.[1]

Castro Carreira acrescenta: "Operou-se uma verdadeira transformação; parecia que o povo acordava de um letargo; mas faltando-lhe ainda a

---

[1] Citado por Gilberto Amado, "As instituições políticas e o meio social no Brasil", em *À margem da história da República* (Rio de Janeiro, Anuário do Brasil, 1924), p. 59-60.

experiência, abundaram as especulações inconsideradas, resultando daí a perda de capitais valiosos"[2].

Malgrado tais especulações, o fato é que o impulso estava dado e o que ficou prosperou e se desdobrou. Novos métodos de produção, novas técnicas, novos serviços, novas iniciativas vão surgindo, por exigência das novas condições criadas. Em livro recente, Nelson Werneck Sodré caracteriza com exatidão o momento histórico que estamos recordando: "A partir desse momento é que aparecem, na vida brasileira, os elementos da atividade industrial, assumindo novas formas, desenvolvendo-se, saindo do estágio primitivo do simples e reduzido artesanato, da produção doméstica, para assumir fisionomia própria, para definir a sua posição"[3]. Trata-se, todavia, de um começo, como não podia deixar de ser. Conforme nos adverte este mesmo autor — "tal atividade deve ser apreciada na relação com o quadro em que surge, na proporção que esse quadro estabelece"[4].

Quadro ainda modesto, sem dúvida. Dir-se-ia um quadro de cavalete, se é possível usar aqui semelhante terminologia; mas que avulta, expande-se, desconjunta a armadura do cavalete e pede parede que lhe dê proporções de largo mural. Tal a imagem que nos fica, ao demorarmos a atenção sobre essa época. E temos então a impressão dinâmica de um Brasil em plena adolescência, encorpando-se, ganhando forças para os rudes embates que o esperam nos decênios a seguir.

Ora, essa é também a época em que o menino Joaquim Maria transita sucessivamente para a puberdade e a adolescência, os sentidos aguçados para a vida que borbulha ao seu redor, integrando-se, fibra por fibra, no movimento ascensional que começa a imprimir nova fisionomia ao país. Nova fisionomia, bem entendido, não apenas de natureza

---

[2] Ibidem.
[3] Nelson Werneck Sodré, *Introdução à revolução brasileira* (Rio de Janeiro, José Olympio, 1958), p. 35.
[4] Ibidem.

econômica, mas também de natureza política[5] e ainda com a correspondente colocação de natureza cultural. Poderíamos dizer, a esta altura, sem exageros de comparação ou de paralelismo, que o Brasil e o escritor em formação crescem juntos e juntos caminham para a idade viril. O que, segundo me parece, não é obra de nenhum acaso: o surgimento de tal escritor em tal momento histórico vem a ser precisamente a réplica, em termos de cultura espiritual, dos índices de cultura material que se acentuam a partir da década de 1850.

Mas vieram os cinco anos de guerra contra o Paraguai — cinco anos de sangria na economia, e literalmente, na própria carne do povo brasileiro. Não caberia aqui descer a detalhes na apreciação das causas e efeitos da guerra de 1865-1870. Baste-nos constatar que o país, ao cabo daqueles cinco anos, voltava combalido à normalidade; combalido, abalado em seus alicerces, mas reagindo rapidamente, recuperando suas forças com ímpetos inesperados. Os dados, que as mais recentes pesquisas comprovam, nos mostram que a economia nacional, retomando a marcha que afrouxara com a guerra, toma novo e mais decisivo impulso durante a década de 1870 a 1880. Escreve Caio Prado Júnior: "O surto de atividade, observado desde 1850, ganha novo impulso e não se interrompe mais. Os diferentes empreendimentos industriais, comerciais e sobretudo agrícolas continuam a se multiplicar em ritmo crescente; e já se começa a observar a concentração de capitais de certo vulto"[6]. Simultaneamente, a atividade financeira se aparelha de maneira mais adequada, a fim de melhor atender às necessidades econômicas. Multiplicam-se os bancos e as empresas financeiras, surgem as companhias de seguros, crescem os negócios de bolsa, o que permite captar e mobilizar novas fontes de acumulação capitalista. Numa palavra — conclui Caio Prado Júnior —, a antiga colônia segregada e vegetando na

---

[5] As eleições de 1860, notou Joaquim Nabuco, resultavam já da maré democrática que subia de novo, retomando o curso interrompido vinte anos antes. Cf. João Cruz Costa, *Contribuição à história das ideias no Brasil* (Rio de Janeiro, José Olympio, 1956), p. 183.

[6] Caio Prado Júnior, *História econômica do Brasil* (São Paulo, Brasiliense, 1945), p. 205.

mediocridade do isolamento, se moderniza e se esforça por sincronizar sua atividade com a do mundo capitalista contemporâneo"[7].

Heitor Lira resume nos termos seguintes o momento nodal de mudança na situação do país: "O Império até 1871 fora uma coisa, de 1871 em diante será outra bem diferente, por sua evolução, por suas finalidades, pelas novas exigências da nação, pela própria mentalidade dos estadistas que a dirigem"[8]. Faltaria apenas acrescentar a essa característica um elemento invisível, subterrâneo, mas a meu ver essencial — o de que o império será desde então diferente porque em verdade começava a negar-se a si mesmo, corroído pouco a pouco pelo germe da própria decomposição[9], num processo histórico que teria na abolição de 88 e na República de 89 o seu desenlace inelutável.

Mudanças na situação econômica produzem necessariamente mudanças em tudo o mais, inclusive na vida cultural. Eis o que escreve o prof. Cruz Costa, ao referir-se à década de 1870 a 1880: "Coincidindo com este desenvolvimento econômico do país, dá-se também uma notável renovação no pensamento nacional"[10].

---

[7] Ibidem, p. 206.

[8] Heitor Lira, *História de Dom Pedro II*, citado em João Cruz Costa, *Contribuição à história das ideias no Brasil*, cit., p. 167.

[9] José de Alencar já percebia, desde 1868, em suas *Cartas de Erasmo*, esse elemento de corrupção e dissolução. Na última *Carta ao imperador*, datada de 15 de março daquele ano, referia-se ao "estado miserando do País", às "ruínas do geral desmoronamento", e concluía, desalentado, que: "O Brasil parecia chegado à última fase da dissolução, e podia-se bem repetir a palavra de Talleyrand: 'É o começo do fim.' *C'est le commencement de la fin*" (*Ao imperador, novas cartas políticas de Erasmo*, Rio de Janeiro, Tip. de Pinheiro & Cia.,1868, p. 62). Alencar percebia o fenômeno, mas equivocava-se quanto à sua verdadeira natureza, ao identificar a sorte do Império com a sorte do Brasil. Dava-lhe entretanto uma interpretação teórica de surpreendente força dialética: "A corrupção constitui infelizmente uma lei da natureza, indispensável ao desenvolvimento da matéria como da vida humana. Quando a eiva ataca no âmago uma existência, e não é mais possível extirpar o vício, a podridão, de mal que era, se torna em bem. Ela representa o primeiro período da transformação, a decomposição dos corpos. Na massa pútrida se desenvolve o germe de novas existências" (Idem).

[10] Ibidem, p. 135.

Examinemos a breve traço o que foi esse movimento de renovação cultural. E tenhamos presente — pois é o que principalmente nos interessa aqui — que o escritor Machado de Assis está vivendo nesse período o decênio dos trinta aos quarenta anos, com imensa atividade na imprensa, no teatro, na poesia, na crítica, na ficção.

II

Em 1880, o jovem Sílvio Romero, já definitivamente fixado no Rio, procedia a um balanço geral[11] do decênio que acabava de viver, intensamente, ardoroso e apaixonado como nenhum outro na participação do movimento de renovação cultural, em cujo centro colocava a Escola do Recife. A vida inteira, com o mesmo ardor e a mesma paixão da juventude, Sílvio reclamaria para o Recife, e, portanto, para Tobias e para si mesmo, a glória da prioridade no desencadear do movimento. Em livros anteriores e posteriores àquela data e em prefácios a livros de amigos, não perdia ele ocasião de polemizar com meio mundo, inclusive correligionários ou ex-correligionários, no afã de justificar e precisar o papel preponderante que a Escola do Recife teria desempenhado. José Veríssimo, ainda mais jovem,

---

[11] No artigo "Vista geral sobre a escola literária do Recife", recolhido em *Estudos de literatura contemporânea: páginas de crítica* (Rio de Janeiro, Laemmert, 1885), p. 87-98. Em artigo de 1904, confessa: "Por cinco vezes diversas tenho historiado, ora mais, ora menos amplamente, o que eu mesmo denominei a Escola Literária do Recife, e foi na Filosofia do Brasil, na Literatura brasileira e a crítica moderna, no ensaio A prioridade de Pernambuco em o Movimento espiritual brasileiro, na História da literatura brasileira e no livro sobre Machado de Assis" ("A escola literária do Recife no último quartel do século XIX", incluído no volume *Outros estudos de literatura contemporânea* (Lisboa, A Editora, 1905), p. 207-12, e reproduzido mais tarde no volume *Provocações e debates* (Porto, Imprensa Moderna, 1910), p. 217-22. Sílvio esquecera-se de mencionar outros artigos e páginas sobre o mesmo tema, escritos antes de 1904, por exemplo no longo prefácio ("Explicações indispensáveis") aos *Vários escritos*, de Tobias Barreto, volume por ele organizado e editado em 1900; e mais tarde reeditados nas *Obras completas de Tobias Barreto*, v. X. As duas páginas desse prefácio, em que trata da escola de Recife, foram reproduzidas literalmente no discurso de recepção a Euclides da Cunha, na Academia Brasileira, em 1906 (*Provocações e debates*, cit., p. 335).

e ainda no Pará, já em 1883 passava igualmente em revista o movimento[12], se bem que discordando de Sílvio em mais de um ponto, sobretudo com referência a prioridades cronológicas, visando assim, veladamente, à Escola do Recife. Para Sílvio, o decênio se extremava entre 1868 e 1878, ao passo que Veríssimo o confinava entre 1873 e 1883. Mais tarde, 1912, em sua *História da literatura brasileira*, Veríssimo volta ao balanço do decênio, e agora, à distância de trinta anos, ampliando ainda mais os dados e juízos sobre aquele período, e criticando abertamente certos exageros de Sílvio a respeito da Escola do Recife[13].

---

[12] "O movimento intelectual brasileiro nos últimos dez anos", conferência feita na Sociedade Paraense Promotora da Instrução, em *Estudos brasileiros (1877-1885)* (Pará, Tavares Cardoso & Cia., 1889), p. 111-28.

[13] Veríssimo afirma que a chamada Questão Coimbrã, que irrompeu em Portugal com a briga literária do Bom senso e Bom gosto, por volta de 1865, "teve certamente muito maior repercussão na mentalidade literária brasileira do tempo do que a pseudoescola do Recife". E acrescenta, nada menos: "Muito mais daquele movimento do que da influência de Tobias Barreto derivou a *Literatura brasileira e a crítica moderna* (1880) do Sr. Sílvio Romero, e bem assim os seus principais estudos da história da literatura brasileira" (*História da literatura brasileira*, Rio de Janeiro, Francisco Alves, 1929, p. 343). Sílvio Rabelo, biógrafo de Sílvio Romero, sustenta opinião semelhante: "Não é fora de propósito adiantar-se que o movimento do Recife, em muitos aspectos, se identifica com o movimento de Coimbra. Às vezes até parece uma reprodução em ponto menor e uma reprodução do que tinha a escola coimbrã de mais pobre. Ambos os movimentos vinham diretamente do positivismo de Augusto Comte e do humanitarismo social de Proudhon" (Sílvio Rabelo, *Itinerário de Silvio Romero*, Rio de Janeiro, José Olympio, 1944, p. 62). A Questão Coimbrã teve realmente larga ressonância entre nós, inclusive pela presença de José Feliciano de Castilho, que aqui publicou mais de um panfleto em defesa do irmão Antônio Feliciano contra o grupo coimbrão capitaneado por Antero de Quental. Ainda em 1871 e depois, José Feliciano agitava a questão, em suas polêmicas contra José de Alencar (cf. *Questões do dia*, Rio de Janeiro, Tip. e Lit. Imparcial, 1871-1872, 3 v. passim). Compreende-se, obviamente, que a influência do movimento coimbrão, que datava desde 1865, houvesse ecoado e perdurado no Rio de Janeiro com mais força ainda que no Recife. Há mesmo um curioso folheto, *Literatura pantagruélica* (Rio de Janeiro, 1868), do qual são coautores Joaquim Manuel de Macedo, José de Alencar e Machado de Assis. É raridade bibliográfica, de que tenho notícia apenas pelo registro que fazem dele Tancredo de Barros Paiva, *Achegas a um dicionário de pseudônimos* (Rio de Janeiro, J. Leite & Cia., 1929), p. 183 e J. Galante de Sousa, *Bibliografia de Machado de Assis* (Rio de Janeiro, INL, 1955), p. 291.

Mas deixemos de lado as discrepâncias e rivalidades entre os dois críticos e historiadores da nossa literatura, e aproveitemos, de ambos, os elementos que em verdade se completam, e assim possamos fazer uma ideia razoável do movimento de renovação intelectual que se desenvolveu, na década de 1870 a 1880, com um ímpeto admirável e com resultados realmente fecundos. Foi esse um "tempo de maravilhosa agitação intelectual" — recordava Sílvio Romero.[14]

Até 1868, escreve Sílvio, a filosofia espiritualista, católica, eclética domina tudo sem contraste nem oposição séria. É a filosofia que convém às instituições monárquicas e aos direitos tradicionais dos grandes proprietários, aquelas e estes baseando seu poder político e econômico na exploração do trabalho servil. O romantismo entra em fase de decadência. A guerra do Paraguai chega ao fim e, em compensação, de seus desastrosos efeitos imediatos, faz despertar o sentimento nacional — "meio adormecido", diz-nos Veríssimo, "desde o fim das agitações revolucionárias consequentes à Independência". A guerra do Paraguai fora com efeito um "divisor de águas", segundo a expressão de Nabuco, e em tal conjuntura é que irrompe "o movimento subterrâneo, que vinha de longe" (palavras de Sílvio), revelando a instabilidade de todas as coisas, abalando os alicerces do regime. Organiza-se o Partido Republicano com o Manifesto de 1870. O problema da escravidão agrava-se. As classes dominantes tentam manobrar, mediante a Lei do Ventre Livre, em 1871, da qual entretanto não obteriam os resultados previstos. Surge pouco depois a questão religiosa — menos que agravante, uma decorrência direta daquela instabilidade. Outros fatores de desagregação política e ideológica, oriundos do exterior, devem ser levados em conta: a revolução espanhola de 1868, a guerra franco-prussiana, a revolução francesa, a Comuna de Paris. Sob a pressão de tais acontecimentos internos e externos, a inquietação geral cresce e se espraia. Abrem-se as comportas ao livre pensamento e tudo é posto em discussão, surgindo à tona os problemas econômicos, políticos,

---

[14] Sílvio Romero, *Estudos de literatura contemporânea*, cit., p. 157.

administrativos e, paralelamente, as indagações de ordem ideológica, em busca de novos rumos filosóficos, científicos, literários. Positivismo, evolucionismo, darwinismo, naturalismo, folclore, crítica religiosa, novos processos de crítica e de história literária, "nova intuição" do direito e da política — tudo se investiga, tudo se compara, tudo se debate.

"Nas regiões do pensamento teórico o travamento da peleja foi ainda mais formidável, porque o atraso era horroroso. Um bando de ideias novas esvoaçou sobre nós de todos os pontos do horizonte" — relata-nos Sílvio Romero[15]. E José Veríssimo põe em relevo o "salutar alvoroço" produzido por todos esses sucessos políticos, sociais e culturais, e observa, com singular acuidade, que as novas ideias, se bem que nem sempre coerentes e mesmo desencontradas e contraditórias, agiam, por sua vez, como "fautoras também nos acontecimentos sociais e políticos apontados"[16].

Alguns pormenores servirão para caracterizar melhor as cores do quadro.

Com os seus *Ensaios de ciência*, Batista Caetano inicia, em 1873, o estudo das línguas indígenas segundo novos métodos linguísticos. Couto de Magalhães publica *A religião e raças selvagens do Brasil*, em 1874, e *O selvagem*, em 1876. *O fim da criação*, de Araújo Ribeiro, primeiro livro brasileiro inspirado em Darwin, é de 1875. Miguel Lemos funda em 1874, com Teixeira de Souza e Pereira Simões, *A Ideia*, revista de ciências e letras, em que se prega "a regeneração política e moral do grande povo brasileiro"[17]. De 1874 e 1877, respectivamente, são os dois volumes intitulados *Três filosofias*, de Luís Pereira Barreto, adepto de Comte. Domingos Guedes Cabral, formado em medicina pela Faculdade da Bahia em 1875, publica no ano seguinte a sua tese sobre *As funções do cérebro*, ensaio de

---

[15] Sílvio Romero, "Explicações indispensáveis", em *Obras completas de Tobias Barreto* (Aracaju, Editora do Estado de Sergipe, 1926), v. X, p. XXVII.

[16] José Veríssimo, *História da literatura brasileira*, (Rio de Janeiro, Francisco Alves, 1929), p. 338.

[17] Artigos reproduzidos mais tarde em Miguel Lemos, *Pequenos ensaios positivistas* (Rio de Janeiro, Brown & Evaristo, 1877), p. 19.

psicologia estudada à luz da filosofia. A tese produziu escândalo e foi rejeitada pela congregação da faculdade. Os estudantes, colegas do jovem doutorando, promoveram a edição do trabalho, em protesto contra a decisão da congregação.

A questão religiosa suscita, de 73 a 76, os famosos panfletos de Ganganelli (Saldanha Marinho), depois reunidos em quatro compactos volumes; *Direito contra direito*, do bispo D. Antônio de Macedo Costa; *A Igreja no Estado*, de Tito Franco de Almeida; e a seguir, pelos anos adiante, uma copiosa bibliografia, na qual se destaca *O papa e o concílio*, do suíço-alemão Döellinger, publicado em 1877, tradução de Rui Barbosa, cujo prefácio constitui a bem dizer um livro paralelo, que aborda e discute uma série de questões filosóficas, históricas, jurídicas, políticas e culturais, relacionadas com o tema do poder do papa e suas relações com o século.

Tavares Bastos publica em 1870 seu último livro, *A província*, dos mais importantes da sua obra de publicista. Capistrano de Abreu inicia seus estudos históricos, e seus primeiros trabalhos na imprensa do Rio datam de 1875, saindo em 83 o *Descobrimento do Brasil*, tese de concurso para a cadeira de História do Brasil do Colégio de D. Pedro II. Lafayette, que já publicara em 1869 o *Direito de família*, dá à estampa o *Direito das coisas* em 1877. Lembremos ainda que Joaquim Nabuco, com apenas 23 anos, é já autor de importante trabalho literário: *Camões e Os lusíadas*, Rio, 1872. E *O abolicionismo* é de 1883. De 1882 é o *José de Alencar*, de Araripe Júnior, e aí o autor declara que a renovação de suas ideias datava de 1873.

A atividade de Tobias Barreto e Sílvio Romero vinha dos últimos anos da década anterior, mas Tobias só publicou seu primeiro livro, *Ensaios e estudos de filosofia e crítica*, em 1875. De 1875, 78 e 80 são, respectivamente, a *Etnologia selvagem*, *A filosofia no Brasil* e *A literatura brasileira e a crítica moderna*, de Sílvio Romero, cujos trabalhos de pesquisa folclórica vinham também dos anos 1870 e tantos, embora editados em volume bem mais tarde: *Cantos populares do Brasil*, em 1883, *Contos populares do Brasil*, em 1885, e *Estudos sobre a poesia popular do Brasil*, em 1888. Acrescente-se a esta lista o volume *Cantos* do fim do século, 1878, com prefácio-manifesto em que expõe suas concepções sobre a poesia. De 1878 são os *Quadros paraenses*, de José Veríssimo; desde 77, porém, fazia ele da crítica literária sua principal preocupação, se bem que só em 1889 publicasse o primeiro de dois volumes de *Estudos brasileiros*.

No romance destaca-se Inglês de Sousa, com a *História de um pescador* e *O cacaolista*, ambos de 1876, e *O coronel sangrado*, de 77. Celso de Magalhães, falecido aos trinta anos, em 1879, foi um precursor do romance naturalista (*Um estudo de temperamento*), dos estudos folclóricos (*Poesia popular brasileira*) e da nova poesia (*Versos*). *O mulato*, de Aluísio Azevedo, é de 1881. Franklin Távora, cuja atividade datava de bem antes, publica os três romances da série Literatura do Norte, *O cabeleira, O matuto* e *Lourenço*, em 1876, 78 e 81, respectivamente.

Na imprensa do Rio de Janeiro, além de Quintino Bocaiúva, que era um mestre no ofício, surgiam ou se afirmavam Joaquim Serra, também poeta e teatrólogo, Salvador de Mendonca, Ferreira de Araújo, fundador da *Gazeta de Notícias* em 1875, José do Patrocínio, Carlos de Laet, Ferreira de Meneses, Rui Barbosa. De 1879 a 1881 publica-se a importante *Revista Brasileira*, dirigida por Nicolau Midosi e Franklin Távora, com a colaboração do que havia de melhor na intelectualidade do tempo, inclusive Sílvio Romero, Araripe Júnior e José Veríssimo. Na *Revista Brasileira*, como se sabe, publicou Machado de Assis poemas, artigos de crítica, a peça teatral *Tu, só tu, puro amor* — e as *Memórias póstumas de Brás Cubas*, em números sucessivos.

Outro periódico que desempenhou também importante papel em seu meio, no decênio que estamos considerando, foi a *Revista da Sociedade Partenon Literário*, de Porto Alegre, encabeçando um movimento literário a que Augusto Meyer propõe a classificação de "pré-regionalismo gaúcho"[18].

Noutras províncias, principalmente Pernambuco, Ceará, Bahia, São Paulo e Minas, militavam jornalistas, políticos e literários, gente jovem e

---

[18] Augusto Meyer, "O regionalismo na prosa e na ficção: grupo gaúcho", em *A literatura no Brasil*, v. II (Rio de Janeiro, Editorial Sul-Americana, 1955), p. 219.

combativa, que participavam ativamente da agitação geral. Devemos lembrar ainda os pequenos jornais e revistas, quase sempre de efêmera duração, que desempenham sempre destacado papel em todos os movimentos de renovação cultural.

Nos domínios da instrução pública, as preocupações do governo e do público faziam ressaltar a necessidade de mudanças na organização e nos métodos de ensino. Obedecendo a tais objetivos, timidamente embora, reformas são levadas a efeito no Colégio de D. Pedro II, e a antiga Escola Central desdobrou-se em militar e civil, criando-se a Escola Politécnica, a que se acrescentaram novos cursos de especialização científica. Funda-se a Escola de Minas do Ouro Preto. Alguns professores europeus são contratados para os novos cursos. A Tipografia Nacional imprime, em tradução, o livro de Hippeau sobre o ensino público nos Estados Unidos, na Inglaterra e na Prússia.

Reformas são igualmente introduzidas no Museu Nacional e na Biblioteca Nacional. O Museu inicia a publicação dos *Arquivos*, cujos primeiros números, saídos entre 1876 e 1878, divulgam trabalhos originais de antropologia, fisiologia, arqueologia, etnografia, história natural, assinados por João Batista de Lacerda, Rodrigues Peixoto, Ladislau Neto, Ferreira Pena e os estrangeiros, aqui radicados, Hartt, Orville Derby, Fritz Müller. Aparecem igualmente os primeiros números dos *Anais da Biblioteca Nacional*, com importantes materiais de informação bibliográfica, memórias e monografias de interesse para a nossa história literária e geral.

Conferências e cursos públicos se realizam com êxito expondo e debatendo as novas ideias filosóficas, científicas e literárias.

Eis, em resumo, os dados e indicações cujo conhecimento de conjunto nos permite avaliar aproximadamente o que significou, na história do país, aquele momento de fermentação renovadora, que atingia a todos os setores da nossa vida econômica, política, social e cultural.

Mas qual o traço característico da agitação de ideias que tamanho alvoroço produziu na juventude intelectual da época? Sílvio Romero, Araripe Júnior e José Veríssimo, que em campos diferentes participaram intensamente da esplêndida batalha, são concordes em afirmar que o seu mais evidente sinal, como aliás do movimento europeu que a inspirou, foi o espírito crítico empenhado em superar velhas e caducas concepções e traçar novas rumos e novos critérios à atividade da inteligência nacional[19].

O prof. Roger Bastide, que é na Franca um dos melhores conhecedores das nossas coisas, qualifica de "geração crítica, ou, mais exatamente, geração autocrítica"[20], a geração que encarnou e encabeçou o movimento de renovação cultural que se processou durante aquela fase da nossa história. Roger Bastilde acrescenta, a meu ver com inteira justeza, que o esforço de crítica e autocrítica, realizado particularmente nos domínios da literatura, teve por objetivo — "pensar a literatura do ponto de vista nacional"[21]. Esta observação me parece muito importante, porque nos leva a compreender que a "importação de ideias", que se fez então em larga escala, não foi coisa totalmente artificial, mero filoneísmo crítico e filosófico, mas correspondia no essencial a necessidades vitais do país em desenvolvimento e já podendo de certo modo selecionar e assimilar aquelas que melhor conviesse adaptar às suas próprias condições históricas.

Um exame detido daquele período de inquietação e agitação nos levará a concluir que era tudo um reflexo, na superfície, do movimento íntimo

---

[19] Críticos modernos sustentam idêntica opinião. Por exemplo, Antonio Candido: "Graças à divulgação das novas ideias sobre filosofia e literatura, formou-se no Brasil, na década de setenta, uma geração de tendências eminentemente críticas, animadas do desejo de esquadrinhar a cultura nacional e dar-lhe orientação diversa" (*Introdução ao método crítico de Silvio Romero*, p. 39-40, citado em Cruz Costa, *Contribuição à história das ideias no Brasil*, cit., p. 131, em nota). Cruz Costa, por sua vez, manifesta-se de forma igual: "Por volta de 1870 um novo período vai-se abrir na história do pensamento brasileiro. É então que novos matizes de ideias, originados na filosofia dos séculos XVII e XVIII, começam a impregnar a vida intelectual brasileira. O positivismo, o naturalismo, o evolucionismo, enfim, todas as modalidades do pensamento europeu do século XIX — vão-se exprimir agora no pensamento nacional e determinar um notável progresso de espírito crítico" (Ibidem, p. 129).

[20] Roger Bastide, *Études de littérature brésilienne* (Paris, Centre de Documentation Universitaire, s.d.), p. 26.

[21] Idem.

e profundo de afirmação da consciência nacional, que buscava definir os contornos de sua fisionomia autônoma, talhada em consonância com a fisionomia da nacionalidade já esboçada pela mão da história. Em verdade, o decênio de 1870 a 1880 assinalou o momento de transição dialética daquilo que até então era apenas instinto de nacionalidade para o estágio mais elevado de consciência da nacionalidade em ascensão.

E é neste ponto que vamos encontrar e situar o escritor Machado de Assis, cuja obra exprime, a meu ver, melhor que outra qualquer em nossa história literária, a mais pura substância dessa consciência nacional[22]. Nem há outra razão que nos explique a sua permanente atualidade, a sua crescente grandeza, a sua arte irresistível de comunicação com a massa cada vez mais ampla de leitores que ele vai conquistando incessantemente[23].

III

Ainda antes dos vinte anos, Machado de Assis já se preocupava seriamente com os problemas da literatura — que ele, ao contrário da maioria dos seus companheiros, não considerava "mero divertimento", conforme registra Lúcia Miguel Pereira[24]. Seus biógrafos, desde Pujol, apontam o artigo "O passado, o presente e o futuro da literatura", publicado em 1858, na *Marmota* de Paula Brito, como um primeiro e sério sinal de tais preocupações, sobretudo em relação ao problema central da "emancipação de

---

[22] "Machado de Assis se transformou no acontecimento central da vida literária brasileira, expressão isolada e sem par de alguma coisa muito essencial à nossa natureza." Barreto Filho, *Introdução a Machado de Assis* (Rio de Janeiro, Agir, 1947), p. 7.

[23] "O seu sistema de ideias constitui um patrimônio comum, que se comunica a todos, produzindo-se a surpresa de um encontro entre o grande trabalho de erudição e de cultura e o insondável sentimento da comunidade. Eis por que a sua influência é cada vez mais ampla e profunda." (Ibidem, p. 226).

[24] Lúcia Miguel Pereira, *Machado de Assis (Estudo crítico e biográfico)* (5. ed., Rio de Janeiro, José Olympio, 1955), p. 62.

nosso espírito literário"[25]. É trabalho ainda cheio de certas "ideias muito metafísicas e vaporosas", segundo confissão autocrítica do próprio autor, em passagem de outro artigo publicado menos de um ano depois[26]. Lúcia Miguel Pereira julga-o, no entanto, um "estudo lúcido e independente", "notável sob muitos aspectos", "trabalho de um jovem de 19 anos que encarava a literatura como um meio de fixação da nacionalidade"[27].

O problema da literatura como representação e interpretação da nacionalidade foi, com efeito, uma constante inalterável em toda a obra de Machado de Assis, desde seu artigo de 1858 até seus últimos escritos, até o *Memorial de Aires*. Já numa de suas crônicas de 1859, na qual procurava definir o caráter do folhetim e o ofício do folhetinista, criticava severamente o espírito de pura imitação dos modelos franceses, que predominava na imprensa fluminense, dizendo, textualmente: "Em geral o folhetinista aqui é todo parisiense; torce-se a um estilo estranho, e esquece-se nas suas divagações sobre o *boulevard e café Tortoni*, de que estão sobre um *macadam* lamacento e com uma grossa tenda lírica no meio de um deserto"[28]. Ressalvava as raríssimas exceções e reconhecia que "escrever folhetim e ficar brasileiro é na verdade difícil", mas acrescentava que as dificuldades podiam ser aplanadas e o folhetim "podia bem tomar mais cor local, mais feição americana", concluindo que assim o folhetista faria "menos mal à independência do espírito nacional, tão preso a essas imitações, a esses arremedos, a esse suicídio de originalidade e iniciativa"[29].

Ainda em 1859, ao iniciar sua atividade na crítica teatral, que exerceria durante cerca de sete anos ininterruptos, e à qual voltaria com frequência, firmou posição em três artigos, expondo suas ideias sobre o

---

[25] Alfredo Pujol, *Machado de Assis* (2. ed., Rio de Janeiro, José Olympio, 1934), p. 268.

[26] "O jornal e o livro", artigo estampado no *Correio Mercantil*, Rio de Janeiro, 10 e 12 de janeiro de 1859. Reproduzido no volume Machado de Assis, *Poesia e prosa*, organizado e anotado por J. Galante de Souza (Rio de Janeiro, Civilização Brasileira, 1957), p. 97.

[27] Lúcia Miguel Pereira, *Machado de Assis*, cit., p. 62.

[28] Machado de Assis, *Crônicas*, v. XXII, cit., p. 37.

[29] Ibidem, p. 37-8.

teatro. A expressão era veemente, o estilo indeciso, mas a opinião mantinha-se inalterável em face do abastardamento do nosso teatro naquele tempo. Dizia então que o teatro se tornara entre nós uma escola de "aclimatação intelectual", em que dominavam "concepções de estranhas atmosferas, de céus remotos", e não possuía "cunho local", arte presbita que não enxergava "o que se move debaixo das mãos"[30]. Denunciava as consequências desastrosas que a desnacionalização do teatro produzia no "paladar das plateias", viciadas pelos "manjares esquisitos de um sabor estranho", tudo por culpa de autores que não cuidavam "dos elementos que fermentavam em torno de nossa sociedade" e "só esperavam uma mão poderosa para tomarem uma forma e uma direção"[31]. Atribuindo ao teatro uma alta missão educativa, o crítico prosseguia em sua argumentação e afirmava que as massas necessitam de verdades, e não podem encontrá-las num teatro limitado "à reprodução material e improdutiva de concepções deslocadas da nossa civilização — e que trazem em si o cunho de sociedades afastadas"[32].

Sua crítica teatral, se bem que geralmente benévola e animadora em relação aos intérpretes, pautava-se de acordo com as ideias expostas no artigo inicial. E, ao terminar o ano de 1859, insistia em seus pontos de vista, escrevendo: "[...] eu tenho a inqualificável monomania de não tomar a arte pela arte, mas a arte, como a toma Hugo, missão social, missão nacional e missão humana"[33]. Quando, meses depois, surgiu algo parecido com a "mão poderosa" que ele esperava, e era a mão de José de Alencar, que levara à cena uma nova peça, *Mãe*, o crítico não poupou palavras de esperança: "Se houve verdade nas conversações de certos círculos, e na ânsia com que era esperado o novo drama, foi que a peça estava acima do que se esperava. — Com efeito, desde que se levantou o pano o público

---

[30] Idem, *Crítica teatral*, cit., p. 14.
[31] Ibidem, p. 15.
[32] Ibidem, p. 18.
[33] Ibidem, p. 129.

começou a ver que o espírito dramático, entre nós, podia ser uma verdade. E, quando a frase final caiu esplêndida no meio da plateia, ela sentiu que a arte nacional entrou em um período mais avantajado de gosto e de aperfeiçoamento"[34].

Anos depois, abordando o problema da poesia, Machado de Assis empregava o mesmo tom veemente com que tratara a situação do teatro, em 1859. A desnacionalização da poesia brasileira, a crescente perda de gosto — eis o "tremendo desastre", que ele previra e tentara prevenir com o seu trabalho de crítico literário, inspirado no princípio básico de defesa do caráter nacional da literatura. Confessava-se meio desanimado, pois lhe parecia difícil impedir o agravamento de semelhante estado de coisas: "Como impedi-lo — exclamava —, se, por influência irresistível, o mal vinha de fora, e se impunha ao espírito literário do país, ainda mal formado e quase sem consciência de si? Era difícil plantar as leis do gosto, onde se havia estabelecido uma sombra de literatura, sem alento nem ideal, falseada e frívola, mal imitada e mal copiada"[35]. Entretanto, como acontecera outrora com o drama de Alencar, suas esperanças se reacendiam, agora, suscitadas por seu contato com Castro Alves, que lhe era apresentado pelo autor de *Iracema*: "Achei um poeta original. O mal da nossa poesia contemporânea é ser copiada — no dizer, nas ideias e nas imagens. Copiá-las é anular-se. A musa do Sr. Castro Alves tem feição própria"[36].

Note-se, de passagem, que não são somente as coisas do espírito, da arte, da literatura que despertam em Machado de Assis momentos de entusiasmo. Tudo que significasse fator de progresso para o país, ou sinal de desenvolvimento da riqueza nacional, encontrava nele aplausos compreensivos, calorosos, solidários. Em crônica de 1º de agosto de 1864, referindo-se à distribuição de prêmios aos participantes brasileiros de exposições industriais no país e no estrangeiro, escrevia o seguin-

---

[34] Ibidem, p. 159.
[35] Idem, *Correspondência*, cit., p. 22.
[36] Ibidem, p. 26.

te: "Deus sabe quantas folhas de papel eu não gastaria, se dissesse tudo o que se me oferece dizer a propósito da indústria nacional. Limito-me a assinar, com todo o país, os votos de que as frequentes exposições e a iniciativa individual consigam levar a nossa indústria ao maior grau de elevação"[37]. Os progressos que se realizavam, por exemplo, na construção de vias férreas mereceram de sua parte, repetidamente, as melhores palavras de contentamento e incentivo. Mesmo em obras de ficção isto pode ser facilmente verificado.

Mas é sobretudo no ensaio "Instinto de nacionalidade" onde Machado de Assis examina de maneira mais profunda e mais ampla o problema do caráter nacional da literatura e, por extensão, da arte e da cultura em geral. Seu pensamento está mais amadurecido e sua expressão já se aproximava da forma definitiva, com a contenção e a contensão, a medida e o equilíbrio que distinguem o grande escritor entre os seus contemporâneos e o tornaram um modelo clássico para as gerações futuras[38]. Os críticos de ontem e de hoje, com raras discrepâncias, reconhecem a importância capital, a importância histórica do ensaio de 1873[39].

---

[37] Idem, *Crônicas*, v. XXIII, cit., p. 75.

[38] Certamente, tais qualidades possuem raízes que nascem com o indivíduo; mas seu amadurecimento e sua fixação estilística resultam também de influenciações exteriores, isto me parece muito importante de ser assinalado como um princípio que não deve ser esquecido no estudo dos problemas de estética e estilística. Em vão se buscará resolver estes problemas desligando-os das contingências históricas e sociais. Compreendeu-o muito bem Barreto Filho, ao referir-se ao estilo de Machado de Assis: "Esse senso da proporção e de equilíbrio, a predileção pela medida e pela forma que se manifesta, como artista e como homem, refletem o estado de espírito coletivo, numa época em que a nação procurava definir-se, modelar a sua feição definitiva e reconhecer os seus limites" (Barreto Filho, *Introdução a Machado de Assis*, cit., p. 156).

[39] Cf. José Veríssimo, *História da literatura brasileira*, cit., p. 407-8 e 430. Wilson Martins, mostrando a necessidade de se proceder "ao estudo dos ficcionistas e poetas como pensadores, isto é, como intérpretes de uma realidade histórica, geográfica ou social", e referindo-se, neste sentido, ao ensaio "Instinto de nacionalidade", diz que Machado de Assis "escreveu a melhor página que possuímos sobre o nacionalismo em literatura" (Wilson Martins, "A literatura e o conhecimento da terra", em *A literatura no Brasil*, v. I, t. 1, cit., p. 187).

Sem dúvida, escritores de antes da década de 1870, e mesmo de muito antes, como é o caso de Gonçalves de Magalhães, abordaram o problema do caráter nacional da literatura[40]. Todavia, isso era mais aspiração idealista do que ponderação objetiva de possibilidades imediatas. Não havia ainda as premissas históricas que permitissem a plena realização de ideais que por muitos anos ainda permaneceriam nos limbos do subjetivismo. A nação brasileira, mal saída da condição de colônia, entrava apenas no primeiro estágio de sua formação como tal. Conforme nos ensina Stálin, "a nação não é somente uma categoria histórica, mas uma categoria histórica de uma época determinada, a época do capitalismo ascendente. O processo [...] de desenvolvimento do capitalismo é ao mesmo tempo um processo de unificação das populações em nação"[41]. Deste mesmo autor é a seguinte definição dos contornos acabados de uma nação: "A nação é uma comunidade estável, historicamente formada, que tem sua origem na comunidade de língua, de território, de vida econômica e de conformação psíquica que se manifesta na cultura comum"[42].

Se examinarmos o problema da formação da nação brasileira à luz deste critério, logo veremos que só a partir da década de 1870 começam a conjugar-se mais articuladamente as condições objetivas e subjetivas que tornariam possível o delineamento estável da nacionalidade em suas múltiplas feições de natureza econômica, política e cultural. Um elemento havia porém que perturbava a convergência dos fatores positivos: o regime do trabalho servil. A escravidão fora atingida por um golpe mortal

---

[40] "No começo do século atual, com as mudanças e reformas que tem experimentado o Brasil, novo aspecto apresenta a sua literatura. Uma só ideia absorve todos os pensamentos, uma ideia até então quase desconhecida; a ideia da Pátria; ela domina tudo, e tudo se faz por ela, ou em seu nome. Independência, liberdade, instituições sociais, reformas políticas, todas as criações necessárias em uma nova nação, tais são os objetos que ocupam as inteligências, que atraem a atenção de todos, e os únicos que ao povo interessam (D. J. G. de Magalhães, "Discurso sobre a história da literatura do Brasil", 1836, em *Opúsculos históricos e literários* (2. ed., Rio de Janeiro, Garnier, 1865), p. 263.

[41] J. V. Stálin, *Obras*, v. II (Rio de Janeiro, Vitória, 1952), p. 289.

[42] Ibidem, p. 284.

em 1850, com a lei que aboliu o tráfico negreiro; e a lei de 1871, que apenas formalmente libertava os filhos do ventre escravo, acabara por se converter em elemento agravante do problema. O odioso regime, já historicamente superado pelas próprias necessidades de desenvolvimento da economia brasileira, teimava entretanto em sobreviver, preso a interesses de classe ainda dominantes na sociedade — e isto é que em boa parte explica a permanência de certos fatores negativos no processo de formação da nação como tal. Outro fator negativo, e esse ainda mais obstinado e perturbador do que a escravidão, empenhava-se por impedir — ora sub-repticiamente, ora "amigavelmente", ora ameaçadoramente — que aquele processo caminhasse por vias normais, sem retardamentos nem deformações. Primeiro foram os empréstimos e sobre-empréstimos, desde os primeiros dias da independência, depois os planos e manobras visando à dominação do nosso mercado externo e à obtenção de concessões de importantes serviços públicos (ferrovias, portos, transportes urbanos, etc.), e ainda depois, passo a passo, a conquista de novas concessões para instalar empresas de exploração de riquezas do subsolo, para estabelecer sucursais de suas organizações bancárias, para formar monopólios de produção e fornecimento de energia elétrica, serviços correlatos, etc. etc. — tudo isso, absolutamente tudo, realizado ao arbítrio dos seus egoísticos interesses, e tudo funcionando como um tremendo aparelho de sucção das riquezas nacionais, já se sabe que me refiro às ingerências externas da garra imperialista. E aqui podemos lembrar, muito a propósito, que Machado de Assis desde cedo começou a perceber as más intenções da garra monstruosa. R. Magalhães Júnior tratou deste ponto em dois documentados capítulos do seu livro *Machado de Assis desconhecido*.

IV

"Quem examina a atual literatura brasileira — assim começa Machado de Assis o seu ensaio — reconhece-lhe logo, como primeiro traço, certo instinto de nacionalidade."[43] O ensaísta, sem sombra de exagero idealista, vê a realidade com olhos perspicazes — e realistas. E a realidade observada é a da existência de "certo" instinto de nacionalidade, não mais. Podemos, porém, avançar que este "certo" figura ali, implicitamente, com o duplo sentido de "algum" como quantidade e de "verdadeiro" ou "autêntico" como qualidade. É o que se deduz da frase imediata: "Poesia, romance, todas as formas literárias do pensamento buscam vestir-se com as cores do país, e não há negar que semelhante preocupação é sintoma de vitalidade e abono de futuro"[44].

Por suas próprias raízes e já por sua própria consciência empenhado por inteiro na obra comum, de que ele se revelaria o maior e melhor dos obreiros, Machado de Assis compreende que a independência do pensamento nacional "não se fará num dia, mas pausadamente, para sair mais duradoura; não será obra de uma geração nem duas; muitas trabalharão para ela até perfazê-la de todo"[45]. Não se fará num dia, mas se fará. Sobre isto, nenhuma dúvida. E nenhuma dúvida, porque precisamente não se trata mais de puros anseios idealistas de alguns intelectuais: sente-se, com efeito, que aquele instinto, conforme observa o ensaísta, já penetrou na opinião geral. Não importa que a opinião esteja ainda mal formada, restrita, pouco solícita, mediocremente interessada nas questões de poesia e literatura. O que sobretudo importa verificar é que o instinto de nacionalidade já se manifesta nela — e aqui acrescentaremos que se manifesta condicionado pela conjuntura histórica[46]. E porque este instinto coletivo existe e se torna cada vez mais claro, é que a opinião é levada "a aplaudir principalmente as obras que trazem os toques nacionais"[47]. Se isto se passa com a opinião em geral, a geração que surge para as letras já traz em si

---

[43] Machado de Assis, *Crítica literária*, v. XXIX, cit., p. 125.
[44] Idem.
[45] Ibidem, p. 125-6.
[46] Barreto Filho observa: "A nacionalidade se elaborava e exibia por toda parte os sinais de sua vitalidade" (*Introdução a Machado de Assis*, cit., p. 27).
[47] Machado de Assis, *Crítica literária*, v. XXIX, cit., p. 126.

o germe da consciência, que nasce do instinto, vive ainda nas entranhas do instinto, mas começa a diferenciar-se e a desenvolver-se com impulso irresistível, em busca da plenitude da vida e da ação. "A juventude literária — constata o ensaísta — faz deste ponto uma questão de legítimo amor-próprio."[48] É o amor-próprio que alimenta e infunde vigor ao grão de consciência que germina no âmago do instinto.

Depois de breve referência a nomes do passado colonial, situando-os com exatidão na história da nossa literatura, Machado de Assis, partindo do fato reconhecido de manifestação do instinto de nacionalidade nas obras aparecidas em tempos mais recentes, propõe-se a examinar se possuímos, já então, "todas as condições e motivos históricos de uma nacionalidade literária"[49].

O primeiro ponto abordado é o do indianismo em nossa literatura, que o ensaísta coloca em termos perfeitamente compreensíveis, dadas as condições do tempo. Com algum exagero, José Veríssimo sustenta que "ninguém, nem antes nem depois, estabeleceu mais exata e mais simplesmente a questão do indigenismo da nossa literatura, nem disse coisas mais justas do indianismo e da sua prática"[50]. Nelson Werneck Sodré, em recente análise do mesmo problema, mostra-nos que o indianismo representa uma das fases mais características do desenvolvimento da literatura brasileira. "É a manifestação de uma sociedade de senhores territoriais, de trabalho servil, em que apenas se esboça a classe intermediária. Nesse sentido, corresponde plenamente aos traços específicos daquela sociedade. É a sua criação por excelência."[51] Esta é hoje a interpretação justa do nosso indianismo literário. Mas no tempo em que Machado de Assis escreveu o seu ensaio, e ainda depois, "continuava a existir uma classe proprietária, detendo a terra [e o poder] em suas mãos", e a incipiente burguesia "desenvolvia-se

---

[48] Idem.
[49] Ibidem, p. 127.
[50] José Veríssimo, *História da literatura brasileira*, cit., p. 430.
[51] Nelson Werneck Sodré, *Introdução à revolução brasileira*, cit., p. 130.

vagarosamente buscando definir-se e representar-se na vida política"[52]. Daí a posição conciliatória do ensaísta, admitindo como ainda válidas as possibilidades de exploração estética de temas indianistas, desde que subordinados às novas condições existentes. Com a publicação das *Americanas*, em 1875, o poeta Machado de Assis daria o exemplo de como entendia que aquelas possibilidades podiam ser exploradas. Mas, ao terminar a sua análise do problema, o ensaísta adiantava que os nossos escritores de então já compreendiam "que não está na vida indiana todo o patrimônio da literatura brasileira, mas apenas um legado, tão brasileiro como universal", e por isso não se limitavam "a essa só fonte de inspiração"[53].

Inteiramente correta, ainda hoje e sempre, a sua posição no concernente à opinião daqueles que só reconheciam "espírito nacional nas obras que tratam de assunto local, doutrina que, a ser exata, limitaria muito os cabedais da nossa literatura"[54]. Argumentava com os exemplos do nosso Gonçalves Dias, do americano Longfellow, e, acima de tudo e de todos, o exemplo supremo de Shakespeare. Concluía então, com indiscutível acerto: "Não há dúvida que uma literatura, sobretudo uma literatura nascente, deve principalmente alimentar-se dos assuntos que lhe oferece a sua região; mas não estabeleçamos doutrinas tão absolutas que a empobreçam"[55]. E dá uma definição cem por cento exata daquilo que constitui a essência do espírito nacional na obra de qualquer escritor: "O que se deve exigir do escritor, antes de tudo, é certo sentimento íntimo, que o torne homem do seu tempo e do seu país, ainda quando trate de assuntos remotos no tempo e no espaço"[56].

Depois disso, faz o ensaísta rápido comentário ao fato de faltar então uma crítica permanente e autorizada, que se consagrasse ao trabalho de

---

[52] Ibidem, p. 40.
[53] Machado de Assis, *Crítica literária*, v. XXIX, cit., p. 129-30.
[54] Ibidem, p. 130.
[55] Ibidem, p. 131.
[56] Ibidem, p. 131-2.

orientar a produção literária e educar o gosto do público ledor. Lido isto hoje, podemos facilmente localizar uma das causas, se não a causa principal, da apaixonada acrimônia com que o crítico Sílvio Romero investiria a vida inteira contra Machado de Assis, como, de resto, contra tudo que cheirasse a coisas do Rio de Janeiro. Devemos compreender, entretanto, em justificativa de Machado de Assis, que o movimento do Recife mal havia tomado corpo, assim mesmo através quase sempre de pequenos e efêmeros periódicos, e não é crível que naquele tempo os críticos do Norte chegassem facilmente ao conhecimento dos meios literários da corte — muito menos em sua feição de escola mais ou menos homogênea[57]. Por outro lado, forçoso é reconhecer que o ensaísta de 1873 não atinara com o verdadeiro sentido crítico e autocrítico do decênio de 1870 a 1880. Aliás, sua atividade crítica, que vinha de muito antes, se bem que exercida sem regularidade, também ela contribuiu, a seu modo, para a tarefa crítica e autocrítica que caracterizou aquela fase da nossa literatura, muito embora Machado a pautasse em moldes mais doutrinários e educativos do que polêmicos e demolidores. Podemos avançar que seu próprio comentário sobre a ausência de crítica já era afinal uma forma de autocrítica geral. Mas isto são constatações e conclusões a que só modernamente foi possível chegar-se, mercê de pesquisas e estudos realizados com a necessária perspectiva histórica.

Com referência ao romance, que era, ao lado da poesia lírica, a espécie mais cultivada no Brasil de então, e geralmente a mais apreciada, tece o ensaísta uma série de pertinentes observações, que ainda hoje nos

[57] Cabe aqui recordar, ainda em justificativa de Machado de Assis, que Sílvio Romero só em fins de 1876 se transportaria para o Sul e só em 1879 se fixaria na corte, onde sua campanha crítica pôde então adquirir a necessária repercussão de âmbito nacional, pois o Rio de Janeiro, gostasse ele ou não, ainda seria por muito e muito tempo o centro de irradiação da cultura brasileira. E a insistência com que Sílvio, anos a fio, passou a reclamar prioridade para o Recife equivalia a uma confissão tácita do precário conhecimento alcançado, fora da província, pela agitação ali encabeçada por ele e Tobias. Também o jovem José Veríssimo só em 1877, longe, no Pará, encetava o seu trabalho de crítico profissional — a sua "campanha de nacionalismo", segundo palavras dele próprio na segunda série dos *Estudos brasileiros* (Rio de Janeiro, Laemmert, 1894, p. VII).

interessam como elementos de avaliação crítica da nossa produção literária no período considerado. Predominava o romance que buscava refletir a cor local e a vida nacional em suas diferentes feições e situações. Eram maioria os romances que retratavam os costumes do interior, e estes guardavam melhor certo cunho tradicional brasileiro, sendo os de feição urbana mais sujeitos a influências europeias. Havia ainda tentativas meritórias de obras que procuravam transmitir certos aspectos da sociedade colonial. Não faltava a alguns romancistas tal ou qual propensão para a análise das paixões e dos caracteres, mas bem poucos podiam satisfazer à crítica. Romance puramente de análise era coisa raríssima — e neste ponto é admissível supor-se que Machado de Assis estaria pensando no romance *Ressurreição*, publicado em 72, e sua primeira tentativa no gênero[58]. O realismo de "certa escola francesa" não havia contaminado a nossa literatura — e é de notar-se o timbre que a este "contaminado" emprestava o crítico que alguns anos mais tarde havia de examinar e castigar *O primo Basílio*. Atestava por fim o fato — sem elogio nem censura — da isenção de tendências políticas e sociais, mantendo-se os nossos romancistas desinteressados dos problemas do dia e das crises sociais e filosóficas. No concernente ao conto, poucos escritores haviam tentado o gênero, e dentre eles mencionava apenas Luís Guimarães Júnior. Tendo já publicado boa safra de *Contos fluminenses* e dos que batizaria de *Contos da meia-noite*, Machado adiantava que era "gênero difícil, a despeito da sua aparente facilidade"[59] — confessando assim, implicitamente, quando e como se entregava com tenacidade ao exercício de um gênero em que viria a ser o mestre dos mestres, e mestre de categoria universal.

---

[58] "Não quis fazer romance de costumes: tentei o esboço de uma situação e o contraste de dois caracteres; com esses simples elementos busquei o interesse do livro" (Machado de Assis, "Advertência da primeira edição", em *Ressurreição*, Rio de Janeiro/Paris, Garnier, [1925], p. V). Barreto Filho afirma, a respeito dessa advertência de Machado de Assis: "Já está em germe o processo que se desenvolverá, ampliando-se, a partir de *Brás Cubas*" (Barreto Filho, "Machado de Assis", em *A literatura no Brasil*, v. II, cit., p. 83).

[59] Machado de Assis, *Crítica literária*, v. XXIX, cit., p. 137.

Ao tratar da poesia, já não emprega a linguagem do desânimo, que o assaltara anos antes.

Além da referência a poetas que vinham do decênio anterior, como Bernardo Guimarães e Fagundes Varela, alude a Castro Alves, que já pertencia à eternidade. Examina a produção dos poetas mais recentes, assinalando o que porventura revelavam de novo e de mais íntima feição nacional, e insistindo na opinião já manifestada de início: "Um poeta não é nacional só porque insere nos seus versos muitos nomes de flores ou aves do país, o que pode dar uma nacionalidade de vocabulário e nada mais. Aprecia-se a cor local, mas é preciso que a imaginação lhe dê os seus toques, e que estes sejam naturais, não de acarreto"[60]. Aponta defeitos e qualidades, que só o tempo poderia corrigir no primeiro caso e apurar no segundo.

De teatro muito pouco havia que falar. Permanecia o pessimismo. Não havia teatro brasileiro, peça nacional ninguém mais escrevia e raríssima, das escritas anteriormente, aquela que voltava à cena. A situação de um modo geral se agravara nos quatro ou cinco lustros transcorridos desde as observações do crítico teatral de 1859. Ressalvava uma ou outra exceção que não teve continuação nem continuadores. E reafirma que as cenas teatrais entre nós viveram sempre quase que só de traduções — e aqui poderíamos também enxergar algum toque de autocrítica, formulada por alguém que havia feito não poucas traduções de teatro estrangeiro.

Na parte final do "Instinto de nacionalidade" examina o ensaísta o problema da língua e sua expressão nacional. Suas ideias são claras, precisas, cheias de sabedoria e bom senso, e pode se dizer que resultam menos de especulações teóricas do que de sua própria experiência pessoal. O grande ledor dos clássicos da língua não podia aplaudir as impurezas de linguagem, os solecismos vulgares, nem o excesso de francesismo em moda. Não era questão de imitar vetustos cronistas e moralistas, nem de escrever como Azurara ou Fernão Mendes Pinto, nem mesmo como

---

[60] Ibidem, p. 141.

Bernardes ou frei Luís de Sousa. Seria um anacronismo intolerável. Cada época possui o seu estilo próprio. O aconselhável, isto sim, é estudar nos clássicos as formas mais apuradas do dizer e deles extrair o tesouro de riquezas, sobretudo aquelas "que à força de velhas se fazem novas". E sentenciava, com o seu bom senso habitual: "Nem tudo tinham os antigos, nem tudo têm os modernos; com os haveres de uns e outros é que se enriquece o pecúlio comum"[61].

Penetrava na essência do problema ao afirmar que as línguas se desenvolvem, crescem e se alteram sob as influências do tempo e de novos usos e costumes. Neste particular, acrescenta, é decisiva a influência do povo. Mário Casassanta, que esquadrinhou largamente os aspectos nacionais da sua obra, salienta que uma de suas feições mais características "é a de enriquecer os seus meios de expressão com o aproveitamento da produção atual e regular da boca do povo"[62]. O mesmo autor acrescenta: "No trato dessa gente, elaborou a sua tábua de valores, colhendo os conceitos e os preconceitos dominantes, como ganhou uma língua saborosa, mistura de portuguesa e brasileira, que melhor do que ninguém soube disciplinar e fixar"[63]. Observa ainda Casassanta, reportando-se precisamente ao ensaio de 1873, que essa pesquisa visando a estabelecer uma expressão brasileira para a língua portuguesa, obra inicialmente de intuição e bom gosto, tomaria em seguida o cunho militante de um propósito bem definido. Isto constituiu, com efeito, a vida inteira, uma preocupação permanente de Machado de Assis. Era a preocupação, poder-se-ia dizer, de nacionalizar a maneira de exprimir-se a língua portuguesa usada no Brasil. Machado buscava nos clássicos da língua comum o que havia de genuíno, o que permanecia vivo e seivoso, submetendo a preciosa colheita ao necessário processo de assimilação e adequação às condições peculiares do nosso

---

[61] Ibidem, p. 145.
[62] Mário Casassanta, *Machado de Assis, escritor nacional* (Rio de Janeiro, separata do livro *Machado de Assis (conferências)*, F. Briguiet, 1939), p. 26.
[63] Ibidem, p. 34.

meio. Simultaneamente, buscava no linguajar do povo brasileiro as palavras e expressões peculiares, os modismos admissíveis, as espontâneas invenções do frasear, o timbre diferenciado, a maneira própria de pensar, para incorporá-los, devidamente filtrados, à nossa língua literária. Eis, no que se refere à linguagem e ao estilo, a sua grande lição nacionalista[64].

Para Lúcia Miguel Pereira, foi Machado de Assis, neste particular, "um inovador, ao mesmo tempo prudente e ousado"[65], que soube fixar, na forma perfeita, a feição própria do brasileiro e do carioca. Ele mesmo se qualificava de "carioca intransigente", e nós diríamos que foi a quintessência da gente carioca. Da gente que ele retratou e interpretou, muito adequadamente, "com a pena da galhofa e a tinta da melancolia", como está dito na prévia advertência do memorialista Brás Cubas. Gente de espírito irreverente e coração sentimental, que poreja malícia por todos os poros, malícia inocente, mas em verdade nem sempre inocente. Gente que produziu na literatura um Machado de Assis, precisamente um Machado de Assis, como já produzira antes um Manuel Antônio de Almeida e viria a produzir depois um Lima Barreto e ainda em nossos dias um Marques Rebelo.

Em crônica de 1893, voltaria Machado de Assis a tratar, mais uma vez, da questão da formação popular das palavras. Comentava um telegrama da imprensa, em que surgia um verbo inusitado — "quedar", com o sentido novo de levar queda, cair. Pegaria, a novidade? Quem podia prever? Explicava então o cronista: "Notai que o que legitima um vocábulo

---

[64] "O seu estilo é profundamente pessoal, é moderno e já é brasileiro na corrente nervosa que em frêmito recôndito e constante o atravessa, na flexibilidade dos termos lógicos, na potência de sugestão, no sentimento, nas imagens, em todas as suas modalidades" (Alcides Maya, cit., p. 134). E ainda Casassanta: "Também o seu estilo rescende a seu meio e a seu tempo, e, no que toca à língua, ninguém lhe contesta a feição nacional" (Mário Casassanta, *Machado de Assis, escritor nacional*, cit., p. 32).

[65] Lúcia Miguel Pereira, *Machado de Assis*, cit., p. 290. Da mesma autora: "No contorno nítido dos seus períodos, na naturalidade das suas expressões, se insinua, dentro das linhas tradicionais do português, alguma coisa de familiar, um tom diferente, que faz o brasileiro reconhecer como seu, como fruto da sua gente e do seu solo, esse homem que, entretanto, é universal pelo espírito" (Ibidem, p. 289).

destes, é a sua espontaneidade. Eles nascem como as plantas da terra. Não são flores artificiais de academias, pétalas de papelão recortadas em gabinetes, nas quais o povo não pega. Ao contrário, as geradas naturalmente é que acabam entrando nas academias"[66].

Não interessa aqui verificar se o diacho do verbo "quedar", extraído do substantivo "queda", pegou ou não. Parece que não pegou, e eu desconfio que morreu ao nascer. O mais importante neste caso é o comentário do cronista, a sua opinião acerca do processo de formação popular das palavras. No "Instinto de nacionalidade", o ensaísta, ao versar a mesma questão, doutrinava que há certas locuções novas e novos modos de dizer que acabam por entrar no domínio do estilo, ganhando por fim direito de cidade. Acrescentava, porém:

> [...] se isto é um fato incontestável, e se é verdadeiro o princípio que dele se deduz, não me parece aceitável a opinião que admite todas as alterações da linguagem, ainda aquelas que destroem as leis da sintaxe e a essencial pureza do idioma. A influência popular tem um limite; e o escritor não está obrigado a receber e dar curso a tudo o que o abuso, o capricho e a moda inventam e fazem correr. Pelo contrário, ele exerce também uma grande parte de influência a este respeito, depurando a linguagem do povo e aperfeiçoando-lhe a razão[67].

---

[66] Machado de Assis, *A semana (1892-1893)*, v. XXVI, cit., p. 337-8. Veja-se ainda a crônica de 1894, em que o cronista comentava um *fait divers*: história de certa moça que apunhalara um sujeito que a perseguia. Dessa crônica vale a pena destacar o trecho seguinte: "Isto posto, em que é que o punhal de Martinha é inferior ao de Lucrécia? Nem é inferior, mas até certo ponto é superior. Martinha não profere uma frase de Tito Lívio, não vai a João de Barros, alcunhado o Tito Lívio português, nem ao nosso João Francisco Lisboa, grande escritor de igual valia. Não quer sanefas literárias, não ensaia atitudes de tragédia, não faz daqueles gestos oratórios que a história antiga põe nos seus personagens. Não; ela diz simplesmente e incorretamente: 'Não se aproxime que eu lhe furo'. A palmatória dos gramáticos pode punir essa expressão; não importa, o *eu lhe furo* traz um valor natal e popular, que vale por todas as belas frases de Lucrécia. E depois que tocante eufemismo! Furar por matar; não sei se Martinha inventou esta aplicação; mas, fosse ela ou outra a autora é um achado do povo, que não manuseia tratados de retórica, e sabe às vezes mais que os retóricos de ofício" (Idem, *A semana (1892-1893)*, v. XXVI, cit., p. 143-6).

[67] Machado de Assis, *Crítica literária*, v. XXIX, cit., p. 144-5.

Chamo a atenção para a frase final do parágrafo transcrito. O ensaísta formulava aí, com rigorosa exatidão, o movimento dialético de interação entre a linguagem popular e a linguagem literária ou erudita.

Terminando o seu trabalho, Machado de Assis resume numa só frase as conclusões a que chegou e são também as conclusões de todo leitor atento do admirável ensaio: "Viva imaginação, delicadeza e força de sentimentos, graças de estilo, dotes de observação e análise, ausência às vezes de gosto, carência às vezes de reflexão e pausa, língua nem sempre pura, nem sempre copiosa, muita cor local, eis aqui por alto os defeitos e as excelências da atual literatura brasileira, que há dado bastante e tem certíssimo futuro"[68].

Apreciação como sempre comedida, mas além disso, que era a sua regra, um tom firme e confiante de otimismo nacional.

V

Até o fim dos seus dias, manteve-se Machado de Assis com a mesma firmeza equilibrada, mas intransigente na sua posição de luta pela literatura nacional. O que acima de tudo o preocupava era a afirmação do caráter e da feição nacional da nossa literatura. O "Instinto de nacionalidade" pode ser qualificado, lato sensu, como verdadeiro manifesto do nosso nacionalismo literário.

Sem demasiadas polêmicas, mas com obstinada continuidade e perseverança, não esmoreceria jamais na campanha nacionalista, iniciada com o próprio início da sua carreira de escritor. Foi uma campanha sustentada ininterruptamente, durante meio século de atividade literária. Foi a melhor demonstração de sua poderosa energia interior, daquilo que havia nele do homem de ação. Foi a sua ideia fixa. Ele bem sabia que "sem ideia fixa não se faz nada bom neste mundo"[69] — conforme pôs na boca de um

---

[68] Ibidem, p. 148.
[69] Idem, *A mão e a luva*, v. II, cit., p. 178.

personagem de *A mão e a luva*, o advogado Luís Alves, homem de espírito obstinado como um dogue.

Mesmo quando se referia a escritores estrangeiros como no caso de Garret, a nota tônica do seu comentário incidia sempre sobre aquela feição do escritor que melhor exprimisse o caráter da própria nacionalidade. Sabe-se que o grande escritor português foi uma de suas devoções da juventude, e mais de um crítico tem observado o que essa devoção lhe deixou como influência perdurável. Em breve artigo de 1899 sobre o autor das *Viagens na minha terra*, escrito por ocasião do centenário do nascimento de Garret, o articulista não perdeu a oportunidade de acentuar o que palpitava nele de genuinamente português: "Garret, posto fosse em sua terra o iniciador das novas formas, não foi copista delas, e tudo que lhe saiu das mãos trazia um cunho próprio e puramente nacional"[70].

Quando morreu Fagundes Varela, em 1875, ressaltou entre os seus méritos a toada do sentimento nacional com que o poeta modulava os seus versos. Registrando a morte de José de Alencar, dois anos e pouco após Varela, o cronista da *Ilustração brasileira* chamava a atenção das novas gerações para aquelas qualidades que lhe pareciam primaciais no mestre que se finara: "Que a geração que nasce e as que hão de vir aprendam no modelo literário que acabamos de perder as regras da nossa arte nacional e o exemplo do esforço fecundo e de uma grande vida"[71].

Num dos últimos, senão o último dos seus artigos de crítica, publicado em 1904 e consagrado à peça de Oliveira Lima, *Secretário del-rei*, vemos que o crítico em apenas três páginas bate três vezes na mesma tecla: "Com razão chama o autor ao seu *Secretário del-Rei* uma peça nacional, embora a ação se passe na nossa antiga metrópole, por aqueles anos de D. João V"[72]. O secretário del-rei era o nosso Alexandre de Gusmão, principal personagem da peça, e isto redobrava o seu toque nacional: "O centro

---

[70] Idem, *Crítica literária*, v. XXIX, cit., p. 258.
[71] Idem, *Crônicas (1871-1878)*, v. XXIV, cit., p. 294.
[72] Idem, *Crítica literária*, v. XXIX, cit., p. 308.

dela — escreve o crítico — é naturalmente Dom Alexandre de Gusmão, em quem o autor quis pôr o nosso próprio interesse nacional"[73]. E por fim: "O talento brilhante e sólido, a instrução paciente e funda, o amor da verdade, tudo isto que o Sr. Oliveira Lima nos tem dado em muitas outras páginas, acha aqui, ainda uma vez, aquele laço de espírito nacional que lhe assegura lugar eminente na literatura histórica e política da nossa terra"[74]. Em carta endereçada a Joaquim Nabuco a 29 de agosto de 1905, reclama o livro prometido pelo embaixador em Washington: "Venha o livro que medita; é preciso que embaixador não faça descansar o escritor; ambos são necessários à nossa afirmação nacional"[75].

Do mais íntimo da sua consciência nacional tirava Machado de Assis o motivo dominante que informava a sua opinião contrária ao federalismo. Temia pela unidade da pátria, e mais de uma vez, depois de implantada a República federativa, externaria a sua perplexidade e o seu temor. Fosse em razão da experiência imperial ou fosse em razão de convicções mais profundas, o caso é que a questão da unidade nacional se tornou para ele uma nova ideia fixa — decorrente, logicamente, da ideia fixa nacional. Não chegou a compreender que o federalismo, não só não implicava desagregação da pátria, como na realidade constituía, historicamente, um fator de coesão e unidade. Jamais se convenceria totalmente dessa realidade, e sempre que surgiam certos sintomas reais ou aparentes de rivalidades internas, assustava-se, temeroso e perplexo. Em 1894, numa crônica de comentário à adoção, pelo estado do Espírito Santo, de um hino particular, suponho que o primeiro a ser adotado por um estado da federação, Machado de Assis botou na boca de dois imaginários passageiros de bonde aquilo que ruminava por dentro. Dizia um preferir, em vez de hino particularista, que os chefes de todos os estados brasileiros tentassem "qualquer coisa que pudesse meter cada vez mais fundo na alma dos

---

[73] Ibidem, p. 309.
[74] Ibidem, p. 311.
[75] Idem, *Correspondência*, v. XXXI, cit., p. 96.

nossos patrícios do Espírito Santo o sentimento da unidade nacional... um hino parece levar ideias de particularismo...". Retrucava o outro que não via inconveniente no hino em questão, e tanto melhor se cada estado tivesse o seu próprio hino: "As flores que compõem um ramalhete — argumentava o passageiro federalista —, podem conservar as cores e formas próprias, uma vez que o ramalhete esteja bem unido e fortemente apertado. A grande unidade faz-se de pequenas unidades [...]"[76].

Mas a federação política era um fato consumado e em vias de consolidação. Um que outro indício de afrouxamento dos seus laços, aqui e ali, não chegavam a apresentar condições de perigo irremediável. Machado de Assis, escassamente crédulo, apelava então para a unidade literária e cultural como penhor e ao mesmo tempo fator da integridade da pátria comum. Não tem outro sentido o seu discurso na sessão oficial de fundação da Academia Brasileira: "O vosso desejo — afirmava, e subentende-se que queria dizer o 'nosso' desejo — é conservar, no meio da federação política, a unidade literária"[77]. Na alocução proferida ao inaugurar-se a estátua de José de Alencar, em 1897, dizia: "O espírito de Alencar percorreu as diversas partes de nossa terra, o Norte e o Sul, a cidade e o sertão, a mata e o pampa, fixando-as em suas páginas, compondo assim com as diferenças da vida, das zonas e dos tempos a unidade nacional da sua obra"[78]. A mesma coisa ao entregar à cidade a herma de Gonçalves Dias: "Aqui fica entregue o monumento, [...] onde ele deve estar, como outro exemplo da nossa unidade, ligando a Pátria inteira no mesmo ponto em que a história, melhor que leis, pôs a cabeça da nação, perto daquele gigante de pedra que o grande poeta cantou em versos másculos"[79].

Já antes, em junho de 1896, por ocasião da publicação da *Jarra do diabo*, de Magalhães de Azeredo, dirigia-se aos jovens poetas de então nos

---

[76] Idem, *A semana (1894-1895)*, v. XXVII, cit., p. 192-3.
[77] Idem, *Páginas recolhidas*, v. XV, cit., p. 289.
[78] Ibidem, p. 279.
[79] Ibidem, p. 285.

seguintes termos: "Os moços, que aí cantam a vida, entrarão em flor pelo século adiante, e vê-lo-ão, e serão vistos por ele, continuando na obra desta arte brasileira, que é mister preservar de toda federação. Que os estados gozem a sua autonomia política e administrativa, mas componham a mais forte unidade, quando se tratar da nossa musa nacional"[80]. Poucos meses depois, referindo-se à morte de Carlos Gomes, registrava o fato de São Paulo, terra natal do compositor, pedir ao Pará, onde falecera, o privilégio de acolher em seu seio os despojos do grande morto. O Pará gostaria de os guardar, mas prometeu devolvê-los. O cronista comenta "Atentai, mais que tudo, para esse sentimento de unidade nacional, que a política pode alterar ou afrouxar, mas que a arte afirma e confirma sem restrição de espécie alguma, sem desacordos, sem contrastes de opinião". E acentuava: "A República da arte é anterior às nossas constituições e superior às nossas competências"[81]. Alguns anos mais tarde, em carta a José Veríssimo, datada de 18 de fevereiro de 1902, e escrita a propósito de um artigo do amigo sobre a questão da literatura do Norte, aplaudia calorosamente o articulista e lembrava:

> Tocou-me o assunto ainda mais, porque eu, que também admirava os dotes do nosso Franklin Távora, tive com ele discussões a tal respeito, frequentes e calorosas, sem chegarmos jamais a um acordo. A razão que me levava não era somente a convicção de ser errado o conceito do nosso finado amigo, mas também o amor de UMA Pátria intelectual una, que me parecia diminuir com as literaturas regionais. Você sabe se eu tenho ou não a desarticulação deste organismo; sabe também que, em meu conceito, o nosso mal vem do tamanho, justamente o contrário do que parece a tantos outros espíritos.[82]

Repare-se neste final, em que se entremostra o motivo talvez central de suas convicções.

---

[80] Idem, *A semana (1895-1900)*, v. XXVIII, cit., p. 203.
[81] Ibidem, p. 283.
[82] Idem, *Correspondência*, v. XXXI, cit., p. 183-4.

VI

Com o agudo senso da realidade, e o tremendo poder de observação que era ao mesmo tempo um dom poderoso nele e um sutil castigo para ele, Machado de Assis vivera, talvez mais que ninguém, o drama angustioso da formação da nacionalidade, palpando com todos os sentidos, como ele próprio diria, os pontos mais débeis do processo, os obstáculos, os tropeços, os perigos que a rondavam por fora e por dentro. Se analisarmos mais de perto, e não apenas pela superfície, toda a sua obra, acabaremos por verificar que aquele homem fino, moderado, plácido, formalista, escondia sob essa feição exterior[83] um coração ardente e um pensamento combativo ao serviço do seu país e do seu povo. As antenas da sua sensibilidade e da sua inteligência vibravam com as vibrações subterrâneas da nacionalidade ainda não consolidada. Daí, os seus íntimos cuidados e a sua indormida preocupação por tudo que se referisse ao problema da unidade nacional, para ele o problema dos problemas — a "ideia fixa" de toda a sua vida. Barreto Filho percebeu bem a natureza do drama vivido por Machado de Assis, atribuindo-a a razões não só subjetivas como também objetivas, ao notar que o mulato do morro do Livramento, "pelas suas origens étnicas e sociais, sentia mais intimamente [do que Nabuco] o drama de uma nacionalidade ameaçada por dentro quando ainda em plena formação, percorrida pelas contradições e inseguranças inerentes aos seus fundamentos vacilantes"[84]. Acrescenta o lúcido intérprete que ambos exprimiram, cada qual a seu modo, a aspiração civilizadora do povo brasileiro, sendo que Machado "como uma advertência e uma apreensão, como uma antena captando os ares tempestuosos, um farejador de perigos, depositados na nossa psique"[85].

---

[83] Feição exterior até certo ponto deliberadamente adquirida, ou mesmo construída, pois Machadinho da juventude era tão expansivo, inquieto e temperamental quanto os demais companheiros de geração. Mais tarde, ele mesmo recordaria alguns dos mais ruidosos episódios de que participara quando jovem — por exemplo, nas brigas teatrais entre partidários de cantoras rivais.

[84] Barreto Filho, *Introdução a Machado de Assis*, cit., p. 88.

[85] Ibidem, p. 89.

Sem dúvida, outros também sofreram o mesmo drama, com mais ou menos sensibilidade, principalmente no curso dos anos de 1870, quando um bravio sopro de renovação material e espiritual agitou o Brasil de Norte a Sul. Mas até ali o que havia era ainda um puro "instinto de nacionalidade", tão bem caracterizado, no domínio das letras, pelo próprio Machado. Com este, porém, o "instinto" se esclarecia e aprofundava, amadurecendo mais depressa que nos outros, tomando enfim a forma de "consciência" já delineada em toda a sua plenitude. Machado de Assis se tornou, assim, por todo um complexo de circunstâncias individuais e sociais, a mais lídima expressão desse processo de passagem do puro sentimento "instintivo" ao estágio superior da compreensão "consciente". Já bem antes do seu ensaio de 1873, com apenas 23 anos de idade, manifestava ele os primeiros sinais positivos dessa compreensão, ao declarar que a principal tarefa da intelectualidade brasileira, a sua missão histórica por excelência, consistia em esclarecer o povo, despertando-lhe a consciência do próprio destino. "Esclarecer o espírito do povo — escrevia em crônica de 1862 — de modo a fazer ideias e convicções disso que ainda lhe não passa de instintos, é, por assim dizer, formar o povo."[86] Povo e nacionalidade são aqui sinônimos.

Roger Bastide, ao caracterizar a feição crítica e autocrítica, que predominou no movimento desencadeado por volta de 1870, mostra-nos o que houve de fecundo na obra da Escola do Recife, com a agressividade polêmica de Tobias e Sílvio empenhada em superar de vez o idealismo romântico, a fim de abrir caminho a novas concepções, que mais adequadamente favorecessem a pesquisa objetiva das realidades nacionais[87]. Isto é verdade, mas par a par com o esforço demolidor de Tobias e Sílvio, outros combatentes, já ganhos de um modo ou de outro às novas ideias, participavam também, cada qual à sua maneira, do movimento geral em ascensão. Foi precisamente o caso de Machado de Assis, a partir sobretudo

---

[86] Machado de Assis, *Crônicas (1859-1863)*, v. XXII, cit., p. 158.
[87] Roger Bastide, *Études de littérature brésilienne*, cit., p. 30.

do seu ensaio "Instinto de nacionalidade". Nem esqueçamos que ele, com certas vantagens decorrentes do seu feitio mais equilibrado e ordenado, lia e estudava, não menos que os outros, o seu Conite, o seu Littré, o seu Darwin, o seu Proudhon, o seu Spencer, e principalmente o seu Schopenhauer e o seu Renan[88]. E já vimos que não foi estranho às repercussões produzidas no Brasil pela chamada Questão Coimbrã.

Consciente da sua posição e da sua missão, Machado de Assis compreendia igualmente que a obra de afirmação do pensamento nacional teria que ser realizada não por uma só geração, mas por várias gerações. Via certo e via longe, confiante no presente e no futuro. Mas seu olhar de águia, seguro da perspectiva que se abria na história da pátria, indicava-lhe a estrada real a seguir — a do trabalho criador que nos daria o *Brás Cubas*, o *Quincas Borba*, o *Dom Casmurro*, o *Esaú e Jacó*, o *Memorial de Aires*, alguns belos poemas e a insuperável coleção de obras-primas recolhidas em vários volumes de contos.

Outros demoliram, ele também ajudou a demolir; porém, mais e melhor que os outros, construiu — e construiu um monumento perene, obra do seu gênio criador. Nisto consistiu, precisamente, a sua grande contribuição à obra comum. Contribuição acima de todas gloriosa, aquela que, em termos de literatura, mais genuinamente representa e exprime o sentido essencial da batalha que a consciência desperta da nacionalidade travaria, sobretudo a partir da década de 1870, para libertar de peias estranhas o pensamento nacional.

---

[88] Interessante observação, que se pode aduzir aqui, é a que se relaciona com o estilo apurado da maioria dos modernos filósofos e cientistas mais lidos por Machado de Assis: eles eram também grandes escritores, consideração que certamente concorreria para semelhante preferência. Veja-se, a este propósito, a crítica de Machado a certos artigos de Sílvio Romero: "Faltava-lhes estilo, que é uma grande lacuna nos escritos do sr. Sílvio Romero; não me refiro às flores de ornamentação, à ginástica de palavras: refiro-me ao estilo, condição indispensável do escritor, indispensável à própria ciência — o estilo que ilumina as páginas de Renan e de Spencer, e que Wallace admira como uma das qualidades de Darwin" (Machado de Assis, *Crítica literária*, v. XXIX, cit., p. 226).

CRÍTICA E POLÍTICA SOCIAL

Alguém opinou, algum dia, que Machado de Assis era um escritor alheado da vida política e social do tempo em que viveu e realizou a sua obra. O "absenteísmo" machadiano, proclamado com ênfase, ganhou foros de verdade indiscutível, foi como tal repetido uma e mil vezes, e acabou por prevalecer, no consenso geral, durante muitos e muitos anos. Tornou-se uma opinião rotineira, ideia feita, lugar-comum, um quase preconceito, que se instalou comodamente na crítica e até na história da literatura — além de outras razões, porque vinha servir a certas concepções, segundo as quais o "absenteísmo" em arte é precisamente a suprema virtude do artista.

Hoje, porém, o suposto "absenteísmo" machadiano — condenado por uns e louvado por outros — é coisa a que ninguém mais se apega, a não ser por preconceito. Críticos e intérpretes mais recentes, principalmente Brito Broca e R. Magalhães Júnior, demonstraram de maneira definitiva que semelhante "absenteísmo" é uma suposição gratuita, que os textos do escritor desmentem de ponta a ponta.

Sabe-se que Machado de Assis ingressou na redação do *Diário do Rio de Janeiro*, como profissional, ainda muito jovem, levado pela mão amiga de Quintino Bocaiúva, e ali exerceu funções de redator político, tanto no período em que o jornal apoiava o governo como depois, na fase de oposição. Informa R. Magalhães Júnior que justamente por essa época foi o nome de Machado de Assis lembrado para deputado pelo Partido Liberal, a que pertencia o jornal e que era o partido das simpatias do moço escritor. A queda dos liberais, em 1868, frustrou qualquer possibilidade próxima de o fazer eleger para o parlamento. Não se repetiria a oportunidade, e parece que Machado de Assis nunca mais se preocupou com o caso. A verdade é que as suas ambições parlamentares eram muito escassas, sobretudo porque não se coadunavam com o seu temperamento e de algum modo se chocavam com outras ambições mais poderosas, ditadas pela paixão literária que o abrasava.

Em comentário às circunstâncias de que resultou a frustração da candidatura de Machado de Assis, observa R. Magalhães Júnior que o malogrado parlamentar transferiu as suas ambições eleitorais para os personagens dos contos e romances que viria a escrever até o fim da vida. Efetivamente, são inúmeros os casos, narrados em seus livros, de personagens que pretendem eleger-se e que se elegem para as assembleias legislativas, e de outros que exercem ou perdem o mandato. Os políticos de vocação ou de conveniência e de todas as gradações, vereadores, deputados, senadores, ministros, presidentes de província, ou mesmo simples cabos eleitorais, não faltam na trama dos seus romances, contos e comédias, e lhe fornecem copiosa matéria-prima para as páginas de sátira social e de crítica aos maus costumes políticos dominantes na época.

Observa ainda R. Magalhães Júnior que a política foi uma espécie de "obsessão literária"[1], uma preocupação permanente e multiforme, que o ficcionista trasladava apropriadamente para a intriga novelística e o cronista tratava diretamente no comentário de jornal. Poderemos avançar que esta era a sua forma de praticar a política, tão legítima como outra qualquer — e era mesmo a forma que mais adequadamente se ajustava à sua maneira de ser e à sua capacidade de escritor. Nem será demais concluir que foi nessa qualidade específica de escritor, fazendo a "crítica política" da sociedade brasileira, que Machado de Assis "participou" efetivamente, e excelentemente, da vida política do país. Não esqueçamos tampouco que a crítica, qualquer que ela seja, possui sempre um caráter em todo contrário a qualquer espécie de "absenteísmo" ou "indiferença". E quem não vê, nem percebe, nem sente, na obra machadiana, esta feição

---

[1] Cf. Raimundo Magalhães Júnior, *Machado de Assis desconhecido* (Rio de Janeiro, Civilização Brasileira, 1955), p. 89.

crítica, patente e constante em toda ela, não compreende aquilo que me parece constituir uma de suas melhores características, aquilo que a vincula indissoluvelmente às coisas vividas e observadas em seu tempo.

Alberto Torres, que conheceu Machado de Assis de perto, sem terem sido amigos de intimidade, e isso empresta maior isenção ao seu depoimento, dizia que ele era "uma finíssima natureza de diplomata e possuía a mais lúcida visão das coisas públicas"[2]. Essas qualidades, que eram nele inatas e que ele aprimorou pelo estudo e firmou pela experiência, Machado de Assis empregou-as, como escritor, como criador, como artista, melhor que ninguém e mais proveitosamente para o país do que se as tivesse empregado fora do seu ofício de escritor. Imagine-se que, absorvido por obrigações políticas, nos tivesse deixado, em vez do *Brás Cubas* e do *Dom Casmurro*, dois volumosos relatórios ou pareceres parlamentares, ainda que versando assuntos culturais. Ou em vez do volume das *Várias histórias* nos legasse um volume de discursos políticos, doutrinários ou polêmicos. Não seria Machado de Assis[3].

Em mais de uma página de ficção ou de crônica, confessa ele a sua "aversão" à política. Mas entenda-se: aversão à política vulgar, à politicagem, às manobras e malandragens do jogo partidário, às intrigas e mistificações da politicalha reinante. Por temperamento, por formação, por convicção, não poderia jamais integrar-se em formas tais de atividade política. Demais disso, compreendia claramente que o seu "ofício" era outro, outra a sua "esfera de ação", para empregar suas próprias palavras[4]. Em crônica datada de 1895, carregando nos ombros quarenta anos

---

[2] Alberto Torres, *A organização nacional* (São Paulo, Companhia Editora Nacional, 1933), p. 119.

[3] Não quero dizer que há incompatibilidade, em geral, entre uma coisa e outra. São numerosos os casos de romancistas e poetas que são ao mesmo tempo estadistas e parlamentares — com semelhante brilho numa e noutra atividade. Para citar dois exemplos próximos, basta mencionar Garret, em Portugal, e José de Alencar, no Brasil. Mas aqui se trata do caso concreto de Machado de Assis, com seu temperamento pessoal, o seu próprio modo de ser, as suas aptidões, as suas idiossincrasias e as suas preferências.

[4] Machado de Assis, *A semana (1895-1900)*, v. XXVIII, cit., p. 199.

de experiência bem vivida, escrevia o seguinte: "um homem pega em si, mete-se no cantinho do gabinete, entre os seus livros, e elimina o resto. Não é egoísmo, nem indiferença; muitos sabem em segredo o que lhes dói do mal político; mas, enfim, não é seu ofício curá-lo"[5]. Aí está dito tudo. Sofria o "mal político" como qualquer cidadão, mas não lhe competia "curá-lo"; o que lhe competia, por dever do seu próprio ofício de escritor, era denunciar e criticar o mal pelos meios que lhe eram próprios. E isto ele o fez a vida inteira, pelo livro, pela revista, pelo jornal. De maneira diversa, naturalmente, segundo cuidasse da matéria em obra de ficção ou em comentário de cronista. O fato é que, em meio século de atividade literária e jornalística, mostrou-se Machado de Assis permanentemente preocupado com as coisas políticas, os homens e os acontecimentos políticos, numa posição de indormida vigilância e de crítica inteligente, atilada, fina, tendo sempre em vista servir ao seu país e ao seu povo.

Uma das notas mais tenazes na rotineira e preconceituosa acusação (ou louvação, conforme o ponto de vista do intérprete), que se faz a Machado de Assis, é a que se refere ao problema da escravidão e da luta abolicionista. Acusação (ou louvação) que se fez um dia e foi sendo repetida, mais ou menos preguiçosamente (ou interessadamente), durante anos e anos. Mas também neste ponto a tese do "absenteísmo" não resistiu à verificação de novas e mais minudentes pesquisas.

Certamente, ninguém pretende emprestar à participação de Machado de Assis na luta contra a escravidão o mesmo caráter ou o mesmo feitio que lhe deram Castro Alves, Luís Gama, Nabuco, Patrocínio, Rebouças, Joaquim Serra, Ferreira de Araújo, Ferreira de Meneses, Rui Barbosa, etc. Mesmo porque cada um desses homens, integrando-se em tal ou qual grupo de combate, participava a seu modo da grande campanha — e sabe-se que até se hostilizavam uns aos outros no concernente à orientação e aos métodos de luta. Comparem-se, por exemplo, André Rebouças e José do Patrocínio, ambos negros, ambos figuras de proa no

---

[5] Ibidem, p. 10.

movimento, cada qual mais dedicado, mais ativo, mais combativo, mas cada qual com o seu próprio grupo, a sua própria orientação, os seus próprios métodos de ação. Machado de Assis, aliás amigo dos mais próximos de Nabuco, de Ferreira de Araújo, de Joaquim Serra e de outras grandes vozes do abolicionismo, participava da luta comum a seu modo, com os seus próprios métodos e as suas próprias armas. Cumpriu o seu dever como podia e como sabia[6].

E o fez, convém acrescentar, não só como escritor, mas também como funcionário público, precisamente em função do cargo que ocupava na Secretaria de Estado dos Negócios da Agricultura. R. Magalhães Júnior[7] revela alguns pormenores dessa contribuição prática do funcionário em favor dos escravos. Em confirmação das revelações de Magalhães Júnior, há o depoimento de um jornalista do tempo, Francisco de Paula Barros, publicado na revista ítalo-brasileira *Il Brasile*, nº de agosto de 1888, onde se lê:

---

[6] Cabe aqui a opinião de Augusto Frederico Schmidt: "Terá sido de fato um indiferente à desgraça de uma raça a que ele próprio estava ligado por metade do seu sangue, quem soube condenar a escravidão de maneira tão completa em páginas de um desinteresse aparente, mas em que o mal da escravidão é estigmatizado de maneira tão cabal e impressionante?" — "A não ser o grande e tumultuário canto de Castro Alves — essa nota desesperada, magnífica, elementar e bravia, que é o *Navio negreiro* — não creio que, entre nós, nada de mais pungente se tenha escrito sobre a escravidão do que a história de Machado de Assis, *Pai contra mãe*. História comum, decerto, mas que concentração de fatos dramáticos, que penetração no nervo de uma tragédia que toca às nossas fibras. A um homem que soube e pôde escrever páginas assim, e outras mais, não será injusto o considerarmos um indiferente? É que o instrumento de Machado de Assis não era de fato a fácil palavra, modeladora e dinamizadora das massas efêmeras. Ele agia com suas próprias armas; e a sua indignação só lograva se traduzir em histórias de superfície — mas nem por isso menos ardentes e terríveis". "Machado de Assis", conferência lida no Gabinete Português de Leitura, a 29 de julho de 1939, e reproduzida no *Mensário do Jornal do Comércio*, nº de agosto de 1939. Retire-se dessa página o adjetivo "efêmeras", incompatível com o substantivo "massas", e tudo o mais está excelentemente dito.

[7] Raimundo Magalhães Júnior, "Machado de Assis, funcionário público", em *No Império e na República* (Rio de Janeiro, Ministério da Viação e Obras Públicas, Serviço de Documentação, 1958).

A propósito, dizemos: o trabalho do elemento servil foi sempre um dos mais bem cuidados da Secretaria da Agricultura. Todos os ministros dão testemunho da lucidez e nítida consciência com que foi sempre ele dirigido pelo ilustre chefe de seção e eminente homem de letras Sr. Machado de Assis, auxiliado por companheiros que procuraram sempre imitar-lhe a dedicação e o zelo.

— A esse grupo de distintos funcionários deve-se a liberdade de milhares de escravos, liberdade que provinha da fiscalização vigilante dos dinheiros públicos, e da qual resultava grande aumento do número das alforrias pela diminuição do exagerado valor do escravo, pela irregularidade de matrículas e não cumprimento de preceitos legais.

Sob certos aspectos — e exatamente em sua obra de ficção — define Machado de Assis o problema da escravidão com invulgar acuidade sociológica, ao traçar a linha de relação que dividia objetivamente a sociedade brasileira em duas classes fundamentais, senhores e escravos, com as suas consequências e repercussões de ordem subjetiva, inclusive no plano moral. Brito Broca salienta esse aspecto da posição antiescravista do autor de *Brás Cubas*, referindo-se especialmente à passagem do romance em que o romancista, como romancista que refletia e criticava em sua obra a realidade social existente no seu tempo, retrata e põe a nu a marcada personalidade do rico senhor Cotrim, antigo contrabandista de escravos[8].

De resto, o problema da escravidão no Brasil, quando examinado em suas feições e implicações políticas, apresenta numerosos pontos ainda sujeitos a controvérsia e vária interpretação. Por exemplo, no tocante a certos fatores de desconexão entre o movimento abolicionista e o movimento republicano. É coisa sabida que nem todos os abolicionistas eram republicanos e nem todos os republicanos eram abolicionistas. Nabuco e Rebouças — e eles eram talvez os homens que possuíam uma compreensão mais profunda do problema da escravidão em suas relações de ordem econômica, política e social — eram monarquistas e ainda na

---

[8] Cf. Brito Broca, *Machado de Assis e a política e outros ensaios* (Rio de Janeiro, Organização Simões, 1957), p. 58-5.

República permaneceram fiéis ao trono e ao regime deposto. Por outro lado, não poucos republicanos, e dos mais graduados, principalmente em São Paulo, omitiam dos seus planos de reforma a luta contra o regime servil. Ninguém ignora que o Manifesto Republicano de 1870 não alude sequer ao problema da escravidão. Um historiador político, José Maria dos Santos, chegou a escrever que depois do Congresso Republicano de São Paulo, reunido em 1873, "o Partido Republicano fez-se escravocrata"[9].

Cabe aqui tocar na questão da posição de Machado de Assis em relação à Monarquia e à República. Há dele uma confissão categórica de repúdio ao sistema republicano. R. Magalhães Júnior cita as palavras do cronista[10] e analisa as circunstâncias em que foram escritas, em 1867, com os liberais no poder, e quando a ideia republicana não havia ainda assumido uma forma de propaganda sistemática. Mas muita coisa ocorreria no Brasil e no mundo, depois daquela data, sendo que na década seguinte, de 1870 a 1880, se travaria entre nós intenso movimento de renovação progressista, incluindo-se nesse movimento a fundação do Partido Republicano, em 1870[11]. Machado, a quem a queda brutal dos liberais, em 1868 (verdadeiro golpe de Estado palaciano em favor dos conservadores), deixara até certo ponto desencantado, não ficaria entretanto alheio à agitação de ideias que sacudiu os meios culturais e políticos do país, durante aquela década. Sem quaisquer ambições partidárias fora da literatura, limitar-se-ia desde então ao papel de observador e comentador dos acontecimentos políticos e sociais, tudo isso, porém, dentro da "esfera de ação" que lhe era própria, como escritor, e aí, levado pelo estudo e pela experiência, assumindo certas posições ideológicas não raro mais avançadas do que antes, conforme se pode verificar mediante a análise meticulosa do desenvolvimento das suas ideias, expressas através de

---

[9] José Maria dos Santos, *A política geral do Brasil* (São Paulo, J. Magalhães, 1930), p. 207.

[10] Magalhães Júnior, "Machado de Assis, funcionário público", cit., p. 76. Cf. Machado de Assis, *Crônicas (1864-1867)*, v. XXIII, cit., p. 420.

[11] Vide no presente volume o ensaio "Instinto e consciência de nacionalidade".

larga produção literária e jornalística. Uma análise rigorosa desse tipo é claro que revelará não poucas contradições, vacilações e incoerências da parte do escritor; mas isso resultava de certas condições objetivas a que um intelectual de formação pequeno-burguesa como ele não podia escapar. Além de tudo, é preciso considerar que Machado de Assis não era um filósofo profissional, um agitador de ideias, um pensador político, mas um artista, um romancista, um cronista.

Sobre o pensamento democrático de Machado de Assis não pode haver a menor sombra de dúvida. Foi sempre, jovem, maduro e velho, um genuíno democrata, como escritor e como cidadão. Questão de origem social, de formação intelectual e de convicção amadurecida. No concernente à sua posição pró-Monarquia, não creio que tenha sido uma convicção arraigada, mas coisa passiva, cômoda, mais de sentimento pessoal do que de pensamento objetivo. Em todo o caso, nunca fez dos seus sentimentos favoráveis à Monarquia um ponto de honra, uma posição intransigente. Admirava a Monarquia do tipo constitucional e representativo, como funcionava na Inglaterra, e "gostava" de Pedro II e, por extensão, do sistema constitucional, meio representativo, meio patriarcal, que vigorava no Brasil do século XIX. Mas não será descabido supor que, na esfera do pensamento teórico, nenhuma objeção teria ele a opor ao sistema republicano. Seja como for, há sobre este particular um depoimento, que me parece até aqui ainda não aproveitado pelos biógrafos e críticos de Machado de Assis, o qual deixa bem claro que ele, pelo menos teoricamente, não era infenso à República. É o depoimento de Silva Jardim, registrado nas *Memórias e viagens*, nos termos seguintes: "Os literatos despreocupados de paixões, como Machado de Assis e Capistrano de Abreu, estavam conosco"[12].

É lícito objetar-se que Silva Jardim exageraria sectariamente o seu depoimento. De qualquer forma, é um depoimento a ser levado em conta.

---

[12] Antônio da Silva Jardim, *Memórias e viagens* (Lisboa, Companhia Nacional Editora, 1891), p. 194.

Na comédia *Desencanto*, publicada em 1861, contando o autor apenas 22 anos de idade, há uma fala do personagem Luís que a meu ver define, melhor do que outro texto qualquer, a verdadeira natureza do temperamento político de Machado de Assis. Eis aqui:

> Luís — Porque a política é uma vocação e quando não é vocação é uma especulação. Acontece muitas vezes que depois de ensaiar diversos caminhos para chegar ao futuro, depara-se finalmente com o da política para o qual convergem as aspirações íntimas. Comigo não se dá isso. Quando mesmo o encontrasse juncado de flores, passaria por ele para tomar outro mais modesto. Do contrário seria fazer política de especulação.[13]

Se atribuirmos esta opinião do personagem ao próprio autor da peça — o que é perfeitamente cabível no caso —, logo perceberemos que desde muito jovem Machado de Assis teria compreendido não possuir a necessária vocação para a política militante, partidária, e que o caminho "mais modesto", que ele pensava trilhar, era justamente o caminho da literatura, mais adequado às suas possibilidades e capacidades. Sua carreira literária demonstraria o acerto com que se autojulgara pela boca do moço Luís.

O texto citado mostra-nos, a par disso, o que havia de profundamente honesto no pensamento do comediógrafo: se não possuía vocação para o exercício profissional da política, nem o gosto da atividade partidária, tudo que Luís tentasse nesse terreno seria mera especulação, com o abastardamento e a modificação de seus nobres objetivos.

A opinião sustentada por Luís, e que seria opinião do próprio Machado de Assis, é não só razoável como revela um pensamento honrado, que não busca dissimular-se aos olhos alheios nem esconder-se aos seus próprios olhos. Mas convém insistir em que a ausência de vocação para o exercício da atividade política, partidária ou governamental, não significa nem

---

[13] Machado de Assis, *Teatro*, v. XIX, cit., p. 62.

pode significar, forçosamente, alheamento, desinteresse, desprezo pela coisa política ou pelos negócios públicos.

Há política e política, isto é, há muitas maneiras e formas de exercer ou praticar atividades políticas. Confinar o conceito de "participação política" a só exercício de mandatos eletivos, a só atividade partidária ou a só tarefa de propaganda e agitação, seria estreitar o seu alcance, reduzir a sua importância, amesquinhar a sua finalidade. Tudo isso é muito, mas não é só, nem exclusivo. E nada disso condizia com a natureza do nosso grande escritor. Outra era a sua vocação, outro o seu ofício, outra a sua esfera de ação. O escritor Machado de Assis possuía, no mais alto grau, a vocação para a observação e a análise das ações humanas, para a crítica social em suas várias modalidades, inclusive as de ordem política, e daí o seu interesse pelos negócios públicos em geral, o que o levava a acompanhar de perto tudo quanto incidisse sobre a situação do país, os rumos do nosso progresso material e espiritual, as condições de vida do nosso povo, em suma — atento a tudo quanto pudesse influir nos destinos da pátria. Essa vocação inata para a observação, a análise e a crítica, o escritor Machado de Assis a aplicou, em sua obra, como uma forma de participação, e isto não apenas pelos meios diretos do comentário de jornal, mas também pelos meios indiretos permissíveis na obra de criação artística. O humorismo era o seu método, a ironia a sua arma, a sátira a sua forma de crítica política e social.

"Não foi Machado de Assis um álgido praticante da arte pela arte. O calor humano de suas melhores páginas revela sempre o homem profundamente interessado pela vida" — tal a opinião de um dos melhores conhecedores da obra machadiana, o ensaísta Eugênio Gomes[14]. Ora, um homem, um escritor profundamente interessado pela vida não poderia ser jamais um absenteísta político, um árido apolítico, um frio espectador das dores do mundo, um empedernido glosador das misérias e dos ridículos humanos.

---

[14] Eugênio Gomes, *Prata de casa* (Rio de Janeiro, A Noite, s.d.), p. 103.

 O chamado "tédio à controvérsia" não foi ainda cabalmente interpretado pelos críticos de Machado de Assis. Alguns pretendem inferir daí um dos motivos do seu suposto "absenteísmo", o que não me parece justo.

 Em certa passagem do *Dom Casmurro*, o memorialista faz a seguinte confissão: "Um dos costumes da minha vida foi sempre concordar com a opinião provável do meu interlocutor, desde que a matéria não me agrava, aborrece ou impõe"[15]. Ponho em grifo a parte final da frase, pois aí, segundo penso, reside o ponto essencial da questão do "tédio à controvérsia".

 O que produzia tédio em Machado de Assis era a controvérsia pela controvérsia, o bate-boca sem propósito, o debate sobre coisas mínimas ou simplesmente mesquinhas. Convém lembrar que Machado de Assis viveu num tempo em que a "polêmica" literária e jornalística era o pão nosso de cada dia do público ledor, divertimento, mania e vício, vulgarizados e aviltados sob a forma de "a pedidos" nas colunas pagas dos grandes jornais. O anonimato permitia tudo, e a plateia gozava e apupava os foliculários em mangas de camisa.

 Não caberia aqui indagar das causas próximas e remotas de semelhante furor polemístico, levado aos piores exageros. Baste-nos conjeturar que Machado de Assis ter-se-ia provavelmente fatigado de tantas e tamanhas controvérsias, quase sempre de resultados estéreis. O enjoo delas é o que o teria firmado no propósito de evitá-las — estendendo o sistema, por maior comodidade, às próprias conversas e encontros de ocasião, tudo, aliás, em boa concordância com os seus modos polidos e comedidos. Quando, porém, a matéria o agravava, aborrecia ou obrigava, aí a coisa mudava de figura, e então aceitava o debate e sustentava sem temor a sua opinião — inclusive em questões de natureza política.

 O capítulo XLIV do *Esaú e Jacó*, intitulado "O salmão", oferece-nos excelente amostra da maneira como o velho Aires — esse *alter ego* de

---

[15] Machado de Assis, *Dom Casmurro*, v. VII, cit., p. 241.

Machado de Assis — encarava essa questão do tédio à controvérsia. Conta o romancista que Paulo, ainda acadêmico em São Paulo e republicano cheio de ardores juvenis, queria publicar um artigo polêmico a fim de esclarecer certas ideias que expusera em discurso, dias antes, e haviam sido mal interpretadas. Aires tentou dissuadi-lo: "— Não vale a pena, moço; o que importa é que cada um tenha as suas ideias e se bata por elas, até que elas vençam. Agora que outros as interpretem mal é coisa que não deve afligir o autor"[16].

Está claro: o tédio à controvérsia não quer dizer ausência de ideias nem fuga a sustentar uma opinião. Aires, na frase citada, expôs a teoria que Machado de Assis praticava em sua atividade de escritor e jornalista. Não o seduzia o debate pelo debate; mas externava livremente o seu pensamento crítico sobre os homens e as coisas, sem se afligir com as interpretações que lhe pudessem dar.

Considere-se, por outro lado, que Machado de Assis era um escritor em estado de permanente "controvérsia" consigo mesmo — o raciocínio a provocar ideias, conceitos e sentimentos em conflito, isto é, em "controvérsia". O sim e o não, o contraste e o confronto, a dúvida e a interrogação, o pró e o contra de todas as coisas, tudo isso que constitui ingrediente vário e palpitante da dialogação interior, e que forma a própria base de toda a dialética machadiana, tudo isso está presente em cada uma das suas páginas de ficcionista e de crônica. Seus personagens estão sempre discutindo — ora entre si, ora com o autor, e seus leitores são igualmente envolvidos na geral e íntima "controvérsia". Desse ponto de vista poderíamos talvez concluir que o exercício intensivo da "controvérsia interior" é que principalmente levava Machado de Assis a fugir da "controvérsia exterior". Bastava-lhe aquela, sobretudo porque de substância infinitamente mais viva e fascinante[17].

---

[16] Idem, *Esaú e Jacó*, v. VIII, cit., p. 157.
[17] Falando visivelmente pelo autor, confessava certo personagem de Machado, o esquisitão Tobias, homem solitário, meio filósofo: "Trago um certo número de ideias; e logo que

*

Muitas ideias e opiniões, não raro carregadas de profundo sentido filosófico, sociológico e político, eram formuladas pelo humorista Machado de Assis de maneira surpreendentemente justa, como se pode verificar, por exemplo, no diálogo entre dois personagens o conto "Decadência de dois grandes homens", que encontramos no volume de *Contos esquecidos*, organizado por R. Magalhães Júnior. Sentenciava um dos personagens: "— Penso que homem gordo não faz revolução. O abdômen é naturalmente amigo da ordem; o estômago pode destruir um império; mas há de ser antes do jantar"[18].

O personagem que assim falava era um louco manso, que mansamente discorria sobre grandes ocorrências da história romana. Mas veja-se detidamente o que há no âmago da formulação humorística empregada pelo contista e não será difícil atinar com o seu conteúdo político — o mesmo conteúdo causal das revoluções desencadeadas pelas massas famintas e oprimidas contra as minorias de privilegiados da riqueza e do poder. Revoluções dos homens "magros" contra os homens "gordos".

fico só, divirto-me em conversar com elas. Algumas vêm já grávidas de outras e dão à luz cinco, dez, vinte e todo esse povo salta, brinca, desce, sobe, às vezes lutam umas com as outras, ferem-se e algumas morrem; e quando dou acordo de mim, lá se vão muitas semanas" (Idem, *Relíquias de casa velha*, primeiro volume, v. XVI, cit., p. 225). A conversa, o diálogo, formas amenas ou amigáveis de "controvérsia", são a própria alma de Machado de Assis. Seus livros, escreve Lúcia Miguel Pereira, "são trechos de um perene diálogo interior, da sua longa e inacabada conversa com a vida" (*Machado de Assis*, cit., p. 210). Mas o diálogo interior é também um reflexo do diálogo exterior, e um e outro se projetam, em íntima conexão, nos diálogos propriamente ditos dos seus personagens, e estes diálogos por sua vez são o reflexo da vida em sociedade, ou seja, da vida "dialogada". Para o prof. Roger Bastide, Machado de Assis é um mestre na "arte do diálogo, refletindo também nisso as reuniões da vida social do seu tempo, onde se fala de amor, de política e de negócios". E ele é um romancista psicólogo, esclarece o mesmo autor, "justamente porque a psicologia é uma conversação que se desenvolve, e em que o eu se divide em vários personagens que dialogam entre si" (*Études de littérature brésilienne*, cit., p. 46).

[18] Machado de Assis, *Contos esquecidos*, organização e prefácio de Raimundo Magalhães Júnior (Rio de Janeiro, Civilização Brasileira, 1956), p. 22.

Os homens "gordos" estão fartos, satisfeitos, e são conservadores, reacionários; os homens "magros" sofrem fome, estão descontentes e são revolucionários. Marx e Engels ensinam, no *Manifesto comunista*, que a sociedade, em suas sucessivas fases históricas, através dos séculos, esteve sempre dividida em duas classes fundamentais: homem livre e escravo, patrício e plebeu, barão e servo, mestre artesão e companheiro, capitalista e proletário... O personagem de Machado de Assis, se houvesse lido o famoso *Manifesto* de 1848, poderia resumir tudo em termos de classificação humorística e nem por isso menos verdadeira: "A história da sociedade tem sido sempre a história das lutas dos homens magros contra os homens gordos..."[19].

Não é meu intuito forçar a nota e atribuir a essa frase de corte humorístico, colocada na boca de certo personagem fictício e de miolo mole, um significado extraliterário ou uma intenção oculta que ela não tem. Mas não se trata disso. Trata-se é de verificar que semelhante frase possui um substrato ideológico e não teria surgido por mero acaso na mente do escritor no exato momento em que a lançou no papel. Trata-se, no caso, justamente, de uma formulação cuja essência exprime um pensamento político definido, ou seja, um conceito de filosofia política. Pensamento, conceito, que em si mesmo nada tem de original, mas que jazia vivo na consciência de alguém que conhecia a história das revoluções sociais, e fora mesmo contemporâneo, ou quase, de algumas delas — as revoluções de 1848 e 1849 na Europa, a Comuna de Paris, etc., para só falar daquelas

---

[19] Sabe-se que Machado de Assis gostava particularmente dos autores sentenciosos, dos moralistas, que citava ou mencionava com frequência. Por exemplo, Chamfort: "Chamfort, no século XVIII, deu-nos a célebre definição da sociedade, que se compõe de duas classes, dizia ele, uma que tem mais apetite que jantares, outra que tem mais jantares que apetite" (Idem, *A semana (1894-1895)*, v. XXVII, cit., p. 257). Isto foi escrito em crônica de 6 de janeiro de 1895 e repetido quase palavra por palavra mês e meio depois, com a declaração do cronista de que não pudera "espancar da memória" o dito em questão. A classificação dos "gordos" e "magros" aparece assim como uma variante de Charrifort, se bem que o conto "Decadência de dois grandes homens" date de 1873, com o que se confirma que Machado lia e relia assiduamente os seus autores prediletos.

de maior repercussão mundial e a que o nosso autor se refere, mais de uma vez, em seus escritos[20].

*

Em folhetim publicado a 7 de julho de 1878, escrevia Machado de Assis: "Nenhuma reforma se faz útil e definitiva sem padecer primeiro as resistências da tradição, a coligação da rotina, da preguiça e da incapacidade. É o batismo das boas ideias e ao mesmo tempo o seu purgatório"[21].

Eis aí, claramente expresso na prosa corrente e fluida da crônica, o conceito dialético da luta entre o novo que surge para a vida e o velho que resiste e não quer morrer. Não há aí nenhuma intenção, mesmo remota, de teorizar ou de expor qualquer princípio filosófico, mas apenas a expressão espontânea e cristalina de um pensamento amadurecido na observação da realidade histórica e social. E isto, precisamente, é o que mais importa fixar, quando estudamos o pensamento político de Machado de Assis; sem qualquer *parti pris* doutrinário, e sendo ele próprio a negação de qualquer espécie de doutrinarismo, filosófico ou político, o grande escritor, com os meios de estudo, observação e expressão adequados à sua qualidade

---

[20] Em 24 de fevereiro de 1888, o *Memorial* registra a seguinte recordação: "A data de hoje (revolução de 1848) lembra-me a festa de rapazes que tivemos em S. Paulo, e um brinde que eu fiz ao grande Lamartine. Ai, viçosos tempos!" (*Memorial de Aires*, v. IX, cit., p. 51). Esta anotação do memorialista faz-nos levantar algumas conjeturas pelo menos muito curiosas. Em 1848, Joaquim Maria contava apenas nove anos de idade, mas por esse tempo, ou pouco depois, fazia ele amizade com mme. Gallot e o forneiro francês da padaria vizinha à casa de Maria Inês, em São Cristóvão, seus primeiros mestres de francês. Ora, não é demais supor que esses franceses eram exilados da revolução de 1848, e como tais houvessem festejado a data de 24 de fevereiro, em presença do pequeno amigo. Podemos armar outra suposição, igualmente cabível, ou até mais, e vem a ser que semelhante comemoração fosse promovida por algum ou alguns exilados residentes no Rio, e já agora pela passagem do primeiro decênio da revolução, isto é, em 1858. Neste caso o jovem Machadinho, amigo e tradutor do exilado Charles Ribeyrolles, teria participado da festa e até levantado o brinde a Lamartine. Sobre as relações de Machado e Ribeyrolles, ver Raimundo Magalhães Júnior, *Ao redor de Machado de Assis*, cit., p. 31-43.

[21] Machado de Assis, *Crônicas (1878-1888)*, v. XXV, cit., p. 61.

intrínseca de escritor, atinge a uma límpida compreensão de alguns conceitos da mais avançada ideologia do século. Compreensão que não temia chegar às últimas consequências do raciocínio, aceitando e justificando historicamente o fenômeno revolucionário. É o que está dito sem meias palavras, se bem que sob forma de metáfora, em crônica de 30 de julho de 1893: "A vantagem do sangue sobre a água é que esta rega para o presente, e aquele para o presente e futuro. Os estragos do sangue, posto que longos, não são eternos; os seus frutos, porém, entram no celeiro da humanidade"[22].

Não era questão, aqui, de uma ideia de momento, uma chispa efêmera, que brotasse por obra e graça de alguma picada à flor da pele. Pelo contrário, era uma ideia que possuía raízes fundas no pensamento político de Machado de Assis, e que não é difícil assinalar, de passagem, nos seus textos de ficção ou de comentário. Já cinco anos antes havia escrito, nos versos galhofeiros da "Gazeta de Holanda", o seguinte:

> Mas quem já viu neste mundo
> Progresso sem sacrifício?
> Sangue que corre é fecundo.[23]

A mesmíssima ideia que repetiria na crônica de 1893. Convém reparar nessas datas de 1887 e 1893: o cronista estava em volta dos cinquenta anos, em plena maturidade, e era esse um período de grandes lutas políticas e revolucionárias do país, com a abolição, a República, o golpe de Deodoro e a revolta da esquadra que se avizinhava. Tais ideias não provinham da mente exaltada e inexperiente da juventude, mas se afirmavam como aquisição consolidada de anos e anos de estudo e reflexão.

Observemos, finalmente, que o cronista Machado de Assis usava os mais diversos pseudônimos, nos seus comentários de jornal. Não era segredo nem receio, porque o pseudônimo era hábito geral dos cronistas, folhetinistas e comentaristas da imprensa de então. Só em graves artigos políticos

---

[22] Idem, *A semana*, v. XXVII, cit., p. 336.
[23] Idem, *Crônicas (1878-1888)*, v. XXV, cit., p. 398.

e doutrinários, e assim mesmo nem sempre, aparecia o jornalista com o nome próprio. Até em obras de ficção, como acontecia no tempo de Manuel Antônio de Almeida e de José de Alencar, o pseudônimo não era raro. Mas, todo o mundo sabia a quem pertenciam os pseudônimos. De qualquer forma, é lícito admitir que o pseudônimo permitia aos cronistas uma certa liberdade de comentário. Machado de Assis, assim com todas as letras do seu nome, talvez não se atrevesse a dizer certas coisas que se publicaram com a assinatura de Job, Manassés, Eleazar, Lélio, etc., ou anonimamente como nas crônicas "A semana" da *Gazeta de Notícias*. Mas esta consideração vem fortalecer a tese dos que sustentam que Machado de Assis foi a vida inteira um escritor preocupado com as coisas políticas — o espírito atento e a vocação da crítica política e social em permanente rendimento. Dadas as condições do meio em que vivia e certas conveniências ditadas pela acomodação e pelo preconceito (alheio ou próprio), era justamente por intermédio dos seus numerosos pseudônimos de comentador dos fatos quotidianos que ele exprimia, com mais desembaraço e liberdade, os pensamentos e as ideias que germinavam no mais íntimo do seu ser, sob o acicate de uma inteligência de observador e analista sem par em nossas letras.

*

Mário de Alencar foi dos primeiros, se não o primeiro, a compreender o que há de importante nas crônicas de Machado de Assis como elemento fundamental para o estudo das suas ideias. Vale a pena assinalar o que ele escreveu na advertência com que prefaciou a seleção de crônicas organizada por incumbência do editor Garnier: "Pode-se lendo-as atentamente recompor-lhe a marcha das ideias, acompanhar-lhe as leituras que fazia, e talvez com certa agudeza construir toda a filosofia do homem sob os disfarces do escritor"[24].

---

[24] Idem, *A semana* (Garnier, s.d.), p. IX.

Disfarces diferentes, determinados pela conveniência ou pelo preconceito, através dos quais o grande humorista, às vezes de forma grave e séria, exprimia mais livremente os seus verdadeiros pensamentos acerca das questões que observava e criticava. Inclusive, é claro, aquelas questões de natureza política e social que o preocupavam. E quando algum pesquisador fizer o trabalho sistemático sugerido por Mário de Alencar — mas documentando-se por igual nas obras do ficcionista e do cronista — e disso resultar todo um conjunto ideológico em sua dupla feição coerente e contraditória, aí então veremos esboroar-se de uma vez por todas o falso "absenteísmo" político e social de que tem sido simultaneamente acusado e louvado o escritor Machado de Assis.

*

Machado de Assis não chegara ainda aos trinta anos de idade, e José de Alencar já o qualificava de "primeiro crítico brasileiro"[25]. Quarenta anos mais tarde, Mário de Alencar precisaria e ampliaria de certo modo a opinião do pai, ao escrever que a crítica era "a feição principal do seu engenho"[26]. Desde cedo, com efeito, dedicara-se Machado de Assis à crítica teatral e literária, deixando no gênero alguns ensaios excelentes, que ainda hoje constituem material indispensável ao estudo do nosso teatro e da nossa literatura durante os quatro lustros que vão de 1860 a 1880. Mas a obra de ficção acabaria por exigir do escritor maior concentração de forças, além de que a crítica, se era uma vocação do seu espírito, não se ajustaria convenientemente ao seu temperamento, sobretudo num meio como o nosso e num período histórico que reclamava antes de mais nada combatividade, polêmica, demolição. Demais disso, a sua vocação crítica — para insistirmos em lhe fixar essa característica — seria mais propriamente uma vocação crítica de outra natureza, que só poderia exercer-se

---

[25] Idem, *Correspondência*, v. XXXI, cit., p. 21.
[26] Cf. Mário de Alencar, *Crítica literária*, v. XXIX, cit., p. 7.

em toda a sua plenitude como crítica geral da sociedade, sob a forma de criação artística. Tal seria o seu destino e tal foi, com efeito, a sua grande realização de escritor.

Mário de Alencar compreendeu isso muito bem, dizendo que Machado — "deixou a crítica individualizada dos autores pela crítica geral dos homens e das coisas, mais serena, mais eficaz e ao gosto do seu espírito"[27].

Esta consideração possui singular importância, pois nos leva a melhor penetrar no cerne da obra machadiana, aquilo que a meu ver constitui a sua própria essência, ou seja, a sua funcionalidade como obra de crítica social. E aqui voltamos necessariamente ao que significa Machado de Assis como intérprete da sociedade do seu tempo. Não o intérprete passivo ou contemplativo, ou meramente desencantado, como pensam alguns, qualquer coisa parecida com um espectador sem compromisso que se diverte com o espetáculo e continua a se divertir com a narrativa que faz do espetáculo. Mas o intérprete ativo, interessado, vigilante, numa palavra — crítico. Nem é possível reduzir o seu humorismo a um simples e inofensivo método de divertimento próprio e alheio. O humorismo, quando manejado por um escritor da estatura de Machado de Assis, é sempre uma forma de crítica, um instrumento de castigo pelo riso, uma arma sutil de combate, mas arma de combate. É acima de tudo um método de crítica social.

Junte-se a esse método a faculdade de penetração psicológica, o poder de percepção e análise dos sentimentos em choque dentro de cada indivíduo observado, a capacidade de ver o invisível e palpar o impalpável, "a curiosidade estreita e aguda que descobre o encoberto"[28] — e aí temos precisamente o caso brasileiro do humorista Machado de Assis. A imaginação do ficcionista e o trabalho do artista fazem o resto.

---

[27] Ibidem, p. 9. Mário de Alencar completa a sua observação: "De um modo consciente e deliberado ele veio executar na pura ficção a obra para a qual o qualificava excelentemente a feição principal do seu espírito a que estavam subordinadas as faculdades de imaginação e criação".

[28] Machado de Assis, *A semana (1895-1900)*, v. XXVIII, cit., p. 431.

Alguns críticos afirmam que Machado de Assis é um romancista puramente introspectivo, indiferente ao que se passa em volta de si e dos seus personagens.

Mas há também quem pense que ele é antes um romancista psicólogo, "o que não é a mesma coisa", conforme nos diz, com razão, o prof. Roger Bastide[29]. Ora, esse contraste entre o introspectivo e o psicológico é que nos permite avaliar o verdadeiro alcance social da obra de Machado de Assis. O introspectivo limita a sua pesquisa ao indivíduo em si mesmo, isolando-o das relações sociais; já o psicólogo incide a sua prospecção sobre o indivíduo membro de um grupo, de uma classe, de uma coletividade. Para o psicólogo, o indivíduo é um tipo representativo, que vive e se comporta na ficção como encarnação típica do grupo, da classe ou da coletividade a que pertence. E é isso principalmente que confere caráter social à obra do ficcionista.

Segundo Plekhánov, "a psicologia dos personagens adquire enorme importância aos nossos olhos, exatamente porque é a psicologia de classes sociais inteiras, ou pelo menos de certas camadas sociais; e sendo assim, podemos verificar que os processos que se desenvolvem na alma dos diferentes personagens são o reflexo consequente do movimento histórico da sociedade a que pertencem"[30]. Eis aí uma boa chave para a compreensão das íntimas conexões que existem entre a obra de Machado de Assis e a história social, do tempo que ela reflete.

Servindo-se de chave semelhante é que Alcides Maya pôde encontrar na obra machadiana "alguns tipos de romance, de conto e de novela admiráveis de verdade como representação social"[31]. As criaturas de Machado de Assis, observa A. Maia, são arrancadas à própria vida e por isso mesmo estampam a psicologia real da sociedade[32]. E é neste sentido que podemos

---

[29] Roger Bastide, *Études de littérature brésilienne*, cit., p. 42.
[30] Gueórgui Plekhánov, *L'art et la vie sociale* (Paris, Editions Sociales, 1953), p. 216.
[31] Alcides Maya, *Machado de Assis* (2. ed., Rio de Janeiro, ABL, 1942), p. 60.
[32] Ibidem, p. 104.

qualificá-lo de escritor realista, entendida esta palavra independentemente de qualquer classificação ou definição de escola.

Machado de Assis, que se formara sob as influências do romantismo brasileiro já em começo de decadência, lutou desde cedo por libertar-se das taras românticas, mas estas eram tenazes, e resistiram por longo tempo. Nos próprios textos de Machado é fácil encontrar numerosas referências a essa luta que durou mais de vinte anos[33], até o *Brás Cubas*. Poder-se-ia dizer que *Brás Cubas* foi o porta-estandarte da sua última e vitoriosa batalha antirromântica.

O que entretanto mais importa assinalar, nesta questão da ruptura com os derradeiros resíduos do romantismo, é que Machado de Assis, ao libertar-se do romantismo, libertou-se ao mesmo tempo de quaisquer vínculos ou preocupações de escola. Nem romântico, nem parnasiano, nem naturalista, nem realista, conforme já o notara Labieno. Todavia, liberto de esquemas ou fórmulas de escola, inclusive do "realismo" enquanto escola, foi Machado de Assis um escritor propriamente realista, no sentido lato e independente da palavra, como já o ressaltamos acima. E realista, não é demais que o lembremos, ainda quando imbuído de romantismo, porque o senso realista era nele inato, uma exigência íntima, uma condição sem a qual não poderia jamais alcançar o equilíbrio necessário à plena expansão do seu gênio. Era o realismo puro e simples, o genuíno realismo da realidade humana e social, o realismo a que se referia Engels, e que se expressa, não só pela exatidão de pormenores, mas também pela "representação exata dos caracteres típicos em circunstâncias típicas"[34].

José Veríssimo via em Machado de Assis "porventura" o mais intimamente nacional dos nossos romancistas[35]. O crítico podia sem susto

---

[33] Cf. Machado de Assis, *Teatro*, v. XIX, cit., p. 30.
[34] K. Marx e F. Engels, *Sur la littérature et l'art* (Paris, Editions Sociales, 1954), p. 317.
[35] Cf. José Veríssimo, *História da literatura brasileira* (Rio de Janeiro, Francisco Alves, 1929), p. 423.

omitir o cauteloso "porventura" e dizer o resto com um claro acento afirmativo. Porque o realismo do grande romancista é justamente o realismo da realidade nacional, vivida, observada, criticada e interpretada pelo mais agudo analista da nossa psicologia social.

O ALMADA E A HISTÓRIA DA CIDADE

A obra de Machado de Assis apresenta riquíssimo filão, pouco explorado ainda, no concernente ao que existe nela da história, da vida, dos costumes, dos modos e das modas, das alegrias e das tristezas da cidade em que nasceu, viveu e morreu o escritor.

O Rio de Janeiro está presente, sob múltiplas formas e feições, e vivo, palpitante, crescendo, em cada um dos seus livros — no romance, no conto, na crônica, no teatro, na crítica, na poesia, etc. Configurando no tempo e no espaço a substância psicológica, que está na base de toda a sua criação artística, predominam nas suas páginas, como é natural, os depoimentos, as reminiscências e as observações pessoais; mas não são raras, a par disso, as evocações de épocas não vividas pelo autor, e neste caso tudo com indicações históricas rigorosamente verificadas. Talvez o caso mais típico, neste sentido, seja o do poema herói-cômico *O Almada*, cuja ação se passa em meados do século XVII, com a circunstância de que o prefácio e as notas que acompanham o poema constituem trabalho de cunho estritamente histórico.

Sobre este poema, aliás, quase nada se tem escrito, quer sob o ponto de vista do poema como tal, um dos poucos poemas herói-cômicos existentes em nossa literatura, quer sob o ponto de vista da história da cidade e seus costumes em certo período dos tempos coloniais. Que me lembre, apenas Mário Casassanta e R. Magalhães Júnior lhe deram alguma atenção, assim mesmo de passagem, em meio de outras considerações. Casassanta refere-se à opinião de Mário de Alencar, que via em *O Almada* um documento de "singular importância" para o estudo da obra machadiana.

Ou muito me engano, ou uma análise pormenorizada do poema há de revelar muita coisa, e isto não só em suas conexões com o conjunto da obra de Machado de Assis, mas também por seus próprios méritos de poema herói-cômico. Parece que o autor não lhe dedicava grande estima, deixando-o na gaveta durante anos e dele só publicando, em vida, alguns fragmentos. Teria as suas razões para isso, mas a crítica pode invocar outras razões — seja para revalorizá-lo, quem sabe, ou seja, principalmente, para buscar no seu estudo novos elementos de análise e avaliação de uma produção literária que pertence, como um todo indivisível, à história da literatura brasileira.

O que a leitura de O Almada revela, à primeira vista, é a informação minuciosa dos fatos históricos que lhe servem de tema. O prefácio e as notas são um atestado de como o poeta cuidou da documentação necessária ao seu trabalho, e com isso nos mostram igualmente que Machado de Assis estudava a história da sua cidade com olhos de filho amoroso.

*

Na advertência com que prefacia O Almada, o próprio Machado de Assis resume o episódio histórico de onde tirou o argumento do poema:

> O assunto desse poema é rigorosamente histórico. Em 1659, era prelado administrador do Rio de Janeiro o Dr. Manuel de Sousa Almada, presbítero do hábito de S. Pedro. Um tabelião, por nome Sebastião Ferreira Freire, foi vítima de uma assuada, em certa noite, na ocasião em que se recolhia para casa. Queixando-se ao ouvidor-geral Pedro de Mustre Portugal, abriu este devassa, vindo a saber-se que eram autores do delito alguns fâmulos do prelado. O prelado, apenas teve notícia do procedimento do ouvidor, mandou intimá-lo para que lhe fizesse entrega da devassa no prazo de três dias, sob pena de excomunhão. Não obedecendo ao ouvidor, foi excomungado na ocasião em que embarcava para a capitania do Espírito Santo. Pedro de Mustre suspendeu a viagem e foi à Câmara apresentar um protesto em nome do Rei. Os vereadores comunicaram a notícia do caso ao governador da cidade, Tomé de

Alvarenga; por ordem deste foram convocados alguns teólogos, licenciados, o reitor do Colégio, o dom Abade, o prior dos Carmelitas, o guardião dos Franciscanos, e todos unanimemente resolveram suspender a excomunhão do ouvidor e remeter todo o processo ao Rei.[1]

O episódio, informa o poeta, é narrado no tomo III dos *Anais do Rio de Janeiro*, de Baltasar da Silva Lisboa. "No poema — acrescenta — estão os principais elementos da história, com as modificações e acréscimos que é de regra e direito fazer numa obra de imaginação." Modificações e acréscimos, que o plano da composição exigia, mas conservando-se com fidelidade "as feições gerais do tempo e da sociedade". Esclarece ainda Machado que baseou o elemento cômico, essencial à natureza do poema, ali onde se achava — no contraste entre uma causa insignificante e seus graves efeitos, tais quais se manifestaram no conflito que Almada suscitou contra Mustre.

O prelado não aparece com boa cara no poema, e o poeta se justifica reafirmando, prosa do prefácio, que Almada era na realidade um tipo irritadiço e violento, contrariamente à opinião de monsenhor Pizarro. Seu caráter é posto em evidência com o caso de um tiro de artilharia — nada menos! — que "inimigos" lhe teriam assestado, uma noite, contra a residência, que ficava situada ao lado da igreja de S. José: provou-se, em devassa feita então pela justiça, que o noturno atentado fora preparado pelo próprio Almada, com o propósito de se dar por vítima de ódios populares. Tal a conclusão a que chegou o juiz, condenando o prelado a pagar a alçada e as custas do processo.

A restante clerezia do poema não apresenta melhor cara do que aquela de Almada. São todos em geral uns boas-vidas, comilões de marca, beberrões de goela insaciável, principalmente preocupados e ocupados com mil coisas terrenais e menos devocionais. Machado de Assis também aqui defende-se de que o suponham exagerado e de má vontade. Era assim mesmo o clero do tempo, com as exceções da regra. A opinião do padre

---

[1] Machado de Assis, *Poesias completas*, v. XVIII, cit., p. 401.

Manuel da Nóbrega é invocada pelo poeta em apoio à pintura feita no poema:

> Os clérigos desta terra têm mais ofício de demônios que de clérigos; porque, além do seu mau exemplo e costumes, querem contrariar a doutrina de Cristo e dizem publicamente aos homens que lhes é lícito estar em pecado... e outras coisas semelhantes por escusar seus pecados e abominações. De maneira que nenhum demônio temos agora que nos persiga senão estes. Querem-nos mal porque lhe somos contrários aos seus maus costumes, e não podem sofrer que digamos as missas de graça em detrimento de seu interesse.[2]

Observe-se, de passagem, que esta citação do padre Nóbrega parece obedecer a uma intenção não isenta de malícia. A denúncia de Nóbrega — uma entre muitas — datava de cem anos antes das ocorrências de 1659, e sua citação, no lugar em que foi feita, pode bem significar o seguinte: com todas as possíveis e admiráveis exceções, a regra dos maus exemplos e maus costumes dos clérigos era coisa já muito antiga. Diremos, por nossa vez, que isso não era coisa só do Brasil, mas de toda parte e de todos os tempos, antes e depois de Nóbrega, antes e depois de Almada. Regra tenaz, que atravessa os séculos com uma constância verdadeiramente diabólica.

Para caracterizar o modo de vida que levavam o prelado Almada e seus comparsas da prelazia — e bem assim a demais fradaria conventual —, o poeta introduz na fabulação do poema algumas figuras míticas ou simbólicas: a Ira, a Lisonja, a Gula, a Preguiça, etc. Tais figuras assinalam o variável estado de ânimo dos ilustres personagens, os seus movimentos psicológicos, as suas inspirações mais ou menos secretas. Não há nenhuma originalidade nisso, mas o seu efeito cômico não falha, justamente em resultado do contraste que se estabelece entre o preceito e a conduta, entre a moral pregada e o comportamento ativo, entre a teoria e a prática. Eis um exemplo.

Depois de um dia inteiro colocado sob o signo da Ira, isto é, de contendas entre as hostes adversas, a Gula e a Preguiça desceram à casa do

---

[2] Ibidem, p. 404.

prelado e se insinuam no coração do "fogoso pastor e seus amigos". Os quais molemente se esquecem das brigas, entregando-se de bom grado aos prazeres que os corpos famintos, sedentos e cansados exigiam:

> Adeus guerras! Adeus férvidas brigas!
> Os banquetes agora e as fofas camas,
> Os sonos regalados e compridos,
> As merendas, as ceias, os licores
> De toda a casta, as frutas, as compotas
> Com intervalos de palestra e jogo,
> A vida são do jovial prelado.
>
> Ele a queda não vê do grande nome,
> Inda há pouco temido; nem as chufas
> Lhe dão abalo no abatido peito.
> Em vão algum adulador sacrista
> Os ditos da cidade lhe levava.
> As dentadas anônimas da gente
> Maliciosa e vadia; o grande Almada
> As denúncias do amigo vigilante
> Os nédios ombros encolhia apenas
> Fleumático sorria, e com um bocejo
> E com um arroto respondia a tudo.[3]

No seguinte domingo, pela manhã, o padre Almada, orador sacro de sangue na guelra, lá estaria no púlpito de S. José, à hora da missa, a arrasar com santa indignação os pobres pecadores da cidade de S. Sebastião do Rio de Janeiro. Isto não o diz explicitamente Machado de Assis, mas é fácil de se imaginar.

*

---

[3] Ibidem, p. 412. Os demais trechos do poema aqui citados são de fácil verificação, dispensando assim a referência bibliográfica.

Loas à cidade e às suas paisagens se repetem no texto do poema, e todavia o poeta não se contenta de o fazer no corpo da narrativa, buscando pretextos para "justificar-se" em notas finais. Assim é que logo de início, na estrofe II do canto I, ao exclamar: "E tu, cidade minha, airosa e grata, / Que ufana miras o faceiro gesto / Nessas águas tranquilas...", há uma chamada para as notas apensas, em que Machado de Assis reafirma o sentido íntimo de tais loas à terra natal. Não é demais transcrever na íntegra a nota relativa ao trecho citado:

> Mais de uma vez tenho lido e ouvido que a cidade do Rio de Janeiro nada tem de airosa e garbosa, ao menos na parte primitiva, a muitos respeitos inferior aos arrabaldes.
> — Não me oponho a esse juízo; mas eu não conheço as belas cidades estrangeiras, e depois, falo da minha terra natal, e a terra natal, mais que seja uma aldeia, é sempre o paraíso do mundo. Em compensação do que não lhe deram ainda os homens, possui ela o muito que lhe deu a natureza, a sua magnífica baía, as montanhas e colinas que a cercam, e o seu céu de esplêndido azul. Acresce que nesta dedicatória compare eu o que é hoje ao que era a cidade em 1659, diferença na verdade enorme.[4]

O poeta volta a fazer comparações, especialmente na estrofe I do canto VI:

> Naquele tempo a mão da arte engenhosa
> Os elegantes bairros não abrira,
> Refúgio da abastança deste século,
> E passeio obrigado dos peraltas.
> Por essas praias ermas e saudosas
> Inda guardava o eco o som terrível
> Do falcão, do arcabuz que a vez primeira
> Despertou Guanabara, e o silvo agudo
> Da frecha do Tamoio. Ainda o eco
> As rudes cantilenas repetia

---

[4] Ibidem, p. 518. As citações extraídas das notas são também de fácil verificação.

> Do trovador selvagem de outro tempo,
> Que viu perdida a pátria, e viu com ela
> Perdida a longa história de seus feitos
> E os ritos de Tupã, perdida a raça
> Que as férteis margens...

Aqui o poeta chega a esquecer o "cômico" do seu assunto, deixando-se embalar pela tuba "heroica", nessa imaginosa evocação do passado. Mas foi esquecimento rápido, logo desfeito num movimento bem machadiano — "Musa, onde me levas?". Assim chamada a conter-se, a Musa arrepia carreira e, retomando o "cômico", atrela-o de novo ao "heroico", juntos no comum destino da jocosa epopeia.

Podemos observar, a esta altura, que é nos cantos de *O Almada*, mais talvez do que em qualquer dos outros livros de Machado de Assis, prosa ou verso, onde o autor pôs mais paisagem — e mais paisagem descrita com as mais vivas cores do entusiasmo. Não a paisagem pela paisagem, evidentemente, mas paisagem do cenário onde se desenvolve a ação do poema.

Nesta paisagem de um determinado lugar, e num dado momento histórico, movem-se, agitam-se, engalfinham-se — em suma: vivem — homens e mulheres, sujeitos de carne e osso de história vivida, com os seus apelidos verdadeiros, e sujeitos igualmente de carne e osso, embora apenas de história verossímil, com os apelidos que lhes atribui o poeta, como era dos seus direitos de criador. Eis, por exemplo, um desses tipos criados pela imaginação, mas tão de carne e osso quanto o prelado Almada, o ouvidor Mustre, o tabelião Freire, o padre Cardoso, o vigário Vilalobos, o governador Alvarenga, e no caso tão tipicamente representativo que nem precisa de nome próprio — o pai de Margarida. Homem rico, importante, retirado dos negócios, mas de reconhecido valimento entre os homens bons da cidade. Ei-lo de pé, definido, alma e palma em meia dúzia de versos:

> Que o pai, varão de bolsa e qualidade
> Que repousava das fadigas longas

> Havidas no mercado de africanos,
> Era um tipo de sólidas virtudes
> E muita experiência.

Está dito tudo: sólidas virtudes de um mercador de escravos — um "ríspido negreiro", diz-se mais adiante — mas isso, precisamente, com todos os sacramentos da lei, da religião e da moral, em vigor no seu tempo. Em vigor, porque de acordo com as ideias das classes então dominantes. O ensinamento de Marx confirma-se aí plenamente: as ideias dominantes em cada época da história são sempre as ideias das classes dominantes.

Mas a figura do "ríspido negreiro", pai da suave Margarida, heroína do poema, leva a pensar nos escravos comprados, vendidos, sofridos e fugidos, e pensar nos escravos fugidos é pensar nos quilombos — e portanto nos "capitães de mato". A referência aos "capitães de mato", no texto do poema, proporciona a Machado de Assis o ensejo de, em nota, fornecer-nos, com a ficha histórica do caçador de quilombolas, uma importante informação sobre o caráter da luta de classes entre senhores e escravos: "Os capitães de mato tinham sido criados mui recentemente, talvez no ano anterior, com o fim de destruir os quilombos e capturar os escravos fugidos, que eram muitos e ameaçavam a vida e a propriedade dos senhores de engenho".

*

Na primeira estrofe do canto I do poema *O Almada* alude-se aos "homens do foro, almotacés, Senado". Repete-se em todo o poema esta denominação de Senado, dada — "ao que naquele tempo tinha o simples título oficial de Câmara". Machado de Assis explica, em nota, porque assim procedeu, fazendo a propósito um sucinto histórico da matéria. Havia dúvidas quanto à data em que fora concedida à Câmara do Rio de Janeiro a mercê de se chamar Senado: segundo Pizarro, a provisão da mercê estava datada de 11 de março de 1748; mas Haddock Lobo, cujo livro (*Tombo das terras municipais*) era bem mais recente, indica a data de 11 de março de

1757, mesmo dia e mês, não o mesmo ano. "Para o nosso caso — escreve Machado de Assis — não vale a pena examinar se foi efetivamente em 1757, se em 1748."

Entretanto, se o título legal do Senado datava de meados do século XVIII, 1748 ou 1757, o fato é que a Câmara "já anteriormente recebera a denominação de Senado em provisão régia datada de 1712". Mais ainda, prossegue Machado de Assis: desde 1667 — "num ato de mediação nas terras do concelho, por mandado do ouvidor geral Manuel Dias Raposo, deu-se à Câmara do Rio de Janeiro o título de Senado". Isto se acha aliás consignado no referido livro de Haddock Lobo. E nos *Anais* de Baltasar Lisboa, encontra finalmente Machado de Assis um documento anterior sobre o assunto — "uma carta da Câmara ao prelado Almada, com a data de 1659, que é a mesma da ação do poema, e escrita anteriormente ao episódio da devassa, a qual carta começa assim: 'Neste Senado se fez por parte do povo [...]'". Conclui então Machado que a própria Câmara usava já o título de Senado, só legalizado um século depois.

Estes pormenores nos dão uma ideia da acurada atenção com que Machado de Assis se documentou para escrever o seu poema, e mais — que as velhas crônicas da cidade não tinham segredos para ele.

Vemos isso claramente, para citar um exemplo típico, na referência — referência apenas — que se insere no poema um tanto extemporaneamente, pois se relaciona com fatos posteriores. Encontra-se no primeiro canto, estrofe III, justamente ao iniciar-se a narrativa histórica:

> Reinava
> Afonso VI. Da coroa em nome
> Governava Alvarenga, incorruptível
> No serviço do rei, astuto e manso,
> Alcaide-mor e protetor das armas;
> No mais, amigo deste povo infante,
> Em cujo seio plácido vivia
> Até que uma revolta misteriosa
> Na cadeia o meteu...

Que revolta foi essa? Em nota ao texto, Machado de Assis menciona o fato: "Ocorreu esta revolta em novembro de 1660. Era então governador Salvador Corrêa de Sá e Benevides; mas tendo partido para S. Paulo a fim de visitar as minas, ficara no governo Tomé de Alvarenga. A revolta foi muito séria, como se pode ver do citado Lisboa (*Anais*, tom. IV, no princ.). Tomé de Alvarenga refugiara-se no convento de S. Bento; foi dali arrancado e metido na fortaleza de Santa Cruz".

Parece-me interessante detalhar um pouco os dados relativos a este assunto.

*

Machado de Assis qualifica de "muito séria" a revolta de 1660. Sua fonte principal de informação foram os *Anais* de Baltasar Lisboa; hoje dispomos de fontes mais abundantes e mesmo de algumas explorações mais pormenorizadas — nos *Documentos Históricos*, volumes de 1928 e 1929, em páginas de Vieira Fazenda, de Vivaldo Coaracy, etc. A revolta foi realmente muito séria, não faltando quem lhe atribua proporções de verdadeira revolução e com isso a preeminência de "primeira revolução brasileira".

Sua causa imediata residia na imposição de novos tributos fiscais, agravando descontentamentos que se acumulavam, sobretudo em relação aos privilégios da Companhia de Comércio, que era o instrumento por meio do qual se exercia na colônia o monopólio da metrópole sobre a navegação e o comércio marítimos. A estes descontentamentos deve acrescentar-se, e em não pequena dose, a crescente animosidade contra o predomínio da família Corrêa de Sá, constituída em odiosa oligarquia, com o que não se podia facilmente conformar "o espírito igualitário do povo", como escreve o historiador Austricliano de Carvalho[5]. Cabe aqui

---

[5] Austricliano de Carvalho, *Brasil colônia e Brasil Império* (Rio de Janeiro, Tip. do Jornal do Comércio, 1927), t. I, p. 266.

lembrar um detalhe significativo: já em janeiro de 1660 o governador Salvador de Sá, pela terceira vez investido no cargo, propusera à Câmara a criação do "primeiro imposto predial que registra a história da cidade"[6].

O levante foi tramado do outro lado da baía, para os lados de São Gonçalo, numa propriedade dos Barbalhos, situada no lugar chamado Ponta do Bravo. No governo da cidade estava Tomé Corrêa de Alvarenga, em substituição a Salvador Corrêa de Sá e Benevides, que partira para São Paulo e de quem era parente. Às mãos de Alvarenga os procuradores do povo fizeram chegar uma representação, datada de 30 de outubro, na qual se pedia, entre outros itens, que fosse suspensa a cobrança das fintas recentemente decretadas por Salvador de Sá. Desatendida a representação, os conspiradores, chefiados por Jerônimo Barbalho Bezerra, resolveram agir sem mais tardança. Atravessaram a baía, no dia 8 de novembro, e convocaram os habitantes da cidade e os oficiais da Câmara. Tomé de Alvarenga, temeroso das consequências do "alboroto" — a expressão é de Varnhagen —, refugiou-se no Mosteiro de São Bento.

V. Coaracy foi quem melhor resumiu as ocorrências posteriores[7]. Façamos um resumo do resumo.

O povo reunido resolveu depor Alvarenga, e a seguir escolheu outro governador — Agostinho Barbalho Bezerra, irmão de Jerônimo. Era homem benquisto, mas não possuía a fibra do irmão. Tentou esquivar-se, acoitando-se no Convento de Santo Antônio. Representantes dos amotinados foram buscá-lo no Convento e o forçaram a comparecer à casa da Câmara. Agostinho tentou nova escapada, declarando só reconhecer como governador ao deposto — "ao que o dito povo a uma voz replicou, dizendo que se não aceitava havia de morrer, porque não queriam outro governador senão ele, enquanto sua majestade não mandasse o contrário". Entre ceder ou morrer, o novo governador cedeu, mas assim

---

[6] Vivaldo Coaracy, *O Rio de Janeiro no século 17* (Rio de Janeiro, José Olympio, 1944), p. 152.
[7] Ibidem, p. 155 e seg.

mesmo sob protesto, como consta dos documentos. Caso talvez único na história universal.

Aclamado finalmente Agostinho, o povo destituiu os oficiais da Câmara que não lhe mereciam confiança. Em seguida, obrigou o ouvidor dr. Pedro de Mustre Portugal a romper os pelouros, que só a 1º de janeiro de 1661 deveriam ser legalmente abertos.

Organizou-se nova pauta e procedeu-se à eleição de Diogo Lobo e Lucas da Silva para juízes, e de Fernando Faleiro Homem, Simão Botelho e Clemente Nogueira da Silva para vereadores.

Agostinho, esse não se emendava, comportando-se com suspeita benignidade em relação às autoridades depostas. A tal ponto, que a 12 de novembro o povo de novo se reuniu, na Câmara, exigindo-lhe que fizesse recolher às fortalezas Tomé Corrêa de Alvarenga, Pero de Sousa Pereira, Martim Corrêa Vasques e outros funcionários ligados à família Sá.

A 16 de novembro, a nova Câmara dirigiu-se à Câmara de São Paulo, comunicando que Salvador Corrêa de Sá e Benevides e Tomé Corrêa de Alvarenga haviam sido depostos do governo — por haver resolvido "a nobreza como o clero e este povo, conforme unanimemente, a deitar de si a carga com que já se não podia". Mas Salvador, esperto manobrista, conseguira para si o apoio da Câmara de São Paulo, que se negou a acompanhar a congênere fluminense.

A 5 de dezembro, numerosos habitantes do interior da capitania, devidamente armados, acorreram em auxílio da população da cidade. Em resultado da pressão popular, e para evitar piores consequências, Tomé de Alvarenga e Pero de Sousa Pereira foram remetidos presos para Lisboa. Os procuradores do povo remeteram igualmente para a metrópole circunstanciado relatório dos acontecimentos, enumerando as pesadas acusações que faziam a Salvador e a Alvarenga. De grande interesse é também a carta de 17 de dezembro, enviada ao governador-geral na Bahia pelos oficiais da Câmara revolucionária em nome do "povo oprimido, vexado, com os efeitos da ambição, violência e tirania do governador Salvador Corrêa de Sá e Benevides".

A nova Câmara buscava ao mesmo tempo manter a normalidade administrativa da cidade, tomando neste sentido uma série de medidas de interesse geral. Enquanto isso, Salvador de Sá, ainda em São Paulo, manobrava e organizava a reação. Os padres da Companhia de Jesus, por sua vez, preparavam os índios sob sua jurisdição a fim de com eles engrossar as forças que Salvador acumulava para atacar a cidade. A 1º de janeiro, bem antes do ataque armado, fez Salvador publicar um bando, em que afirmava perdoar "aos moradores e a todas as mais pessoas de qualquer qualidade, assim de paz como de guerra, o excesso que cometeram", sem esquecer contudo de os responsabilizar por "mais de quinhentos mil cruzados de fazendas minhas e dos ministros a quem prenderam". Dessa espécie de meia anistia ficavam excluídos os chefes da revolta, procuradores da nobreza e dos ofícios, e bem assim o sargento-mor, capitães do presídio e mais ministros nomeados pelos revoltosos — "todos considerados inconfidentes do real serviço". Quanto a Agostinho Barbalho Bezerra, continuaria no poder: suas vacilações serviam à causa da reação — "sem embargo de haver sido eleito pelos amotinadores". O bando terminava pela revogação das medidas tributárias, causa do conflito, e pela concessão ao povo das reivindicações "que apresentara a Tomé de Alvarenga". Quer dizer: iam-se os anéis mas ficavam os dedos.

A Câmara não se amedrontou nem se deixou engambelar, e tomou algumas medidas práticas para enfrentar o solerte inimigo. Persistia, porém, no erro inicial — e incompreensível — de manter no cargo a Agostinho. Todavia o desfecho da luta demoraria ainda alguns meses. Salvador tateava o terreno, procurando lançar a confusão e a desunião entre as forças adversas. Só a 6 de abril ordenou o ataque decisivo contra a cidade.

A batalha se desenvolveu rapidamente, com alguns encontros de rua, várias mortes e muitos feridos, entre estes últimos Jerônimo Barbalho. Os vencidos buscaram asilar-se no Convento de Santo Antônio, sendo porém entregues aos vencedores sob promessa de garantias que afinal não foram cumpridas. Mais um traço do caráter de Salvador Benevides.

Um tribunal de emergência julgou em seguida os prisioneiros. Jerônimo Barbalho Bezerra, condenado à morte, foi imediatamente decapitado. Os restantes foram remetidos presos para a Bahia, depois para Lisboa, e quase todos acabaram apodrecendo no Limoeiro ou alhures.

*

Eis como Vivaldo Coaracy comenta o desfecho e as consequências do movimento de 1660:

> A revolta fora dominada por Salvador Benevides. Jerônimo Barbalho expiou no cadafalso e os seus companheiros em longos anos de cárcere o movimento que haviam intentado. Militarmente fora vencida a insurreição e reinstalado o governo deposto. Politicamente, porém, a revolução produziu efeitos profundos e muitos dos seus objetivos foram conquistados pela cidade. Foi suprimido o imposto pessoal que lhe dera motivo imediato; uma carta régia reduziu os privilégios da Companhia de Comércio, minorando a opressão de que sofria a economia local; foi restabelecida a liberdade da indústria da aguardente.[8]

O próprio Salvador de Sá foi por fim destituído, sendo nomeado pela metrópole, a 1º de junho de 1661, o novo governador — Pedro de Melo. Terminava de fato o domínio político de Corrêa de Sá no Rio de Janeiro.

Em geral, os historiadores não dão a devida importância à revolta de 1660. Faz exceção V. Coaracy, ao escrever:

> Foi uma verdadeira revolução, em que pela primeira vez no Brasil o povo rebelado depôs um governador. É a primeira afirmação, categórica e violenta, da ânsia de autonomia local. O simples fato da cidade ter durante seis meses se governado a si própria, exercendo todas as funções administrativas e legais, é suficiente para caracterizar a importância deste movimento.[9]

---

[8] Ibidem, p. 163-4.
[9] Ibidem, p. 164.

Data de então, com efeito, o despertar de uma consciência política, que era o germe fecundo que se desenvolveria, com o correr dos anos, até assumir a precisa configuração de consciência nacional, ainda hoje em luta contra a política de dependência do país a interesses e opressões imperialistas.

*

No texto de *O Almada* (canto II) faz Machado de Assis referência à mudança da Sé, que o prelado promovera, da igreja de S. Sebastião, situada no morro do Castelo, para a de S. José, na várzea. Isto se passou uns três meses antes do conflito que constitui o tema central do poema, e já havia dado motivo a séria briga entre o prelado e o povo. O poeta nos dá conta do assunto em extensa nota histórica. "A matriz da cidade — escreve Machado de Assis — estava então na Igreja de S. Sebastião; Almada tentou mudá-la para a ermida de S. José, mudando ao mesmo tempo o santo, padroeiro da cidade. Abalou-se por esse motivo o povo; a Câmara, ouvidas as autoridades, dirigiu ao prelado uma carta comunicando a resolução em que estavam ela e o povo de deixar tudo no mesmo estado, até vir de el-rei a resolução que se lhe ia mandar pedir."

O prelado respondeu em termos desabridos, repreendendo a Câmara e marcando-lhe o prazo de três dias para revogar a resolução tomada. Caso não o fizesse, baixaria ele pena de excomunhão. Era a sua arma predileta, naqueles tempos de geral superstição. Machado de Assis transcreve o trecho final da carta de Almada, documento bastante curioso:

> Em todo o ano não há quem vá um domingo à matriz e agora lhes chegou este zelo. Leem-se as cartas de excomunhão às paredes, correm-se banhos, fazem-se as festas da Páscoa e Natal aos negros do vigário, e sobretudo está o santíssimo na igreja e tem a chave dela um secular tesoureiro da confraria que entra nela de dia e de noite, e nisto não se adverte. Tudo o que há na igreja matriz hei de mudar para baixo, e só o altar de S. Sebastião com o santo,

sua fábrica e confraria, e um sino, hei de deixar na matriz; para ter cuidado da igreja hei de pôr um ermitão.

O homenzinho era cabeçudo, brabo, mas a Câmara, apesar de tudo, entendeu de resistir. O governador, que não gostava de barulhos, fez-se mediador da contenda e conseguiu enfim que o prelado suspendesse a excomunhão até que chegasse ao Rio alguma resolução de el-rei.

Na carta que a Câmara dirigiu a Afonso VI mencionava-se um alvará régio em que fora ordenado aos prelados e a outros ministros que fossem morar no alto do morro. Mas nem uns nem outros cumpriram a ordem régia, o que forneceu ao poeta o motivo dos dois versos seguintes: "Para poupar às reverendas plantas / A subida da íngreme ladeira".

A seguir Machado de Asis transcreve trecho de uma carta do bispo d. Francisco, escrita quase meio século depois, em 1703, na qual se dá conta à rainha da complicada história da mudança da Sé. E aí para o poeta-historiador, nem lhe cabia mais, nos quadros do poema, tratar das complicações que sobrevieram posteriormente com as sucessivas transferências da Sé. Permitam-me uma rápida incursão pelos tortuosos caminhos de tais complicações.

*

Almada conseguiu transferir a pia batismal e o sacrário da igreja de S. Sebastião, no Castelo, para a antiga ermida de S. José, no mesmo lugar em que se construiria, mais tarde, o templo atual. Aí ficou instalada a Matriz da cidade até 1734, se bem que a imagem de S. Sebastião permanecesse no templo do morro. As complicações continuaram e nova mudança se fez para outra igreja, a da Cruz ou Cruz dos Militares, e dessa vez incluindo-se a imagem do padroeiro, que desceu do morro, em procissão realizada na noite de 23 de fevereiro de 1734. Três anos depois, nova transferência, agora para a igreja de N. S. do Rosário e S. Benedito, da irmandade de pretos, na antiga rua da Vala, hoje Uruguaiana, ali em frente à rua do Rosário. A irmandade do Rosário cedeu de muito má vontade, quase à força, e o mesmo ocorrera com a irmandade da Cruz. Ninguém desejava as honrarias de Catedral.

"O motivo destas oposições — escreve Joaquim Manuel de Macedo — era evidentemente a certeza de que, com o estabelecimento da catedral em qualquer igreja, ficava o cabido exercendo e gozando nela direitos e prerrogativas que amesquinhavam as irmandades proprietárias da casa."[10]

A irmandade do Rosário, não se conformando com a indesejável ocupação, queixou-se ao rei, e este, em provisão de 3 de outubro de 1739, dirigida ao bispo, mandou — "conservar interinamente a catedral e o cabido na igreja de N. S. do Rosário, enquanto se fazia nova Sé, para cuja obra de novo recomendou ao bispo que escolhesse sítio apto onde se executasse, sem ser na igreja dos pretos, por não ser decente que o mesmo prelado e o cabido estivessem celebrando os ofícios divinos em uma igreja emprestada e de mistura com os pretos"[11]. Mas essa interinidade durou nada menos de 69 anos, durante os quais a irmandade dos pretos sofreu o diabo.

Depois de 1808, quando a Catedral se instalou na igreja do Carmo, a malquista igreja do Rosário e do negro S. Benedito viveria entretanto os seus grandes dias, que foram dias propriamente políticos. Em seu consistório, funcionou, com efeito, por duas vezes, de 1808 a 1812 e de 1822 a 1825, o Senado da Câmara. Ali se desenrolaram grandes atos políticos, de que se originou o Fico, e que influíram enormemente para a Independência. Os patriotas de 1822, ao contrário dos padres do cabido, não desdenhavam a casa dos pretos.

*

O elemento romanesco do poema de Machado de Assis concentra-se na rivalidade de amor que a bela Margarida — filha do rico e ríspido

---

[10] Joaquim Manuel de Macedo, *Um passeio pela cidade do Rio de Janeiro*, edição revista anotada por Gastão Penalva (Rio de Janeiro, Zélio Valverde, 1942), p. 379.
[11] Idem.

negreiro — suscita entre o jovem Vasco, sobrinho do prelado, e o escrivão Freire, já nos quarenta anos de idade e no entanto preferido pela moça. Em mais de um episódio é essa rivalidade posta em relevo, principalmente no momento de encontro dos três personagens, em certo domingo de grandes festas na cidade. É um episódio meio dramático meio grotesco, bem à feição do gênero poético da narrativa. Mas aqui o que me interessa particularmente é salientar o que há nele em matéria de história e de costumes do tempo. O poeta, imaginação forrada de conhecimento histórico, recorda o que eram cavalhadas e argolinhas, divertimento público em que se misturavam cavalarias esportivas e folguedos populares:

> Ora, em certo domingo, houve luzida
> Festa de cavalhada e argolinhas,
> Com danças ao ar livre, e outros folgares,
> Recreios do bom tempo, infância d'arte,
> Que o progresso apagou, e nós trocamos
> Por brincos mais da nossa juventude
> E melhores de certo; tão ingênuos,
> Tão simples, não. Vão longe aquelas festas,
> Usos, costumes são que se perderam.
> Como se hão de perder os nossos de hoje
> Nesse rio caudal que tudo leva
> Impetuoso ao vasto mar dos séculos.

Eram festas de espavento, que alvorotavam o triste burgo colonial, e as desse domingo referido no poema levam o poeta a evocar as que se haviam realizado, vinte anos antes, em regozijo pela queda da dominação castelhana e consequente aclamação do novo rei português D. João IV... "...nos dias de solene festa / Da grande aclamação, de que ainda falam / Com saudade os muchachos de outro tempo / Varões agora de medida e peso..."

A nota relativa a este texto fornece-nos a justificação histórica da evocação, baseada no relato minucioso que das festas de 1641 fez um cronista anônimo. Trata-se da Relação comunicada ao Instituto Histórico por Varnhagen e reproduzida no volume V da respectiva *Revista*. Festas esplêndidas, comenta Machado de Assis, e que "duraram sete dias e constaram de alardo de tropas, touros, encamisada, canas, manilhas, máscaras e comédia". Machado transcreve em seguida um trecho da aludida Relação, a fim de dar uma ideia não só das festas mas também do estilo do narrador. Vale a pena reproduzir aqui a transcrição:

> Foi o princípio das festas uma encamisada que fizera mostra, alegrando todas as ruas da cidade 116 cavaleiros, com tanta competência, tão luzidamente lustrosos e tão lustrosamente custosos, que nem Milão foi avaro nem Itália deixou de ser prodigamente liberal... E para maior alegria se lhe agregaram dois carros, ornados de sedas e aparatos de ramos e flores, e tão prenhados de música, que em cada esquina de rua parecia que o coro do céu se havia humanado; ação do licenciado Jorge Fernandes da Fonseca, e obrada com seus filhos únicos nesta... e que merecem o louro, não só da invenção como do sonoro.

Não menos curioso, observa Machado de Assis, é o que nos conta o narrador acerca das luminárias que resplandeceram nas noites urbanas durante as festas da restauração, quando: "— se viu a cidade tão cheia de luminárias, que não fazendo falta o brilhante esplendor do planeta monarca e substituídas as estrelas nas janelas e ruas, formavam tantos cambiantes tornassóis no vário de invenções, que se enredava o pensamento nas luzes e se confundia no número, pois o limitado do lugar parece que se dilatava com elas nesta ocasião".

Informação e estilo curioso, mas não é só: aí aparece o narrador, com o seu olho barroco, a transmitir-nos, em meio a surradas vulgaridades, alguma outra imagem realmente fina e bonita, como essa de "que se enredava o pensamento nas luzes". E bem podemos hoje supor como deviam efetivamente regalar-se e maravilhar-se os olhos dos nossos antepassados com tamanhas luminárias numa aldeia que vivia nas trevas, com apenas uma ou outra lâmpada de azeite a bruxulear na escuridão noturna.

A esta ausência de iluminação, treva secular, referia-se o poeta, noutro momento do mesmo canto II: "Gás nem óleo / Os passos alumiava ao caminhante / Que não trouxesse a clássica lanterna".

Em chamada para as notas, o poeta Machado de Assis cede o passo ao historiador Machado de Assis: "A iluminação só começou no governo do conde de Resende, em 1790. Até então havia o recurso de trazer lanterna; a única iluminação eram as lâmpadas de azeite que de longe em longe alumiavam alguns oratórios postos nas esquinas".

Tudo certo, com exceção da data, que deve ser retificada. Está provado que a iluminação pública teve início em 1794 e não em 1790, como deixou dito Machado de Assis, certamente por insuficiência de dados ao tempo em que escreveu o seu poema e redigiu as notas apensas ao mesmo. O que não é de admirar, pois ainda em 1900 um conhecedor seguro da história da cidade, Noronha Santos, escrevia que "até os primeiros dias do vice-reinado do Conde de Resende, a cidade do Rio de Janeiro não possuía iluminação pública"[12]. Por outras palavras: o melhoramento ter-se-ia introduzido nos "primeiros dias" de 1790.

Investigações posteriores fornecem-nos indicações precisas sobre a matéria. O conde de Resende governou de 1790 a 1801, e a iluminação pública foi estabelecida em 1794, com a instalação de cem lampiões com candeeiros de azeite, distribuídos pelo perímetro urbano, que compreendia a área situada entre a rua Direita (1º de marco) e o Campo de Santana (praça da República). A cidade contava então uns 40 mil habitantes[13].

*

A *Revista Brasileira*, em seu número de 15 de outubro de 1879, publicou um fragmento de *O Almada*, sob o título "A assuada" e por sua vez com um fragmento ou uma adaptação do prefácio original. Também a revista *A Estação*, número de 15 de agosto de 1885, publicou algumas

---

[12] F. Agenor de Noronha Santos, *Apontamentos para o indicador do Distrito Federal* (Rio de Janeiro, Tip. do Instituto Profissional, 1900), p. 561-2.
[13] Um bom histórico da iluminação pública no Rio de Janeiro encontra-se no livro de C. J. Dunlop, *Subsídios para a história do Rio de Janeiro* (Rio de Janeiro, Rio Antigo, 1957).

estrofes do canto V, sob o título "Trecho de um poema inédito". No volume das *Poesias completas*, edição Garnier, 1901, incluiu Machado de Assis algumas das estrofes já saídas na *Revista Brasileira*, dando-lhes o título de "Velho fragmento", sem notas prefaciais nem históricas. O original completo da obra, poema, prefácio e notas, tudo copiado do manuscrito autógrafo pertencente à Academia Brasileira de Letras, apareceu primeiramente no volume *Outras relíquias*, coletânea póstuma de prosa e verso, edição Garnier, organizada presumivelmente por Mário de Alencar. O editor Jackson reproduziu o texto da edição Garnier, transferindo-o porém para o volume das *Poesias completas*.

No prefácio do fragmento publicado na *Revista Brasileira*, há um trecho que só parcialmente consta do prefácio original e que apresenta considerável interesse do ponto de vista da história do próprio poema. É o seguinte: "Tal é o episódio da nossa crônica fluminense (Lisboa, *Anais*, t. III), que me serviu de assunto a um poema, em oito cantos, escrito há alguns anos e até agora inédito. Sobre esse mesmo episódio escreveu Alencar um dos seus últimos romances, *O garatuja*"[14].

A frase final desse trecho levou Mário de Alencar a supor que Machado de Assis não se animou nunca a publicar o texto integral de *O Almada* porque isso seria repetir em verso o que José de Alencar fizera em prosa. A suposição é admissível, mas até certo ponto apenas. Compreende-se que o poeta não quisesse publicar o seu poema logo depois do romance de Alencar, ou ainda em vida deste último. Mas em 1879, quando saiu "A assuada", na *Revista Brasileira*, seis anos haviam decorrido da publicação de *O garatuja* e dois anos do falecimento do romancista: não havia motivo algum, de ordem literária ou moral, que desaconselhasse a edição na íntegra de *O Almada*. Cabe então supor que Machado de Assis, sustado o desejo inicial de lançamento do poema — e para publicá-lo havia escrito o prefácio e as notas —, foi deixando-o de lado, talvez insatisfeito com a sua realização. Em 1885, novo fragmento é dado a lume, na revista *A Estação*,

---

[14] José de Alencar, "O garatuja", *Revista Brasileira*, Rio de Janeiro, t. XI, p. 138, 1879.

e então menos plausível vem a ser a suposição formulada por Mário de Alencar. Dir-se-ia antes que o poeta, num e noutro caso, pensava sobretudo em submeter à crítica da letra de forma os fragmentos extraídos do corpo do poema. Esta suposição como que se confirma à vista da seleção final feita pelo próprio autor para a edição definitiva das *Poesias completas*, em 1901, onde reproduziu apenas parte, menos de metade, do fragmento divulgado em 1879.

Mas teria razão Machado de Assis? Creio que não. Sua autocrítica teria sido demasiado severa. *O Almada* possui inegáveis qualidades, que a meu ver não só não desmerecem como ainda acrescentam alguns elementos novos e diferentes ao conjunto da obra poética deixada pelo autor. Mário de Alencar, na advertência anteposta à coletânea de *Outras relíquias*, escreveu o seguinte:

> A crítica achará nesse poema, mais do que em nenhum outro escrito de Machado de Assis, a revelação das influências literárias que concorreram para formar ou preparar o seu belo e forte espírito; e, verificando certas feições de sinceridade juvenil e de humorismo cômico, não repetidos na obra do romancista e do poeta, achará também que seria injustificável perpetuar o inédito desta produção engraçada, curiosa e interessante por tantos títulos para os admiradores do grande escritor.[15]

Há nessas palavras evidente exagero quanto à sinceridade "juvenil" do poema, que foi composto provavelmente aos trinta e tantos anos; o resto, porém, está a exigir a atenção dos estudiosos, principalmente no que se refere ao problema das influências.

*

---

[15] Machado de Assis, *Outras relíquias* (Rio de Janeiro/Paris, Garnier, s.d.), p. VII. Mário Casassanta, cotejando os dois trabalhos, inclina suas preferências para *O garatuja*, e escreve que José de Alencar "fez do episódio uma obra-prima, se não a sua obra-prima, sabendo valer-se de uma conjunção de circunstâncias felizes que se lhe depararam: a idade, o repouso, o tema" (José de Alencar, *Alfarrábios*, prefácio de Mário Casassanta, 4. ed., Rio de Janeiro, José Olympio, 1957, p. 18).

Li agora *O garatuja*, e sou levado a concluir, muito simplesmente, que *O Almada*, enquanto poema herói-cômico, é obra de qualidade não inferior a *O garatuja*, enquanto romance histórico. Semelhante conclusão se fortalecerá se levarmos em conta o que representa cada uma das duas obras no conjunto da obra de cada autor, e também o que representam ambas na história da nossa literatura.

José de Alencar abre a sua narrativa, que chamava de "crônica dos tempos coloniais", com um "cavaco", à feição de prefácio, em que deixou dito o seguinte: "[...] se o leitor no folhear estas páginas, tiver tempo de pensar, e se deixe ir a cogitar na singularidade da revolução, que esteve para ensanguentar a heroica e pacata cidade de São Sebastião, lembre-se da magna questão do martelinho, que por pouco não perturbou a paz maçônica, da mesma forma que outrora o hissope na igreja de Elvas"[16].

Lembrando *O hissope* de Diniz, o autor de *O garatuja* como que reconhece que o episódio histórico por ele romanceado se prestaria melhor a um poema herói-cômico segundo o modelo do famoso poema português. Precisamente o que já emprendera Machado de Assis. Compreendera — e realizara. E isto é tanto mais de se notar quanto é o próprio Machado quem no seu prefácio nos diz que tomou como um dos seus modelos justamente a obra de Diniz. Eis as suas palavras, que explicam muita coisa:

> Agora direi que não é sem acanhamento que publico este livro. Do gênero dele há principalmente duas composições célebres que me serviram de modelo, mas que são verdadeiramente inimitáveis, o *Lutrin* e o *Hissope*. Um pouco de ambição me levou, contudo, a meter mãos à obra e perseverar nela. Não foi a de competir com Diniz e Boileau; tão presunçoso não sou eu. Foi a ambição de dar às letras pátrias um primeiro ensaio neste gênero difícil. Primeiro, digo, porque os raros escritos que com a mesma designação se conhecem são apenas sátiras de ocasião, sem nenhumas intenções literárias. As deste são exclusivamente literárias.[17]

---

[16] José de Alencar, *O garatuja* (4. ed., São Paulo, Melhoramentos, s.d.), p. 7.
[17] Machado de Assis, *Poesias completas*, v. XVIII, cit., p. 403-4.

Ora, o *Hissope* e o *Lutrin* serviram-lhe de modelo apenas quanto à forma de composição do poema; o motivo ele foi buscá-lo em crônica dos tempos coloniais, a mesma em que também se abeberou José de Alencar. Tudo indica, todavia, que tanto José de Alencar quanto Machado de Assis buscaram na crônica do século XVII menos o motivo real do que o disfarce de que necessitavam para mascarar a sátira de circunstância, que incidia veladamente sobre a briga de bispos e maçons, que produziu a chamada questão religiosa e tão ruidosamente agitou a política do Império pelos anos 72 a 75.

*

Referindo-se ao engavetamento de *O Almada*, entende R. Magalhães Júnior[18] que a publicação do romance de Alencar levou Machado não só a guardar inédito o poema como ainda a abandoná-lo inacabado. Quanto a este último ponto, creio que falece razão a Magalhães Júnior. Conforme se vê no prefácio com que antecedeu o fragmento publicado na *Revista do Brasil* de 1879, e que é com pouca diferença o mesmo prefácio escrito antes para a publicação integral do poema, informava Machado de Assis, taxativamente, que se trata de um poema em "oito cantos", sem a menor palavra que deixasse margem a qualquer dúvida. São precisamente os "oito cantos" publicados primeiramente no volume *Outras relíquias*, de acordo com o manuscrito em poder da Academia Brasileira. As faltas e interrupções assinaladas nas edições Garnier e Jackson correspondem a folhas perdidas do manuscrito, e não é crível que o poeta deixasse inconclusos versos e estâncias no meio da composição. Aliás, na última folha do manuscrito da Academia, embaixo do último verso da última estância do poema está dito por mão do próprio autor "Fim do poema".

---

[18] Cf. Raimundo Magalhães Júnior, *Ao redor de Machado de Assis* (Rio de Janeiro, Civilização Brasileira, 1958), p. 133-42.

Mas há também no manuscrito e disto me informou obsequiosamente R. Magalhães Júnior, inclusive facilitando-me o acesso aos arquivos acadêmicos — algumas notas explicativas que não foram reproduzidas em nenhuma das edições existentes do poema. Uma dessas notas, como se verá adiante, relaciona-se com alguns versos do Canto VII, e é difícil imaginar por que foi deixada de lado; as demais referem-se a versos de contexto extraviado, e é compreensível que não tenham sido aproveitadas. Citarei a primeira e duas das outras, que são aquelas que mais de perto nos interessam aqui, visto tratarem de coisas e costumes cariocas do tempo. E como são inéditas, reproduzo-as na íntegra, a seguir, conforme constam do manuscrito da Academia Brasileira.

*

Eis os versos (Canto VII, estância XIII) a que se refere a primeira das notas em questão:

> ....este colégio
> Alvo há sido também das frechas suas
> No conflito dos mangues, a que o povo
> Quer ter antigo jus, e que de há muito
> Pertencem claramente à companhia.[19]

São palavras do reitor dos jesuítas, em colóquio secreto com o prelado, que busca o apoio daquele na luta contra os inimigos. Machado de Assis esclarece a passagem: "Não coube a Manuel de Sousa Almada o ato da excomunhão, [palavra ilegível], como ele promete na estância XIV deste canto, mas ao prelado Dr. Francisco da Silveira Dias, em 1677, sendo reitor do colégio, não o padre Antônio Forti, mas o padre Barnabé Soares"[20].

---

[19] Machado de Assis, *Poesias completas*, v. XVIII, cit., p. 482.
[20] O padre Antônio Forti foi reitor do Colégio da Companhia em 1659. Em 1677 era reitor o padre Manuel André. O padre Barnabé Soares ocupava o cargo em 1679; mas é possível que tivesse substituído M. André ainda em 1677. Cf. Serafim Soares Leite, *História da Companhia de Jesus no Brasil* (Rio de Janeiro, Instituto Nacional do Livro, 1943), v. VI, p. 9-10 e v. VII, p. 59.

O povo estava de há muito no gozo de tirar dos mangues o marisco para seu sustento e a lenha e madeira para as suas casas. O colégio tentou subitamente impedi-lo, alegando que os mangues lhe pertenciam, e a câmara sustentava a causa do povo; interveio então a espada espiritual, que cortou o nó górdio. O rei entretanto deu razão ao povo e à câmara.

Lisboa, nos *Anais*, tomo IV, explica desta curiosa maneira a pretensão do colégio:

> Expôs (a câmara) que por antiga tradição era constante que os Padres da Companhia tinham pedido de sesmaria o que se compreendia desde a Barra do Rio, que tomou o nome de Macacu, para dentro por ele acima; e que sendo-lhe concedido, requereram e opuseram que se tinham enganado no que haviam pedido, por serem alagadiças as terras da sesmaria que se cobriam de água na enchente, sendo por isso estéreis e infecundas para a lavoura, a fim de serem reintegrados, começando as suas terras donde acabassem os mangues rio acima, outra tanta terra: o que sendo-lhes permitido eles ficariam com ambas as datas não colhendo ao princípio o uso comum dos mangues [...].[21]

*

"Da mal tecida rótula de palha..." Este verso é mencionado no manuscrito como pertencendo ao canto VIII; mas não figura no texto — nem manuscrito nem impresso. Para explicá-lo, Machado de Assis limita-se a transcrever a seguinte nota de Pizarro:

> As rótulas das janelas, e portadas das casas inferiores, eram tecidas de palhas; e essas gelosias chamadas peneiras ou grupemas [sic], que se dependuravam no amanhecer, desapareciam com a noite.[22]

---

[21] Cf. *Anais do Rio de Janeiro* (Rio de Janeiro, Seignot-Plancher, 1835), t. IV, p. 277-8. Sobre a "questão dos mangues", cf. V. Coaracy, *O Rio de Janeiro no século 17*, cit., p. 187-8.

[22] Machado cita a fonte: José de Souza Azevedo Pizarro e Araújo, *Memórias*, t. V (Rio de Janeiro, Imprensa Régia, 1822), p. 200. Cf. reedição do Instituto Nacional do Livro, Rio de Janeiro, 1946, t. V, p. 320.

> Curta saia de seda, alva cambraia,
> Que mal encobre o luzidio colo,
> Em africanas servas ....

Versos do canto VIII. Não constam do texto manuscrito. Eis a nota de esclarecimento: "O luxo das escravas era tal naquele século, que por carta régia de 20 de fevereiro de 1696 se ordenou fosse proibido às escravas 'usarem de vestidos de seda ou vestirem-se de cambrainha ou mantas com rendas ou sem elas para nenhum uso, nem também de guarnições de ouro ou prata nos vestidos'".

A principal fonte de informação a que recorre o poeta são sempre os Anais de Baltasar Lisboa.[23]

Mas esse negócio de "luxo das escravas" aguçou-nos a curiosidade. A nota de Machado de Assis era insuficiente. Fomos por nossa vez aos *Anais* e ali encontramos o bom Baltasar também indignado com tamanho "escândalo". Havia mesmo escravas que andavam no luxo, tanto ou mais que as sinhás e iaiás. Ora, semelhante luxo resultava, nada mais nada menos, segundo o cronista, do fato de os ricos e luxuriosos senhores costumarem levantar "altares a Vênus vaga".

Vênus vaga, negra e escrava — eis uma completa subversão da mitologia. Mas fica tudo explicado.

---

[23] Eis o texto da carta régia transcrito por B. Lisboa: "Sendo-me presente o demasiado luxo de que usam no vestuário as escravas desse Estado, e devendo evitar-se este excesso, e o ruim exemplo de que dele se pode seguir à modéstia e compostura das senhoras das mesmas escravas e suas famílias, e outros prejuízos igualmente graves: Fui servido resolver que as escravas de todo esse Estado do Brasil, em nenhuma das Capitanias dele possam usar de vestido de seda, nem se sirvam de cambrainha ou mantas com rendas ou sem elas para nenhum uso, nem também de guarnição de ouro ou prata nos vestidos" (*Anais do Rio de Janeiro*, cit., t. V, p. 139).

PENSAMENTO DIALÉTICO E MATERIALISTA

O uso da metáfora para definir certos estados de alma das criaturas que vivem nos contos e romances de Machado de Assis — eis uma constante nos seus processos de composição. Combinando com arte suprema o invisível e o visível, o imaterial e o material, o ficcionista traduz em imagens concretas o jogo escondido do pensamento ou do sentimento que germina e se desenvolve no íntimo dos seus personagens. Por exemplo, quando atribui aos olhos a sutil faculdade de palpar o impalpável ou tocar fisicamente aquilo que a imaginação quer tocar, palpar, afagar ou comer, beber, lamber.

Veja-se, logo no início do primeiro capítulo de *Iaiá Garcia*, como o romancista descreve o momento em que o escravo Raimundo recebe de Luís Garcia a carta que o alforriava: "Raimundo parecia feito expressamente para servir Luís Garcia. Era um preto de cinquenta anos, estatura mediana, forte, apesar de seus largos dias, um tipo de africano, submisso e dedicado. Era escravo e livre"[1].

Este contraste de condição social — escravo e livre — é resolvido sentimentalmente pela maneira descrita a seguir:

> Quando Luís Garcia o herdou de seu pai [...] deu-lhe logo carta de liberdade. Raimundo, nove anos mais velho que o senhor, carregara-o ao colo e amava-o como se fora seu filho. Vendo-se livre, pareceu-lhe que era um modo de o expelir de casa e sentiu um impulso atrevido e generoso. Fez um gesto para rasgar a carta de alforria, mas arrependeu-se a tempo. Luís Garcia viu só a generosidade, não o atrevimento; palpou o afeto do escravo, sentiu-lhe o coração todo.[2]

---

[1] Machado de Assis, *Iaiá Garcia*, v. IV, cit., p. 8.
[2] Idem.

A trama do episódio é magistralmente armada e conduzida até o momento psicológico em que o "afeto" de Raimundo é "palpado", concretamente, pelos olhos de Luís Garcia.

No *Dom Casmurro* há um diálogo entre prima Justina e Bentinho, em que os olhos dela, espreitando e devassando cada palavra do rapaz, não se limitam a apalpá-lo, mas exercem simultaneamente todos os sentidos. Ele não percebeu nada enquanto conversavam. Horas mais tarde, ao reconstituir o diálogo, é que sentiu as forças secretas que havia no olhar da interlocutora: "Só então senti que os olhos de prima Justina, quando eu falava, pareciam apalpar-me, ouvir-me, cheirar-me, gostar-me, fazer o ofício de todos os sentidos"[3]. E só muitos anos depois é que o memorialista pôde formular a suposição de que prima Justina buscava — "no espetáculo das sensações alheias uma ressurreição vaga das próprias"[4]. Buscava com os olhos e nessa busca os olhos apalpavam, ouviam, cheiravam, gostavam.

Mas é sobretudo à vista de dinheiro, moedas de ouro, carteira recheada de notas, uma simples nota, quando os olhos das criaturas machadianas exercem plenamente o seu ofício introspectivo. No conto "O empréstimo", a alma do pedinte Custódio é assim desnudada pelo contista no momento em que vê a carteira do tabelião Vaz Nunes: "Ó! a carteira! Custódio viu esse utensílio problemático, apalpou-o com os olhos; invejou a alpaca, invejou a casimira, quis ser algibeira, quis ser o couro, a matéria mesma do precioso receptáculo"[5].

Mais característico ainda é o que se passa em duas passagens do conto "Anedota pecuniária". O avarento Falcão pega uma nota de 5 mil réis, que não era dele, queda-se a admirá-la, embevecido, e depois dobra-a vagarosamente — "sem tirar-lhe os olhos de cima" —, devolve-a e exclama, "com a maior candura do mundo: — Dinheiro, mesmo quando não é da gente, faz gosto ver"[6].

---

[3] Idem, *Dom Casmurro*, v. VII, cit., p. 73.
[4] Idem.
[5] Idem, *Papéis avulsos*, v. XII, cit., p. 240-1.
[6] Idem, *Histórias sem data*, v. XIII, cit., p. 185.

O contista continua a dissecar as entranhas do avarento: "Era assim que ele amava o dinheiro, até à contemplação desinteressada. Que outro motivo podia levá-lo a parar, diante das vitrinas dos cambistas, cinco, dez, quinze minutos, lambendo com os olhos os montes de libras e francos, tão arrumadinhos e amarelos?"[7].

Mais adiante, esta cena entre Falcão e Reginaldo, que acabava de chegar dos Estados Unidos: "Reginaldo tirou do bolso do colete um dólar e mostrou-lhe. Falcão, antes de lhe pôr a mão, agarrou-o com os olhos"[8].

Em outro conto, "O escrivão Coimbra", o velho oficial de justiça, viciado na loteria, compra um bilhete de quinhentos contos. O contista vira pelo avesso a alma do pobre homem, torturado de esperanças, a sonhar acordado com a dinheirama prometida pelo bilhete: "Quinhentos contos! Tais coisas viu neste algarismo que fechou os olhos deslumbrados. O ar, como um eco, repetiu: Quinhentos contos! E as mãos apalparam a mesma quantia"[9]. Aqui são as mãos que apalpam a quantia vislumbrada pela imaginação, mas eram mãos que operavam em função dos olhos fechados. O movimento psicológico é semelhante.

No diálogo "Entre santos", s. Francisco de Sales conta o caso do usurário Sales, seu devoto homônimo. A mulher de cama, com erisipela na perna esquerda, piorando dia a dia, Sales apela para o santo da sua particular devoção. Reza, implora, bate no peito, promete-lhe uma perna de cera. Que lhe salvasse a pobre doente! S. Francisco de Sales ouvia-lhe as preces e via-lhe a alma por dentro, alma de usurário, roída de pena e medo de perder a companheira, e ao mesmo tempo roída de outras penas e outros medos. A certa altura da narrativa do santo lê-se esta passagem:

---

[7] Idem. Em *O alienista*, o dr. Bacamarte leva a mulher a ver a arca onde guardava a sua opulência em cruzados e dobrões de ouro, e D. Evarista "Comia o ouro com os olhos negros" (Idem, *Papéis avulsos*, v. XII, cit., p. 25).

[8] Ibidem, p. 196.

[9] Idem, *Relíquias da casa velha*, primeiro volume, v. XVI, cit., p. 254.

No ar, diante dos olhos, recortava-se-lhe a perna de cera, e logo a moeda que ela havia de custar. A perna desapareceu, mas ficou a moeda, redonda, luzidia, amarela, ouro puro, completamente ouro, melhor que o dos castiçais do meu altar, apenas dourados. Para onde quer que virasse os olhos, via a moeda, girando, girando, girando. E os olhos a apalpavam, de longe, e transmitiam-lhe a sensação fria do metal e até a do relevo do cunho.[10]

Pode-se dizer que os olhos são o instrumento predileto, que Machado de Assis utiliza largamente no seu ofício de psicólogo, ocupado acima de tudo em devassar as intimidades secretas da alma alheia. E aí a sua virtuosidade de expressão atinge o mais alto grau de potência persuasiva como realização artística. Aos exemplos mencionados podemos acrescentar algumas variantes, em que os olhos funcionam de fora para dentro.

Em certo momento de um diálogo dramático entre Estela e Iaiá Garcia, enquanto esta última fala e fala, a justificar-se do seu comportamento inamistoso, aquela ouve tudo em silêncio, um silêncio carregado de dúvidas. "Luzia-lhe nos olhos — esclarece o narrador — "alguma coisa que espreitava a alma da outra por baixo das pálpebras descidas"[11]. Mais adiante, em meio a outro diálogo, os papéis se invertem — "Iaiá Garcia, aproveitando um instante de pausa, acende os olhos sobre Estela: Iaiá não tirou os olhos da madrasta. Essas duas lâmpadas buscavam examinar-lhe, no momento supremo, todos os recantos da consciência e todos os atalhos do passado"[12]. Ora, Machado de Assis não fazia outra coisa senão isso, precisamente — os olhos, abertos ou dissimulados, a espreitarem a alma de quem lhe caía debaixo da mira. Era o prévio trabalho de análise e seleção dos personagens que viria a transpor para os seus contos e romances. Depois, com requintes de criador todo-poderoso, incumbia as suas próprias criaturas de se espreitarem umas às outras.

---

[10] Idem, *Várias histórias*, v. XIV, cit., p. 38.
[11] Idem, *Iaiá Garcia*, v. IV, cit., p. 211.
[12] Ibidem, p. 274.

Ainda em Iaiá Garcia encontramos outra aplicação magistral do processo, numa cena em que Iaiá, interpretando palavras do pai, "adivinha" certo desvão escondido no passado da madrasta: com os olhos cravados em Estela — "Iaiá olhou a princípio com curiosidade, depois com espanto, até que os olhos luziram de sagacidade e penetração. O estilete que eles escondiam desdobrou a ponta aguda e fina, e estendeu-a até ir ao fundo da consciência de Estela. Era um olhar intenso, aquilino, profundo, que palpava o coração da outra, ouvia o sangue correr-lhe nas veias e penetrava no cérebro salteado de pensamentos vagos, turvos, sem ligação"[13]. É uma cena conduzida com certa lentidão, graduada meticulosamente, até alcançar o seu objetivo psicológico fundamental, que era muito menos o de suscitar o pressentimento de um possível amor pecaminoso de Estela do que o de produzir na jovem Iaiá o desabrochamento do espírito suspicaz, malicioso, agressivo, próprio de mulher adulta. Iaiá, diz-nos o narrador, não conhecia as vicissitudes do coração, nem tinha ideia do mal: "Jardim fechado, como a esposa do Cântico, viu subitamente rasgar-se-lhe uma porta, e esses dez minutos foram a sua puberdade moral. A criança acabara; principiava a mulher"[14].

O drama em Iaiá Garcia está ainda impregnado de vestígios românticos, mas o romancista luta por libertar-se deles, e nesta luta o "olho inexorável" do psicólogo, a que se refere Olívio Montenegro[15], desempenha um papel decisivo. Era um olho realista de nascença. No *Brás Cubas*, o romancista, já definitivamente liberto, amplia e aprofunda os seus métodos, e chega a divertir-se com a aplicação dos olhos em ousadas metáforas. Veja-se o trecho seguinte, colhido no capítulo CXVI: "A partida de Virgília deu-me uma amostra da viuvez. Nos primeiros dias meti-me em casa, a fisgar moças, como Domiciano, se não mente o Suetônio, mas a fisgá-las

---

[13] Ibidem, p. 154-5.
[14] Ibidem, p. 155.
[15] Olívio Montenegro, *O romance brasileiro* (Rio de Janeiro, José Olympio, 1938), p. 115-6.

de um modo particular: com os olhos. Fisgava-as uma a uma, no fundo de uma sala grande, estirado na rede, com um livro aberto entre as mãos"[16].

No Esaú e Jacó há uma página de extraordinária beleza e não menos extraordinária finura psicológica, na qual os olhos insones de Flora entressonham uma incursão apaixonada pelos olhos adentro de Paulo, e aí descobrem perturbadoras delícias:

> Inclinou-se, para vê-lo de mais perto, e não perdeu o tempo nem a intenção. Visto assim, era mais belo que simplesmente conversando das coisas vulgares e passageiras. Enfiou os olhos nos olhos, e achou-se dentro da alma do rapaz. O que lá viu não soube dizê-lo bem; foi tudo tão novo e radiante que a pobre retina de moça não podia fitar nada com segurança nem continuidade. As ideias faiscavam como saindo de um fogareiro à força de abano, as sensações batiam-se em duelo, as reminiscências subiam frescas, algumas saudades, e ambições principalmente, umas ambições de asas largas, que faziam vento só com agitá-las. Sobre toda essa mescla e confusão chovia ternura, muita ternura [...][17]

Também o conselheiro Aires teve um delírio semelhante, quando, em preguiçosos restos de sono, uma bela manhã, sonhou que Fidélia o fora visitar: "Peguei-lhe nas mãos, e enfiamos os olhos um no outro, os meus a tal ponto que lhe rasgaram a testa, a nuca, o dorso do canapé, a parede e foram pousar no rosto do meu criado, única pessoa existente no quarto, onde eu estava na cama"[18].

Os olhos sexagenários de Aires não podiam render mais, mesmo em sonho; mas ainda assim exerceram cabalmente o ofício que a metáfora lhes inculcava, convertendo-se num par de puas endoidecidas por imprevista vertigem amorosa, e que só pararam de encontro à banalíssima realidade acordada que era o rosto do criado.

---

[16] Machado de Assis, *Memórias póstumas de Brás Cubas*, v. V, cit., p. 320.
[17] Idem, *Esaú e Jacó*, v. VIII, cit., p. 306.
[18] Idem, *Memorial de Aires*, v. IX, cit., p. 70.

A perspicácia popular empresta aos olhos a faculdade de refletir a alma: os olhos são o espelho da alma. Espelho, material refletindo o imaterial — porque o imaterial só por si, sem algum amparo de natureza material, ainda que por via reflexa, é coisa inimaginável, que escapa ao entendimento comum, formado ao toque de sensações tangíveis, de base materialista. Machado de Assis, genial caçador e dissecador de almas, não se contenta porém com o contemplá-las no espelho — ele faz desse espelho precisamente o seu agudo aparelho de prospecção e descobrimentos psicológicos. Mais ainda: para revelar o resultado do seu trabalho, ou seja, para revelar os movimentos, que se desenvolvem no íntimo das criaturas captadas da realidade e recondicionadas na ficção, o romancista lança mão outrossim de processo igualmente material, fazendo da metáfora o meio de tornar concreto, visível, palpável, o que é abstrato, invisível, impalpável. Processo que em verdade não é apenas material, simplesmente material, porém, mais que isso, essencialmente materialista[19].

Nem se pense que Machado de Assis fazia uma aplicação meramente intuitiva, "inconsciente", desse processo. Nada disso. Ele chegou mesmo a examinar teoricamente o problema, como se pode ver no seguinte passo do *Quincas Borba*: "Quem conhece o solo e o subsolo da vida, sabe muito bem que um trecho de muro, um banco, um tapete, um guarda-chuva, são ricos de ideias ou de sentimentos, quando nós também o somos, e que as reflexões de parceria entre os homens e as coisas compõem um dos mais interessantes fenômenos da terra"[20].

Eis aí uma concepção puramente materialista — e dialética — do processo de sincronização e interpenetração que se opera no jogo dialogal

---

[19] Processo de natureza idêntica, mas sem o emprego dos olhos, utilizado para exprimir movimento de uma ideia ou sensação mediante imagens materiais, pode ser apontado numerosamente nos livros de ficção e de comentário jornalístico de Machado. Eis uma amostra típica: "Vieira ficou alguns instantes sem dizer nada; depois começou a mexer com a corrente do relógio, afinal acendeu um charuto. Estes três gestos correspondiam a três momentos do espírito" ("O caso do Romualdo", conto incluído nas *Relíquias da casa velha*, primeiro volume, v. XVI, cit., p. 268).

[20] Idem, *Quincas Borba*, v. VI, cit., p. 307-8.

entre homens e coisas. Lembremos, por outro lado, que em numerosas páginas de Machado de Assis é repetida a expressão "ruminar" como equivalente de "pensar", emprestando-se assim à função de pensar um sentido material que redunda em sentido materialista.

Calcídio, filósofo do século IV, atribuía a Heráclito de Éfeso uma descrição teórica do mecanismo da percepção ocular, segundo a qual o movimento íntimo, que reflete a tensão ou a atenção da alma, se prolonga pelos olhos e assim alcança e apalpa os objetos visíveis[21]. Não há, entre os fragmentos conhecidos de Heráclito, nenhuma indicação autêntica sobre a matéria, o que leva a pôr-se em dúvida a autoria que lhe foi atribuída.

Entretanto, fosse ou não fosse formulada pelo próprio Heráclito, o que me parece é que semelhante teoria se ajusta perfeitamente à linha dialética e materialista do pensamento heraclitiano. Ela se ajusta igualmente ao emprego da metáfora, tão frequente em Machado de Assis, em que os olhos, obedecendo a certos movimentos psicológicos dos seus personagens, se prolongam no espaço e tocam "fisicamente" o objeto visível ou mesmo imaginado, como vimos nos vários exemplos citados anteriormente.

Ao ler pela primeira vez o comentário de Calcídio, logo me acudiram à memória algumas das cenas descritas pelo nosso romancista, com olhos tocando, apalpando, pegando coisas que viam, desejavam ou imaginavam. Nem era difícil estabelecer concordância entre a teoria atribuída a Heráclito e as metáforas usadas por Machado de Assis.

Os franceses empregam a expressão *lèche-vitrine*, lambe-vitrina, justamente para definir o indivíduo que para embevecido em frente a uma vitrina cheia de moedas, ou joias, ou coisas parecidas — tal o caso, sem tirar nem pôr, do avarento Falcão, do conto "Anedota pecuniária". Nada demais que essa expressão francesa fosse conhecida pelo autor brasileiro. Pode ser também que expressão idêntica exista noutras línguas e até mesmo em português de Portugal — coisa que não posso averiguar por agora.

---

[21] Cf. Maurice Solovine, *Héraclite d'Ephèse* (Paris, Alcan, 1931), p. 89, em nota.

Seja como for, permanece de pé a concordância entre a teoria grega e a prática brasileira.

Não direi propriamente que se trata de uma "aplicação" deliberada da teoria à prática literária, mas não há dúvida que a maneira machadiana de exprimir certos momentos e movimentos psicológicos, como nos casos aqui citados, constitui admirável exemplo de realização artística da teoria em questão.

*

Machado de Assis, homem de muitas leituras, manuseava com frequência os mestres do pensamento antigo e moderno, neles buscando ensinamentos ou respostas às suas dúvidas. Compreende-se então por que podemos perceber certo parentesco ideológico entre a filosofia da vida, de que a sua obra se acha impregnada, e o pensamento dos materialistas e dialéticos gregos, entre os quais se destaca precisamente Heráclito de Éfeso. Muito pensamento, muito aforismo, muito conceito é possível assinalar nas páginas machadianas — tanto na prosa como na poesia, tanto na ficção como na crítica e na crônica — com semelhante raiz filosófica. Citarei alguns exemplos, que me parecem característicos, tomados do *Esaú e Jacó*.

Veja-se o capítulo XXXVI deste romance, cujo título — "A discórdia não é tão feia como se pinta" — se repete na frase inicial do texto, sem o "tão": "A discórdia não é feia como se pinta, meu amigo. Nem feia nem estéril. Conta só os livros que tem produzido, desde Homero [...]"[22].

Já a referência a Homero leva-nos à Grécia antiga. Mas a palavra "discórdia" leva-nos diretamente aos filósofos pré-socráticos, principalmente Heráclito e Empédocles. Empédocles faz da Discórdia (ou ódio) e da Amizade (ou Amor) os dois princípios, um externo e outro interno, da sua teoria do Uno e do Múltiplo. Heráclito, por sua vez, coloca a "discórdia" e

---

[22] Machado de Assis, *Esaú e Jacó*, v. VIII, cit., p. 132.

a "necessidade" na base de todos os acontecimentos. E é ainda Heráclito que critica o verso de Homero — "Possa a discórdia extinguir-se entre os deuses e os homens" — dizendo que, sem a discórdia, isto é, sem o conflito, sem a luta dos contrários, a própria vida é que se extinguiria. O filósofo de Éfeso exprime esse mesmo pensamento em mais de uma formulação, por exemplo: "Os contrários entram em acordo, de sons diversos resulta a mais bela harmonia, e tudo é engendrado pela luta"[23].

Noutra passagem do *Esaú e Jacó* há a seguinte fala do conselheiro Aires: — "Não importa; não esqueçamos o que dizia um antigo, que a guerra é a mãe de todas as coisas. Na minha opinião, Empédocles, referindo-se à guerra, não o faz só no sentido técnico [...]"[24].

Esta observação final é inteiramente justa e conforme o espírito do conceito filosófico citado entre aspas. Trata-se, com efeito, de "guerra" no sentido mais lato e universal de "luta", "conflito", "contradição". Creio porém que Machado de Assis equivocou-se ao atribuir a frase a Empédocles; ela pertence antes a Heráclito, que deixou dito, segundo a versão de Maurice Solovine (fragmento 52): "O combate é o pai de todas as coisas, o rei de tudo"[25]. A diferença de "mãe", na versão de Machado (e de outros), para "pai", na versão de Solovine (e de outros), liga-se evidentemente ao termo inicial — "guerra" no primeiro caso, "conflito" no segundo.

Apontarei ainda um conceito de *dom Casmurro*, referindo-se a Escobar, seu condiscípulo, no Seminário: "[...] o homem não é sempre o mesmo em todos os instantes"[26].

Conceito rigorosamente heraclitiano — e dialético. Eis um veio a ser melhor explorado em Machado de Assis, o do seu parentesco espiritual

---

[23] Maurice Solovine, *Héraclite d'Ephèse*, cit., p. 44 (frag. 7).
[24] Machado de Assis, *Esaú e Jacó*, v. VIII, cit., p. 61.
[25] Maurice Solovine, *Héraclite d'Ephèse*, cit., p. 58.
[26] Machado de Assis, *Dom Casmurro*, v. VII, cit., p. 280. Essa mudança permanente, produzida por ação do tempo, não se faz sentir somente na substância física do homem, mas igualmente na sua substância moral: "O tempo, esse químico invisível, dissolve, compõe, extrai e transforma todas as substâncias morais [...]" (*Iaiá Garcia*, v. IV, cit., p. 18).

com Heráclito (e os materialistas e dialéticos gregos em geral) — talvez parentesco por afinidade e não de sangue, mas, em todo caso, parentesco. E não é só parentesco no domínio das ideias, mas também de temperamento e de certos modos e métodos de expressão, sobretudo em relação a Heráclito.

Teofrasto dizia que Heráclito possuía um temperamento de homem inspirado, isolado e melancólico. Não é esse também um traço marcante no temperamento de Machado de Assis? E Léon Robin, moderno historiador do pensamento grego, via na obra de Heráclito "uma coleção de aforismos em prosa, cuja língua imaginosa e rica em antíteses, não raro ambígua [...]"[27]. Muito do melhor, Machado de Assis pode ser também definido assim.

*

Não estou pensando em puxar a brasa para a minha sardinha, arbitrariamente, ao demorar a atenção sobre as influências materialistas e dialéticas na formação espiritual de Machado de Assis. Ele não era um filósofo profissional, um pensador propriamente dito, mas um escritor, um artista, que abeberou o seu espírito em fontes variadas do pensamento antigo e moderno, assimilando de umas e outras aquilo que melhor condizia com a sua própria maneira de ser, de viver e de conviver. Eis por que me parece importante — se queremos penetrar a fundo na sua obra — mostrar que o pensamento materialista e dialético, que data da aurora da filosofia grega, constitui certamente uma dessas fontes — e não a menos fecunda.

Não foi Machado de Assis — nem podia ser, nas condições brasileiras do seu tempo — o que se chama hoje um materialista consequente, e muito

---

[27] Léon Robin, *La pensée grecque et les origines de l'esprit scientifique* (Paris, La Renaissance du Livre, 1932), p. 86. Relativamente às raízes materialistas do pensamento machadiano, ver o ensaio de Otto Maria Carpeaux, "Uma fonte filosófica de Machado de Assis" (*Letras e Artes*, n. 80, 4 abr. 1948), em que o crítico aproxima Leopardi e Machado, ambos dessedentados nas mesmas fontes materialistas da filosofia grega antiga.

menos um materialista dialético, de filiação ou parentesco marxista. Há boas razões para supor que não conhecia Marx e Engels, nem sequer de simples leitura. Mas o fio essencial do seu pensamento é materialista, e seu processo de pensar e de exprimir-se é um processo dialético. O estudo e a experiência o levaram a uma concepção materialista da vida, se bem que nem sempre coerente e consequente em sua expressão; já o processo dialético era nele coisa a bem dizer do berço, instintiva, congênita.

Creio que não será muito difícil determinar que o pensamento materialista se acentua em sua obra com o correr dos anos. É um pensamento que se enraíza no mais íntimo do seu ser e que se define claramente na maturidade, sem embargo de manifestações e opiniões de superfície. Os resíduos de idealismo religioso, que ainda revela, ou a que se refere convencionalmente, não vão além de — "uma vaga religiosidade, provavelmente um deísmo ineficaz", conforme observa Barreto Filho[28]. Pelo contrário, seu pensamento materialista se exprime algumas vezes em formulações de admirável nitidez, quer pela exatidão dos termos, quer pela profundidade do conteúdo filosófico. Um exemplo, entre outros, colhido em crônica de 22 de novembro de 1896: "Nós não temos outra prova do mundo que nos cerca senão a que resulta do reflexo dele em nós: é a filosofia verdadeira"[29].

Nenhum materialista antigo ou moderno recusaria assinar essa formulação machadiana.

Refere Lúcia Miguel Pereira, em seu estudo crítico e biográfico, que Machado de Assis, já no fim da vida, "acusado de materialista" por um amigo, retrucou-lhe vivamente: "— Materialista, eu? Absolutamente"[30].

Semelhante negativa não invalida o que se disse aqui — aliás repetindo o que outros já disseram — acerca das raízes materialistas do pensamento machadiano.

---

[28] Barreto Filho, *Introdução a Machado de Assis* (Rio de Janeiro, Agir, 1947), p. 175.
[29] Machado de Assis, *A semana (1895-1900)*, v. XXVIII, cit., p. 339.
[30] Lúcia Miguel Pereira, *Machado de Assis* (5. ed., Rio de Janeiro, José Olympio, 1955), p. 85.

Já vimos que ele não era um materialista acabado e consequente. Não era, nem podia ser, dadas as condições sociais do meio em que viveu e trabalhou. Nem é possível apontar, entre os escritores brasileiros do seu tempo, inclusive aqueles que mais de perto lidavam com os problemas filosóficos, algum que houvesse chegado a posições materialistas isentas de vacilações e incongruências. Veja-se, por exemplo, Sílvio Romero, crítico e professor de filosofia, seguramente o mais combativo e avançado de todos: sem grande esforço podemos verificar em suas obras numerosas confusões e inconsequências no concernente ao problema fundamental da delimitação e oposição entre materialismo e idealismo. A mesma coisa se pode verificar nos positivistas, ortodoxos ou dissidentes. Isto posto, não é de admirar que Machado de Assis tivesse retrucado, pela forma em que o fez, àquela "acusação" do amigo. Considere-se, por outro lado, que ambos se referiam, provavelmente, ao "materialismo" em sua acepção mais vulgar e grosseira, que nada tem que ver com o materialismo filosófico.

Sabe-se que Pascal foi desde cedo um dos mestres de cabeceira de Machado de Assis, mas mestre de ceticismo, não de misticismo, e na realidade o ceticismo machadiano se alimentava mais de Montaigne que de Pascal. Era um ceticismo de raiz materialista, por isso mesmo não fideísta — "alguma coisa de irredutivelmente racionalista, de impermeável à fé", conforme justa observação de Lúcia Miguel Pereira[31].

O próprio Machado de Assis diria a última palavra neste sentido, na hora grave e decisiva do diálogo final com a morte, ao recusar qualquer espécie de assistência religiosa: — "Não creio... Seria uma hipocrisia", disse, com a voz sumida mas lúcida e intrépida[32].

Só uma profunda convicção materialista poderia ditar semelhante recusa, nas circunstâncias em que foi articulada. A idade do moribundo, seus sofrimentos físicos e morais, seus sentimentos de afeto e gratidão pelos amigos que o cercavam, na maioria religiosos, especialmente senhoras

---

[31] Idem.
[32] Ibidem, p. 284.

cheias de solicitude e carinho — tudo isso poderia explicar um momento de complacente aceitação formal. O cético poderia ceder, mesmo sem acreditar, apenas para atender, gentilmente, àquelas senhoras de tão boas intenções. Recusou, entretanto, com exemplar firmeza e numa admirável demonstração de fidelidade a si mesmo e à sua obra.

Lúcia Miguel Pereira compreendeu claramente o que se passou de fundamental na formação do pensamento machadiano, e o que isso representou na realização da sua obra: chegado à descrença total, na maturidade é que Machado de Assis produziu os seus grandes livros[33].

Foi o que Sílvio Romero, cego pela paixão sectária pró-Tobias, não pôde compreender. Se o tivesse estudado com espírito objetivo, desapaixonado, e com mais apurada sensibilidade crítica, Sílvio seria levado a reconhecer em Machado de Assis precisamente aquele escritor que mais alto elevou, nos domínios da novelística, o que havia de realmente positivo e fecundo no movimento de renovação do pensamento brasileiro, que se processou a partir da década de 1870 e de que foi ele, Sílvio Romero, sem dúvida alguma, o mais eminente e ardoroso militante.

Bastante conhecida, mas diversamente interpretada, é a carta a Joaquim Nabuco, na qual Machado de Assis dizia que o longo manuseio de Pascal não foi para ele nenhuma distração. Ora, é preciso convir que havia Pascal e Pascal, e não seria certamente o Pascal místico, teólogo, perquiridor de angústias metafísicas, o da predileção de Machado de Assis; o outro Pascal, sim, o Pascal moralista, pessimista, materialista e dialético sem o saber. Quer dizer — justamente o Pascal que melhor se afinava com a maneira de ser e de pensar do autor brasileiro. Sem dúvida, nessa questão de influências e elementos de formação é sempre necessário botar muita cautela, sem perder de vista o que há de relativo em aproximações e afinidades entre homens que viveram em situações históricas diversíssimas. No caso em apreço, o que se pode admitir, mui cautelosamente, é que os elementos pascalianos que entraram na formação do pensamento

---

[33] Ibidem, p. 85.

de Machado de Assis hão de ser identificados numa linha de consonância acaso existente entre um e outro — e essa linha, ao que suponho, não é nem pode ser outra senão aquela de essência materialista e dialética. Fora daí, Pascal e Machado são antípodas[34].

No estudo que lhe dedicou, Henri Lefebvre nos revela um Pascal roído de contradições insuperadas, homem de gênio em cujo mundo interior, reflexo do mundo exterior, se acotovelam e se chocam violentamente o místico e o matemático, o idealista e o materialista, o metafísico e o dialético. "Pascal pressentiu e formulou mesmo o princípio de unidade da natureza material, a objetividade do tempo e do espaço, sua relatividade, interdependência e interação [...]."[35] Mas a ideologia dominante no tempo de Pascal

---

[34] Afrânio Coutinho, que vê em Pascal a "fonte máxima" do pessimismo de Machado de Assis, reconhece todavia que semelhante influência não atingiu o ponto de vista racionalista, não cristão, do escritor brasileiro. Por exemplo, no seguinte passo: "No lugar em que um espírito cristão vê o conflito entre o diabo e o Criador, para dar ao Criador a vitória final, o mundo atingindo ao seu destino verdadeiro no Reino de Deus, ele [Machado] apenas via a luta entre a maldade e o bem, entregando àquela o absoluto domínio na vida humana, uma vida que seria apenas terrestre" (Afrânio Coutinho, *A filosofia de Machado de Assis*, Rio de Janeiro, Vecchi, 1940, p. 54, em nota). Devemos levar em conta, igualmente, que Machado não teria limitado as suas constantes leituras de Pascal somente aos *Pensamentos*; as *Provinciais*, terrível libelo contra os jesuítas e a política do Vaticano inspirada pelos jesuítas, não lhe seriam menos estimáveis. A respeito da influência de Pascal na obra de Machado de Assis, observa Álvaro Lins que "embora seja evidente a influência de Pascal na obra de Machado — as diferenciações entre os dois são mais numerosas do que os pontos de identidade. Mais numerosas e mais importantes: as diferenças são fundamentais; as aproximações, acidentais. Quero dizer: as diferenças eram constitucionais e de natureza; as aproximações se formaram com as leituras e os acidentes literários" (Álvaro Lins, *Jornal de crítica, primeira série*, Rio de Janeiro, José Olympio, 1941, p. 178).

[35] Henri Lefebvre, *Pascal*, v. II (Paris, Nagel, 1954), p. 169, em nota. No seu opúsculo *De l'esprit géometrique*, Pascal estabelece de "maneira rigorosamente materialista", escreve Lefebvre, a tríplice infinitude de tempo, espaço e movimento, Segundo Pascal, o movimento, o número e o espaço abrangem todo o universo e guardam entre si uma ligação recíproca e necessária: "*Car on ne peut imaginer de mouvement sans quelque chose qui se meuve; et cette chose étant une, cette unité est l'origine de tous les nombres; enfin le mouvement ne pouvant étre sans espace, on voit ces trois choses enfermées dans la première [o universo]. Le temps même y est aussi compris, car le mouvement et le temps sont relatifs l'un à l'autre; la prompitude et la lenteur, qui sont les différences des mouvements, ayant*

limitou e barrou os horizontes do seu pensamento científico, levando-o a destruir suas próprias descobertas de físico e matemático. Posto o problema assim, corretamente, opina H. Lefebvre, não se pode atribuir a Pascal a antecipação do materialismo dialético, mas é forçoso reconhecer o caráter genial de seus pressentimentos. Conclui Lefebvre: "Podemos então perceber claramente o conflito entre a ideologia (idealista) e a ciência (espontaneamente e 'ingenuamente' materialista e dialética, mas já materialista e dialética, porque revela um conhecimento objetivo, reflexo da natureza material e suas leis)"[36]. Eis aqui, a meu ver, onde se pode traçar a linha de similitude ou consonância entre o pensamento de Pascal e o de Machado. O moralista Machado de Assis, desencantado, dubitativo, pessimista, também roído de contradições, mas contradições de outra natureza, nada místico nem metafísico, é também, dos pés à cabeça, um dialético do tipo espontâneo (não direi "ingênuo", qualificativo de índole antimachadiana), e é um materialista, possivelmente um materialista a contragosto, mas materialista, se bem que enquadrado nas limitações ideológicas e sociais de tempo, de país, de classe.

M. M. Rosental, compendiando a lição marxista, nos diz que as leis objetivas da natureza se impõem com tamanha força aos investigadores e pensadores, que estes, mesmo quando ignoram as leis dialéticas, são obrigados, muitas vezes, a se expressar em forma dialética[37]. É esse, exa-

---

un rapport nécessaire avec le temps. Ainsi il y a des propriétés communes à toutes ces choses [...]" (Paris, Gallimard, 1954, coleção Pleiade, p. 367). Lefebvre comenta: *"Engels, dans la Dialectique de la Nature, et Lénine, dans Empiriocriticisme et Matérialisme, ne formuleront pas le matérialisme, l'objectivité du temps et de l'espace et da mouvement et du nombre, leur unité et leur relativité, avec plus de force et de vérité!"* (*Pascal*, v. I, cit., p. 217).

[36] Ibidem, v. II, p. 169, nota.

[37] Cf. Mark Moiseevich Rosental, *Categorías del materialismo dialéctico* (trad. Adolfo Sanchez Vazquez e Wencesiao Roces, México, Grijalbo, 1958), p. 49. Ensina Engels que "[...] a dialética da ideia não é mais que o simples reflexo do movimento dialético do mundo real [...]" (Friedrich Engels, *Ludwig Feuerbach*, Paris, Éditions sociales, 1951, p. 44). E Lênin: "A dialética *das coisas* produz a dialética *das ideias*, e não inversamente" (V. I. Lênin, *Cahiers philosophiques*, citado em M. M. Kammari, "La dialectique matérialiste, science philosophique", in *Recherches Soviétiques*, n. 1, Philosophie, Paris, 1956, p. 24).

tamente, o caso de Machado de Assis, que não era um homem de ciência, um naturalista, mas cujo poder de observação e de análise penetrava fundo nos fenômenos da natureza e da sociedade — e sobretudo nos da alma humana.

*

A obra de Machado de Assis, livro por livro, página por página, ficção e crônica, prosa e verso, se desenvolve toda ela segundo uma linha quebrada ou sinuosa de movimentação dialética. Tudo nela é contraste, contradição, conflito, formas as mais diversas de dialogação social, reflexos do próprio jogo da vida em sociedade — essa vida que um dos seus personagens definiu como sendo "uma combinação de astros e poços, enlevos e precipícios"[38].

Alguns dos seus romances e muitos dos seus contos são obras-primas de sentido dialético, e certamente de nível não inferior ao *Neveu de Rameau* e a certos contos de Diderot, autor com o qual possui evidentes afinidades, e que era o prosador das preferências de Marx e Engels justamente por sua feição dialética.

Lembrarei desde logo o *Esaú e Jacó*, ainda não estudado com a devida atenção pela crítica, que tem mesmo pretendido relegá-lo a segundo e a terceiro plano entre os grandes romances de Machado de Assis, o que não me parece justo. Pois precisamente o *Esaú e Jacó* é dialético até no título, como o é na sua estrutura, na sua composição, no seu desenvolvimento. Veja-se, no seu início, o capítulo XIII, em que o romancista convida o leitor a "colaborar" no desenrolar da narrativa, inclusive propondo-lhe algo semelhante ao jogo de xadrez: "Tudo irá como se realmente visses jogar a partida entre pessoa e pessoa, ou mais claramente,

---

[38] Machado de Assis, *Ressurreição*, v. I, cit., p. 62.

entre Deus e o diabo"[39]. Eis a imagem da suprema antinomia, Deus e o diabo no xadrez onde se joga o destino de dois irmãos gêmeos, que simbolizam a luta dos contrários em processo de interação, unidade e novo desdobramento antinômico. Veja-se o capítulo XLVII, aplicação de nova luta entre Deus e o diabo, segundo s. Mateus, IV, 1-10: é um primor de narrativa, página tipicamente machadiana, modelo de desenvolvimento dialético de uma sinuosa situação psicológica a refletir uma sinuosa situação política.

O capítulo começa por definir em forma sentenciosa o âmago da situação política que produziu a correspondente situação psicológica do personagem Batista: "Se há muito riso quando um partido sobe, também há muita lágrima do outro que desce, e do riso e da lágrima se faz o primeiro dia da situação, como no Gênesis"[40]. As componentes desse capítulo podem ser resumidas em poucas linhas: cai o gabinete conservador, sobe um gabinete liberal; o conservador Batista está desolado, suas esperanças por terra; a mulher de Batista, encarnação do diabo, tenta o marido, dizendo-lhe que ele é realmente mais liberal do que conservador; Batista resiste, mas o germe da tentação exerce o seu ofício, e a consciência de Batista se parte em duas, Batista conservador lutando contra Batista liberal... A luta continua durante alguns capítulos, até vitória final de Batista liberal, finalmente nomeado presidente de província. O processo dialético por que passa a consciência em crise de Batista é magistralmente conduzido pelo romancista[41].

---

[39] Idem, *Esaú e Jacó*, v. VIII, cit., p. 58. Chamo a atenção para a referência feita aí ao xadrez, jogo predileto de Machado de Assis (sobre este particular, ver o artigo de Plínio Doyle, "Machado de Assis, jogador de xadrez", em *Bolelim da Sociedade dos Amigos de Machado de Assis*, n. 1, p. 22-3) e jogo de caráter eminentemente dialético. E seja ou não coincidência, pode-se lembrar que logo na primeira página do *Neveu de Rameau* se fala em partidas de xadrez.

[40] Ibidem, p. 166.

[41] Cabe aqui observar que o *Esaú e Jacó* é, dos romances de Machado de Assis, aquele mais cheio de acontecimentos e episódios políticos, onde os lances de ficção se entrelaçam mais frequentemente a fatos políticos reais. Sua ação se desenrola precisamente

Entre os contos machadianos, há não poucas obras-primas de categoria universal — não apenas por suas qualidades específicas como criação artística e literária, mas precisamente pelo que há neles de intrínseco realismo dialético. O conflito nodal, que constitui o centro de cada história, não é jamais resolvido por cortes diretos e arbitrários: o que lhes dá interesse, o duplo interesse do conteúdo e da forma, é o seu jogo interno de antinomias que se desenvolvem ora com requintes de sutileza e malícia, ora com voluptuosas manobras de felino, ora com artes e sugestões do diabo. O fio dialético, quebrado ou sinuoso, assinala a sequência do caso narrado, em cuja superfície visível repercutem as vibrações que palpitam ao seu subsolo.

O conto "O espelho", para citar o primeiro que me acode à memória, e é aliás um dos mais característicos da maneira machadiana, possui algo de simbólico ou de mágico em sua expressão de essência dialética. Nele o contraste dominante é o do olhar que vê simultaneamente de fora para dentro e de dentro para fora, buscando a unidade da antinomia numa nova imagem real do personagem que se desdobra em face do espelho. Citarei ainda "O alienista", que tem as proporções de uma novela e é uma sátira política e social sem par em nossa literatura, podendo ombrear com o que há de melhor, no gênero, em qualquer literatura. Não me lembro se algum crítico ou intérprete já assinalou o grande momento da história — o do "assombro de Itaguaí". É um primor de realização dialética sob forma humorística. Depois de meter quatro quintos da população de Itaguaí no manicômio da Casa Verde, a fim de curá-los, de acordo com a teoria que descobrira, o sábio alienista Simão Bacamarte concluiu que a verdadeira doutrina não era aquela que havia experimentado, mas a oposta. Os supostos "anormais", visto que formavam a maioria, passaram à condição de "normais" e os até então considerados "normais", pequena minoria, esses

durante o período histórico que abrange os últimos anos da Monarquia e os primeiros anos da República. E os gêmeos Pedro e Paulo, um monarquista e outro republicano, são de certo modo a representação simbólica dos dois regimes, e neste sentido pode-se dizer que encarnam o jogo dialético da luta entre o "velho" e o "novo".

sim é que eram "anormais". Mas o dr. Simão Bacamarte era um gênio da psiquiatria: "Não lhe bastava ter descoberto a teoria verdadeira da loucura"... Entregou-se de novo a profundas cogitações, pois "alguma coisa lhe dizia que a teoria nova tinha, em si mesma, outra e novíssima teoria"[42]. Ao cabo de tudo, a "novíssima teoria" o levou à suprema experiência terapêutica, e ele, consequente e corajoso, recolheu-se solitário à Casa Verde, como único doido restante na cidade. "A questão é científica, dizia ele, trata-se de uma doutrina nova, cujo primeiro exemplo sou eu. Reúno em mim mesmo a teoria e a prática."[43]

Conflitos, situações, episódios, bem como sentenças, conceitos, reflexões — repontam, a cada página da obra machadiana, com o seu lastro dialético de emoções, de malícias e de ideias. A pesquisa nesse campo vem a ser das mais fáceis, tão abundante é a seara a trabalhar. Apontaremos, a seguir, umas quantas passagens mais características, colhidas por igual na ficção e na crônica.

O próprio Machado, em crônica escrita à beira dos sessenta anos, definia o seu método de análise em termos muito claros, a saber:

> Eu, posto creia no bem, não sou dos que negam o mal, nem me deixo levar por aparências que podem ser falazes. As aparências enganam; foi a primeira banalidade que aprendi na vida, e nunca me dei mal com ela. Daquela disposição nasceu em mim esse tal ou qual espírito de contradição que alguns me acham, certa repugnância em execrar sem exame vícios que todos execram, como em adorar sem análise virtudes que todos adoram. Interrogo a uns e a outros, dispo-os, palpo-os, e se me engano, não é por falta de diligência em buscar a verdade. O erro é deste mundo.[44]

Aí estão alguns dos elementos primordiais necessários a qualquer análise dialética das realidades sociais: o senso da relatividade, a desconfiança nas aparências, o espírito de contradição, a honestidade e a modéstia na

---

[42] Machado de Assis, *Papéis avulsos*, v. XII, cit., p. 94-5.
[43] Ibidem, p. 98.
[44] Idem, *A semana (1895-1900)*, v. XXVIII, cit., p. 203-4.

busca da verdade. São normas que podem ser empregadas tanto na análise de caráter científico quanto na análise de caráter literário ou artístico.

A contradição está em toda parte — eis um fenômeno de constante verificação no trato das coisas e das gentes. Seu reflexo nos escritos de Machado corre parelha com os fatos observados, repetindo-se frequentemente na mesma ou parecida frase — "a contradição é deste mundo". Um exemplo entre muitos: "Sofia dobrou o papel, não já com tédio, senão com despeito, e por dois motivos que se contradizem; mas a contradição é deste mundo"[45]. Quando opinava sobre algum assunto do dia, numa crônica, e em meio desta surgiam ideias contraditórias, o cronista justificava-se amplamente: "Creio que há aqui contradição; mas a contradição é deste mundo"[46].

A propósito da Humanitas de *Quincas Borba*, o humorista utiliza uma imagem vulgar, mas eficaz, para exprimir a ideia da unidade dos contrários: "Moléstia e saúde eram dois caroços do mesmo fruto [...]"[47]. A mesma ideia ganha corpo no *Dom Casmurro*, mas aqui aplicada ao estado de espírito do homem em certo período da vida: "Não sei se alguma vez tiveste dezessete anos. Se sim, deves saber que é a idade em que a metade do homem e a metade do menino formam um só curioso"[48]. De Brás Cubas é este conceito exato do processo de interação dos contrários: "Segundo parece, e não é improvável, existe entre os fatos da vida pública e os da vida particular uma certa ação recíproca, regular, e talvez periódica [...]"[49].

Em crônica de 1877, referindo-se a uma sátira em verso de Artur Azevedo, então publicada na corte, Machado de Assis discordava do poeta no ponto em que este satirizava as viúvas que choram rios de lágrimas ao enviuvarem e um ano depois já estão de marido novo. O poeta achava

---

[45] Idem, *Quincas Borba*, v. VI, cit., p. 337.
[46] Idem, *A semana (1892-1893)*, v. XXVI, cit., p. 402.
[47] Idem, *Quincas Borba*, v. VI, cit., p. 22.
[48] Idem, *Dom Casmurro*, v. VII, cit., p. 296.
[49] Idem, *Memórias póstumas de Brás Cubas*, v. V, cit., p. 289.

isso melancólico; o cronista também achava, mas acrescentando que era ao mesmo tempo necessário e providencial. E comentava: "A culpa não é da viúva, é da lei que rege esta máquina, lei benéfica, tristemente benéfica, mediante a qual a dor tem de acabar, como acaba o prazer, como acaba tudo. É a natureza que sacrifica o indivíduo à espécie"[50]. Trinta anos depois desse comentário, Machado volta ao problema, no *Memorial de Aires*, porém agora não só com melhor acabamento literário como também com um sentido dialético melhor formulado. O memorialista registra no seu caderno a reflexão que lhe veio ao bico da pena a propósito do novo amor da viúva Fidélia. Esta era jovem e bonita, e o casamento com Tristão podia muito bem coexistir com a fidelidade ao finado marido: "Tudo poderia existir na mesma pessoa, sem hipocrisia da viúva nem infidelidade da próxima esposa. Era o acordo ou o contraste do indivíduo e da espécie. A recordação do finado vive nela, sem embargo da ação do pretendente; vive com todas as doçuras e melancolias antigas, com o segredo das estreias de um coração que aprendeu na escola do morto. Mas o gênio da espécie faz reviver o extinto em outra forma, e aqui lho dá, aqui lho entrega e recomenda"[51]. Eis um modelo de finura psicológica exprimindo em forma admirável uma situação dialética de "contraste" e de "acordo" entre o indivíduo e a espécie, entre o sentimento e a necessidade.

A ideia da transformação gradativa de um sentimento no seu contrário é daquelas que se repetem ao longo da obra machadiana, não raro moldadas com rigorosa formulação de sentido dialético. Em *A mão e a luva*, Luís Alves, discutindo com o rival Estêvão, diz a certa altura: " — Há no amor um germe de ódio que pode vir a desenvolver-se depois"[52].

Não há aí nenhuma originalidade, e a frase, destacada do seu contexto, chega a ser banal; mas a sua formulação é excelente, correspondendo com absoluta justeza a uma situação psicológica real. Eis outro exemplo

---

[50] Idem, *Crônicas (1871-1878)*, v. XXVII, cit., p. 277.
[51] Idem, *Memorial de Aires*, v. IX, cit., p. 213.
[52] Idem, *A mão e a luva*, v. II, cit., p. 205.

não menos excelente: "Durante a moléstia e a convalescença do pai, Iaiá tratara Jorge com muita gratidão e cordialidade, converteu noutra coisa, que visivelmente era repugnância, com uma pontazinha de hostilidade"[53]. No conto "O enfermeiro" descreve-se um momento semelhante, que se desenvolve com igual sentido: "Já por esse tempo tinha eu perdido a escassa dose de piedade que me fazia esquecer os excessos do doente: trazia dentro de mim um fermento de ódio e aversão"[54].

Noutro plano, fora da ficção, fazendo o seu comentário incidir sobre algum caso do momento, o cronista alternava a galhofa e a gravidade, como era dos seus hábitos, e lá se saía com uma tirada de sociólogo ou de jurista filósofo: "Outrossim, se a lei pode valer pelo uso que se lhe der, é também certo que o simples uso faz lei. Começa-se por um abuso, espécie de erva que alastra depressa, correndo chão e arvoredo; depois, ou porque a força do homem corte algumas excrescências, ou porque a vista se haja acostumado [...] o abuso passa a uso natural e legítimo, até que fica lei de ferro"[55]. Se não estou enganado, o próprio Marx não desdenharia assinar o que aí escreveu o cronista carioca da *Gazeta de Notícias*.

Ainda em crônica publicada no mesmo jornal e na mesma época, dizia Machado de Assis, a propósito de desfalques, que "há sempre duas opiniões sobre o desfalque — a do desfalcado e a outra"[56]. O timbre da frase possui intenção galhofeira, mas o seu conteúdo é grave e exato,

---

[53] Idem, *Iaiá Garcia*, v. IV, cit., p. 141.

[54] Idem, *Várias histórias*, v. XIV, cit., p. 152. No conto "O enfermeiro", o drama de consciência do enfermeiro — centro psicológico da narrativa — é tratado com inexcedível senso realista, e nele o desenvolvimento dialético da culpa que se justifica pelo interesse constitui um dos pontos altos da arte machadiana.

[55] Idem, *A semana (1895-1900)*, v. XXVIII, cit., p. 315 (crônica datada de 25 de outubro de 1896).

[56] Ibidem, p. 293. Eis outro exemplo do mesmo tipo, e ainda melhor: "As palavras do sr. Fernandes Vilela podem ser entendidas de dois modos, conforme o ouvinte ou o leitor trouxer uma enxada às costas, ou um guarda-chuva debaixo do braço. Vendo as coisas, de guarda-chuva, fica-se com uma impressão; de enxada, a impressão é diferente". Crônica de 19 de abril de 1888, recolhida por Magalhães Júnior no volume *Diálogos e reflexões de um relojoeiro* (Rio de Janeiro, Civilização Brasileira, 1956), p. 69.

dialeticamente falando. Toda opinião obedece a um critério de relatividade, determinado pela posição da pessoa que opina em relação à coisa sobre que opina.

Tudo é relativo, inclusive o critério de avaliação da verdade e da mentira. Há circunstâncias em que os polos da antinomia verdade e mentira se convertem nos seus contrários, a verdade virando mentira e a mentira virando verdade[57]. O pequeno filósofo José da Costa Marcondes Aires, inimigo nato de "verdades absolutas", compreendia bem o que há de relativo em tudo isso — e em tudo o mais —, conforme deixa entender e subentender em mais de uma página do seu *Memorial*. A seguinte reflexão define a sua justa posição relativista: "Deixo aqui esta página com o fim único de me lembrar que o acaso também é corregedor de mentiras. Um homem que começa mentindo disfarçada ou descaradamente acaba muita vez exato e sincero"[58].

*

Nos artigos e ensaios de crítica literária, deixados por Machado de Assis, encontram-se indicações precisas acerca da natureza dialética de certos elementos que entram na estruturação do seu pensamento. E a pesquisa nesta seara vem a ser particularmente importante, visto tratar-se de gênero literário em que a prosa opinativa e doutrinal busca exprimir-se com mais apurada formulação. Vejamos alguns exemplos mais convincentes.

No estudo sobre as *Inspirações do claustro* de Junqueira Freire, o então jovem crítico, já senhor do seu ofício, mergulhava o olhar no âmago das contradições que dilaceravam a alma do poeta, e de lá voltava dizendo:

---

[57] Cf. F. Engels, principalmente no *Anti-Duhring*, por exemplo na p. 130, onde se lê que, em certos casos, dando-se valor absoluto à verdade e ao erro, "os dois polos da antítese se convertem no seu contrário: a verdade se torna erro e o erro se torna verdade" (Friedrich Engels, *Anti-Duhring* (trad. Bracke, Paris, A. Costes, 1946), t. I.
[58] Machado de Assis, *Memorial de Aires*, v. IX, cit., p. 67.

Teme [o poeta] que lhe chamem o livro uma coleção de orações e de blasfêmias. Caso raro! o poeta via objeto de censura exatamente naquilo que faz a beleza da obra, defendia-se de um contraste que representa a consciência e a unidade do livro. Sem esse dúplice aspecto, o livro das Inspirações perde o encanto natural, o caráter de uma história real e sincera; deixa de ser um drama vivo. Contrário a si mesmo, cantando por inspirações opostas, aparece-nos o homem através do poeta; vê-se descer o espírito da esfera da ilusão religiosa para o terreno da realidade prática, assiste-se às peripécias daquela transformação; acredita-se na palavra do poeta, pois que ele saia, como Eneias, dentre as chamas de Troia.[59]

A caracterização dialética da poesia de Junqueira Freire aí está feita com certeira acuidade, tanto mais de se admirar porque feita num tempo de nível crítico ainda muito precário.

Em 1874, no ensaio crítico sobre "A nova geração", trabalho amplo e de ampla repercussão, Machado de Assis começava por deixar assentado que havia entre nós "uma nova geração poética". Em seguida indagava: "Mas haverá também uma poesia nova, uma tentativa, ao menos?". E respondia à própria indagação: "Fora absurdo negá-lo; há uma tentativa de poesia nova — uma expressão incompleta, difusa, transitiva, alguma coisa que, se ainda não é o futuro, não é já o passado". Continuando, diz-nos o crítico que — "o essencial é que um espírito novo parece animar a geração que alvorece, o essencial é que esta geração não se quer dar ao trabalho de prolongar o ocaso de um dia que verdadeiramente acabou". E esclarece: "Esse dia, que foi o romantismo, teve as suas horas de arrebatamento, de cansaço e por fim de sonolência, até que sobreveio a tarde e negrejou a noite"[60]. Em tão breves palavras, que não chegam a encher uma página de prosa, transmite-nos o crítico uma justa noção dialética do período de transição literária que sucedeu aos últimos suspiros do romantismo.

---

[59] Idem, *Crítica literária*, v. XXIX, cit., p. 80 (artigo publicado a 30 de janeiro de 1866).
[60] Ibidem, p. 179.

Semelhante noção não lhe brotava da mente por obra e graça de mero acaso, ou por estalo de alguma inspiração do momento; pelo contrário, e isto é o que mais interessa no caso, resultava de concepção amadurecida, que se revela em muitas passagens da sua obra, as de ficção inclusive. Sem sairmos do volume de trabalhos críticos, vamos encontrá-la na carta dirigida a Henrique Chaves, por ocasião da morte de Eça de Queiroz, em 1900, e aqui sob a forma de conceituação geral do processo de sucessão histórica das gerações, em que os movimentos de renovação literária — por isso mesmo que são de "renovação" — vinculam-se necessariamente ao legado da tradição próxima ou remota. É uma página da melhor prosa machadiana, e nela se lê o seguinte: "Os mesmos que [Eça] haverá ferido, quando exercia a crítica direta e cotidiana, perdoaram-lhe o mal da dor pelo mel da língua, pelas novas graças que lhe deu, pelas tradições velhas que conservou, e mais a força que as uniu umas e outras, como só as une a grande arte. A arte existia, a língua existia, nem podíamos os dois povos, sem elas, guardar o patrimônio de Vieira e de Camões; mas cada passo do século renova o anterior e a cada geração cabem os seus profetas"[61].

Sobre o problema da forma e do conteúdo na poesia, Machado opinava: "Outro [conceito] que também me parece cabido é que, no esmero do verso não vá ao ponto de cercear a inspiração. Esta é a alma da poesia, e como toda a alma precisa de um corpo, força é dar-lho, e quanto mais belo melhor; mas nem tudo deve ser corpo. A perfeição, neste caso, é a harmonia das partes"[62]. Aqui vemos como o crítico possuía uma compreensão acertada do processo de interação entre forma e conteúdo, compreendendo ao mesmo tempo a necessidade de "harmonizá-los" para atingir a perfeição. Mas a perfeição não é deste mundo, e assim fica subentendido que a "harmonia" ou unidade entre forma e conteúdo se realiza também dialeticamente, ou seja — como um movimento de construção da poesia tendente a aproximá-la do ideal da perfeição.

[61] Ibidem, p. 261.
[62] Ibidem, p. 330-1.

O próprio Machado de Assis era uma encarnação viva do homem dialético — todo um complexo de contradições, dúvidas, hesitações[63], aparências e realidades. Nele o sim e o não pendulavam os minutos de uma vida bipartida[64] "entre mim mesmo e mim", como se diz em certo verso equivocadamente atribuído a Camões, que o cronista recorda, cita e comenta, com a graça do costume: "Um dia — ó dia nefasto! — descobri em mim dois homens, eu e eu mesmo, tal qual sucedeu a Camões, naquela redondilha célebre: *Entre mim mesmo e mim*. A semelhança do fenômeno encheu-me a alma com grandes *abonanças*, para falar ainda como o próprio poeta. Sim; eu era dois, senti bem que, além de mim, havia eu mesmo"[65]. A mesma coisa, por outras palavras, já o cronista verificara antes: "Como é que a minha consciência se pôde dividir em duas, é que não atino; há aí um curioso fenômeno para os estudiosos"[66]. O "curioso fenômeno"

---

[63] "Há hesitações grandes e nobres; minha pobre alma as conhece" (Idem, *A semana (1892-1893)*, v. XXVI, cit., p. 162). "Hão de ter notado que eu sou o homem mais cheio de dúvidas que há no mundo" (Idem, *Diálogos e reflexões de um relojoeiro*, prefácio e notas de Raimundo Magalhães Júnior, cit., p. 232). O cronista se autoanalisava e o romancista, ao analisar os seus personagens, neles encontrava idênticos fenômenos de dualidade: "Duas faces tinha o seu espírito, e conquanto formassem um só rosto, eram todavia diversas entre si, uma natural e espontânea, outra calculada e sistemática" (Idem, *Ressurreição*, v. I, cit., p. 11). "Confuso, incerto, ia a cuidar na lealdade que devia ao amigo, mas a consciência partia-se em duas, uma increpando a outra, a outra explicando-se e ambas desorientadas" (Idem, *Quincas Borba*, v. VI, cit., p. 92). Ainda no *Quincas Borba*, p. 176: "Era assim que o nosso amigo se desdobrava [...] diante de si mesmo". Frases, ditos, confissões de igual ou parecida significação podem ser multiplicados.

[64] "Os instantes do diabo intercalavam-se nos minutos de Deus, e o relógio foi assim marcando alternativamente a minha perdição e a minha salvação" (Idem, *Dom Casmurro*, v. VII, cit., p. 354-5).

[65] Idem, *A semana (1894-1895)*, v. XXVII, cit., p. 185. No conto "Viagem à roda de mim mesmo" (cf. Idem, *Relíquias da casa velha*, primeiro volume, v. 16, cit., p. 210), já Machado havia citado em falso o mesmo verso, atribuindo a Camões o que era de Bernardim Ribeiro. Sobre o assunto, ver os apontamentos de p. 197-9 do presente volume.

[66] Idem, *A semana (1892-1893)*, v. XXVI, cit., p. 328. Sem se perder de vista as diferenças de tempo e sobretudo de meio, é possível aplicar a Machado de Assis, em certa medida,

vem a ser nada mais nada menos que a manifestação, na consciência de Machado de Assis, de um fenômeno geral — o da formação dialética do pensamento. Ele era um dialético inato, espontâneo, sua maneira de pensar era dialética, e seu pensamento aparece impregnado de elementos dialéticos. Isto me parece incontestável. Creio também que a essência materialista do seu pensamento não oferece margem a dúvidas sérias. Todavia, seria de todo em todo incorreto e insensato supor ou concluir que Machado de Assis foi um "materialista dialético". Nem podia ser, num país como o nosso, na época e nas condições em que viveu. Mas dentro de tais limitações objetivas, é evidente que o seu pensamento avançou tanto quanto era possível. E nisto reside, a meu ver, um dos mais luminosos sinais da sua grandeza.

---

alguns traços característicos da mentalidade de Proudhon, do qual dizia Marx que "a natureza o levava à dialética", mas que ele jamais compreendeu a dialética científica, devido aos seus pontos de vista de intelectual pequeno-burguês. Esclarecia Marx: "Duas correntes opostas, contraditórias, dominam os seus interesses materiais e, por consequência, as suas opiniões religiosas, científicas, artísticas, a sua moral, todo o seu ser. Proudhon é a contradição em pessoa". Carta a Schweitzer, datada de 24 de janeiro de 1865 e reproduzida em *Misère de la philosophie* (Paris, Éditions Sociales, 1946), p. 143.

ANTES E DEPOIS DO *BRÁS CUBAS*

Desde Sílvio Romero e José Veríssimo (provavelmente também Araripe Júnior, de quem não tenho à mão nenhum comprovante) até Gustavo Corção, quase todos os críticos assinalam o que significa o *Brás Cubas* como uma mudança de qualidade na obra de Machado de Assis. A coisa é muito clara, a meu ver, para admitir contestação séria. Apenas o que varia, e não pouco, são as interpretações do fenômeno: aí, como é natural, cada cabeça, cada sentença. A mais recente interpretação é a de Gustavo Corção, na qual se encontra muita observação justa, mas cujas conclusões me parecem forçadas e mesmo tendenciosas.

Não é meu propósito polemizar com o crítico católico, pois isto me levaria longe, sem grande proveito para ninguém. Desejo apenas formular uma ou outra miúda objeção às suas conjeturas, e ao mesmo tempo escorar-me em conjetura diversa, que suponho mais próxima da verdade, embora não me julgue descobridor da pólvora.

Aceito até certo ponto as premissas de onde Corção extrai os seus raciocínios. O *Brás Cubas*, escreve ele, "não é apenas diferente na forma; é diferente sobretudo pela dimensão, pela suprema novidade do valor"[1]. O que é insuficiente — e nisto encontro apoio em mais de um crítico — é apontar a "diferença" como uma ruptura pura e simples com o passado. O que me parece mais acertado, para melhor compreensão da natureza íntima dessa "diferença", é admitir que a ruptura verificada tem mais propriamente a significação de uma ruptura dialética, resultante de um lento processo interior, solução de contradições que se desenvolviam desde o

---

[1] Gustavo Corção, "Ainda a duplicidade de Machado de Assis", *Diário de Notícias*, Rio de Janeiro, 29 jun. 1958.

começo da carreira literária de Machado de Assis. Corção reconhece o caráter dialético de *Brás Cubas*, mas apenas no sentido de uma negação absoluta das obras anteriores, que não corresponde à realidade[2]. E não corresponde porque o termo "dialético" aparece ali num plano demasiado restrito, formal e de inspiração idealista.

O próprio Machado de Assis, sem usar e creio que mesmo sem conhecer semelhante terminologia, explicou o processo de ruptura com clareza e bom senso, ao tratar da liquidação do romantismo, no artigo "A nova geração", escrito às vésperas do *Brás Cubas*: "[...] a extinção de um grande movimento literário — lê-se no referido artigo — não importa a condenação formal e absoluta de tudo o que ele afirmou; alguma coisa entra e fica no pecúlio do espírito humano"[3]. Cerca de vinte anos depois, em carta a José Veríssimo, que percebia no *Brás Cubas* elementos em gestação na fase anterior, escrevia Machado: "O que você chama a minha segunda maneira naturalmente me é mais aceita e cabal que a anterior, mas é doce achar quem se lembre desta, quem a penetre e desculpe, e até chegue a catar nela algumas raízes dos meus arbustos de hoje"[4]. Como sempre, Machado se exprime com aguda percepção das coisas, inclusive nos raros casos em que falou da própria obra.

E tal, com efeito, é a exata inteligência do fenômeno, pois a ruptura, que se processa dialeticamente, nega e não nega o passado, isto é, nega o que pereceu no passado, mas conserva dele, como herança útil, o que permanece vivo e luta por sobreviver no presente. Por outras palavras: o novo já preexiste sob a forma de germe que se desenvolve nas entranhas do velho.

---

[2] Eloy Pontes cita a opinião de Araripe Júnior, exarada em artigo escrito por ocasião do aparecimento do *Quincas Borba*, segundo a qual Machado de Assis "flagelado continuamente pela obsessão do novo e pela imposição dos clássicos [...] fortaleceu-se na ideia e aprimorou-se na forma; mas hoje, como ontem, como em 1870 [...] não mudou uma linha do seu primitivo eixo". E. Pontes, *A vida contraditória de Machado de Assis* (Rio de Janeiro, José Olympio, 1939), p. 250.

[3] Machado de Assis, *Crítica literária*, v. XXIX, cit., p. 180.

[4] Idem, *Correspondência*, v. XXXI, cit., p. 145.

Em crônica de 1894, comentando certa ocorrência que lhe dera a sensação de mais um "golpe" nas suas "reminiscências românticas", recordava Machado de Assis que ao nascer já o romantismo se despedia. Mas fora despedida lenta, vagarosa, deixando vestígios mais ou menos duradouros pelos anos adiante. Acrescente-se que isso aconteceu precisamente durante a fase de formação do homem e do escritor, e este se nutriria por toda a juventude com o "leite do romantismo", cujo doce sabor jamais esqueceria[5].

Não são raras nos textos do cronista e do ficcionista as passagens relativas ao romantismo e à luta por sua superação. Melhor todavia que as reminiscências ou referências históricas, são aquelas passagens em que o romancista se dá ao requinte de mostrar-nos, como que praticamente, sob a forma de imagem comentada, o que foi o abandono do romantismo. Veja-se este retrato de Brás Cubas aos dezessete anos: "[...] era um lindo garção, lindo e audaz que entrava na vida de botas e esporas, chicote na mão e sangue nas veias, cavalgando um corcel nervoso, rijo, veloz, como o corcel das antigas baladas, que o romantismo foi buscar ao castelo medieval, para dar com ele nas ruas do nosso século. O pior é que o estafaram a tal ponto, que foi preciso deitá-lo à margem, onde o realismo o veio achar, comido de lazeira e vermes, e, por compaixão, o transportou para os seus livros"[6].

---

[5] "Gente que mamou leite romântico pode meter o dente no rosbife naturalista; mas em que lhe cheirando a teta gótica e oriental, deixa o melhor pedaço de carne para correr à bebida da infância. Ó meu doce leite romântico! Meu licor de Granada! Como ao velho Goethe, aparecem novamente as figuras aéreas que outrora vi ante os meus olhos turvos" (Idem, *A semana (1892-1893)*, v. XXVI, cit., p. 195, crônica datada de 25 de dezembro de 1892).

[6] Idem, *Memórias póstumas de Brás Cubas*, v. V, cit., p. 3. Vide igualmente o capítulo XLIV do *Dom Casmurro*, onde o diálogo de ciúmes entre Capitu e Bentinho vai a ponto de descambar numa troca de "sarcasmos" à moda romântica. Dom Casmurro atalha o perigo a tempo, saindo-se com esta: "Ah! como eu sinto não ser um poeta romântico para dizer que isto era um duelo de ironias! Contaria os meus botes e os dela, a graça de um e a prontidão de outro, e o sangue correndo, e o furor na alma, até ao meu golpe final [...]" (Idem, *Dom Casmurro*, v. VII, cit., p. 148).

A estafa do cavalo romântico era a estafa do próprio romantismo. Tudo claro. Mas a parte final da frase transcrita já não é tão clara. Queria o memorialista dizer que o realismo era apenas a escola ou a estética das lazeiras e dos vermes? Se assim é, como parece, que vem fazer ali a "compaixão" pelo cavalo morto do romantismo? Deixo de pé as perguntas, que aliás podem proporcionar matéria para bastas especulações — coisa em que não pretendo emaranhar-me.

O que não padece dúvida é que a luta pela superação das influências românticas não levou *Brás Cubas* a nenhuma aceitação passiva, mecânica, dos preceitos e preconceitos da "escola realista". A superação do romantismo significou, para Machado de Assis, uma efetiva superação de quaisquer preocupações de "escolas". Sua verdadeira posição a esse respeito ele a definiu em termos inequívocos, ao escrever, em 1879, que — "a realidade é boa, o realismo é que não presta para nada"[7]. Vencido e superado o idealismo romântico, liberto por fim de velhas fórmulas e limitações, não poderia contentar-se com a aceitação de outras fórmulas e limitações, por mais "novas" que fossem ou pretendessem ser. E não se perca de vista que essa foi a época da crítica ao *Primo Basílio* — e que então já o *Brás Cubas* estaria em plena gestação.

Diz Corção que não se pode explicar o *Brás Cubas* — que ele chama de "explosão de gênio" — somente "em função da nova estética ou das descobertas de fórmulas literárias"; ao contrário, acrescenta, "a forma foi buscada para corresponder a uma descoberta de outra ordem". E a seguir, precisando os motivos de "busca" da nova forma: "Foi intencionalmente procurada para traduzir a revelação que o autor, por volta do ano de 1880, teve da vida e do mundo"[8]. Com a ressalva do que possa haver de exclusivamente subjetivo na intencionalidade da busca, não me custa concordar com o restante. Mas daí por diante, quando começa a interpretação do crítico à natureza daquela "revelação", começa também

---

[7] Idem, *Crítica literária*, v. XXIX, cit., p. 231.
[8] Artigo citado.

a divergência profunda e inconciliável. E não é difícil apontar o principal motivo desta divergência.

*

A luta ideológica que se travou entre nós, durante a década de 1870 a 1880, desenvolveu-se, como em toda parte, tendo em vista objetivos de ordem científica, filosófica e literária. Foi toda a luta de certa envergadura, com avanços e recuos parciais. O cronista Machado de Assis deixou escrito o seu testamento, ainda quente sobre aqueles anos de renovação de ideias: "Vivemos num decênio de agitação e luta. Desde 1870 para cá quantas mortes, batalhas, vitórias e derrotas! Uma geração se despede, outra vem chegando, e aquela deixa a esta o pecúlio da experiência e da lição dos tempos e dos homens"[9]. Machado de Assis, que pertencia a uma geração intermediária, participou da luta, a seu modo, e decerto mais sofridamente que uns e outros — não só por sua situação cronológica entre as duas gerações, como sobretudo por possuir mais acerada e sutil sensibilidade que outro qualquer dos combatentes de um lado e outro.

Ao cabo de tudo, curadas as feridas, e ao examinar-se por dentro e por fora, sentir-se-ia talvez vencedor e vencido ao mesmo tempo. E aqui eu acredito que não seria descabido supor que o vencedor teria desfraldado a bandeira do espírito finalmente liberto; e o vencido quedasse a gemer sobre as ruínas de muita ilusão romântica e idealista.

A crise dos quarenta anos — se é que houve crise — teria sua origem primordial no momento de perquirição inexorável das causas e efeitos dessa dramática dualidade interna. Seria, de tal sorte, uma crise primordialmente de essência filosófica, em cujo âmago agonizavam suas últimas concepções idealistas e românticas. Tudo o mais eram consequências, reflexos, desdobramentos, se bem que por sua vez influindo sobre o desenrolar e o desenlace da crise. Mas que desenlace foi esse? Foi o do vencido

---

[9] Idem, *Crônicas (1871-1878)*, v. XXIV, cit., p. 262.

mais uma vez vencido, saindo porém o vencedor com alguns laivos de amargura, desencanto — e também de saudade.

Com o desenlace, Brás Cubas iniciou a composição das suas memórias póstumas e o defunto, aí, é talvez um símbolo do idealismo romântico morto e enterrado dentro do escritor. O ressurreto Brás Cubas é materialista, e o materialista, que dormia no fundo da sua consciência, despertou por fim e rompeu os últimos liames e entraves que impediam a plena expansão do gênio criador, assumindo com mão firme o comando da nova luta, agora mais demorada e menos ruidosa, porém não menos áspera nem menos dolorosa — a luta pela construção da sua grande obra.

Mas o vencido, ao ser mais uma vez vencido, teria jogado à face do vencedor, ao morrer, como último e vingativo revide, um grito estranho, jamais ouvido antes: "Ao vencedor, as batatas!".

Do estranho grito e das estranhas batatas, o materialista Brás Cubas extrairia os materiais para a elaboração de uma nova filosofia, e ao mesmo tempo dava plena vazão aos seus pendores galhofeiros, aliás temperados com boa dose de melancolia. Eram pendores herdados dos seus antepassados da galeria machadiana.

O humorismo, que era uma daquelas raízes a que se referia Machado na carta a José Veríssimo, e que desde cedo repontara em suas páginas, firmou-se, cresceu, fez-se árvore — não uma árvore seca e árida, uma árvore infecunda, como pensam alguns, mas, pelo contrário, extraordinariamente fértil, com abundante produção de saborosos frutos agridoces, em meio dos quais um que outro mais ou menos ácido ou amargo. Mas nenhum bichado ou contendo veneno mortal. Sendo que no fim era tudo só doçura — a doçura de que principalmente se nutriu o *Memorial de Aires*.

Sem mais abusar de metáforas, permito-me reafirmar aqui o que já afirmei, documentadamente, noutro lugar: que o espírito liberto de Machado de Assis permaneceu liberto até o derradeiro instante, e que sua maturação filosófica obedecera a uma linha de pura essência materialista. Pouco importam as hesitações, aparências e acomodações de superfície. O fio subterrâneo do seu pensamento, aquilo que este possuía de mais genuíno, esse vinha dos materialistas e dialéticos da Grécia antiga e se ligava aos modernos materialistas do século XIX.

Neste ponto sobretudo é que tenho por inaceitável a motivação das conjeturas formuladas pelo crítico Gustavo Corção.

Setembro de 1958

O "MAU" E O "BOM" MACHADO

Os diabos andam à solta nas páginas de Machado de Assis, nos romances, nos contos, nas crônicas. Diabos de variada feição, malignos, maliciosos, sediciosos, muitos deles afivelando máscaras amáveis, outros de chifre à mostra, alguns tristonhos e taciturnos, e não poucos propriamente endiabrados e até inocentemente endiabrados. Diabos diurnos, noturnos e crepusculares. De olhos acesos ou dissimulados trás de óculos negros. Outros com um olho só, feito Polifemo, e ainda outros com os cinco olhos da palmatória do mestre Policarpo. Ricos diabos e pobres diabos. Graves, professorais, dogmáticos, ou finos, finórios, funambulescos. Silenciosos ou ruidosos, humildes ou fanfarrões, blandiciosos ou agressivos. Grandes, enormes, monstruosos, ou pequenos, ínfimos e mesmo invisíveis, sobretudo invisíveis. Cheirando a enxofre ou a perfumes franceses. Calçados de pé de cabra ou de coturnos de ouro. Com o tridente das unhas, ou piruetando bengalinhas de junco. Com para-águas, com para-sóis, com para-raios, e se não me engano, algum ou outro precursor de paraquedas. Diabos que funcionam ora como substantivos ora como adjetivos ora como interjetivos. Diabos que surgem isoladamente, um numa página, outro noutra página, ou então às dezenas, às centenas, aos milhares. Em suma, todas as raças e sub-raças da fauna infernal.

Ignoro se Luís Santa Cruz cuidou de estudar os diabos machadianos. Se não, aqui fica o lembrete: dará um bom capítulo na sua anunciada *História literária do diabo*.

Nos magros livrinhos iniciais que o bom anjo Paula Brito imprimiu e divulgou, o maligno mal e mal se entremostra, fingindo timidez, na realidade aguardando a hora das grandes diabruras, aqui os *Desencantos*, fantasia dramática: o escritor, ainda pairando nos céus do romantismo, mal se atreve a falar do "purgatório", e assim mesmo em sentido figurado[1]. É certo que em *Queda que as mulheres têm para os tolos*, também um desencanto da mesma época, já topamos um "pobre diabo"[2], mas apenas isso, um "pobre diabo" propriamente dito, isolado e maltrapilho. Porém, a seguir, com os artigos, as críticas, as crônicas, os poemas, os contos, os romances, que se multiplicam de ano em ano, a diabaria se assenhora da praça e não a abandona mais, até o *Memorial*, derradeiro, em que aliás pontifica precisamente um velho diabo aposentado sob a figura do antigo diplomata Marcondes Aires.

Um pormenor muito significativo deve ser anotado: os diabos machadianos o acompanhavam desde menino, embora não se mostrassem de pronto nos seus primeiros livrinhos. É o que nos revela o "Conto de escola", história da infância de Joaquim Maria. O diabo aparece aí sob vários disfarces, mas aparece, ora encarnado no menino Curvelo — "um pouco levado do diabo"; ora metido na pele do menino Raimundo "pobre diabo", ora convertido em metáfora pelo menino Pilar "mandando ao diabo" os dois condiscípulos; e por fim, rufando à frente de um batalhão de fuzileiros — "o diabo do tambor" a arrastar atrás de si os soldados e os meninos vadios[3].

---

[1] "A felicidade na família é uma cópia, ainda que pálida, da bem-aventurança celeste. Pelo contrário, os tormentos domésticos representam na terra o purgatório." Machado de Assis, *Desencantos* (Rio de Janeiro, Paula Brito, 1861), p. 44.

[2] "[...] a toleima natural fortifica-se e estende-se pelo uso que se faz dela. E estacionária no pobre diabo que raramente pode aplicá-la [...]." Idem, *Queda que as mulheres têm para os tolos* (Rio de Janeiro, Publicações da Academia Brasileira de Letras, 1943), p. 10. Em *Ressurreição*, primeiro romance, o diabo aparece uma única vez, e assim mesmo em travesti feminino, sob o nome de Cecília.

[3] "Conto de escola", incluído nas *Várias histórias*. Numa crônica de 5 de abril de 1888 se acumulam também vários diabos: "Já falei três vezes no diabo em tão poucas linhas; e mais esta, quatro é demais". Idem, *Diálogos e reflexões de um relojoeiro* (organização, prefácio e notas de Raimundo Magalhães Júnior, Rio de Janeiro, Civilização Brasileira, 1956), p. 56.

E não esqueçamos que o escritor já adulto se apresenta em público, às vezes, como que possuído ele próprio pelas manhas, malícias e maldades de algum diabo. Por exemplo, no conto "Pobre cardeal!", em que o contador da história aparece como jurado, na sala secreta do júri, hesitando entre condenar ou absolver certo criminoso: "A justiça dizia-me que condenasse, a simpatia pedia-me que absolvesse, e o diabo — não podia ser outra pessoa — o diabo clamava do fundo de meu ser estas palavras: Pobre cardeal! Ah! minha senhora D. Luísa! Que grande desgraça! Pobre cardeal! E a minha consciência ria, porque era amiga de rir, já não negava o crime, mas punha na outra concha da balança a vergonha pública, e a prisão longa; depois, os velhos anos do pobre diabo [...]"[4].

Aqui está um diabo a rir de outro diabo.

Mas onde o Diabo aparece em todo o seu esplendor, Diabo com as honras de um D maiúsculo, é no conto "A Igreja do Diabo", que vem no volume de *Histórias sem data*. História de um velho manuscrito beneditino, em que se conta que o Diabo teve um dia a ideia de fundar uma igreja própria. Trata-se de uma obra-prima, que Diderot ou Voltaire assinariam sem tirar nem acrescentar uma vírgula. E é também o que se pode chamar, em boa gíria carioca, um conto "infernal".

*

Extremamente interessante — e muito machadiano — é o episódio narrado no conto "Primas de Sapucaia", no qual o narrador nos mostra o personagem Oliveira, ao cabo de malograda aventura de amor, a fisionomia vincada de íntimo sofrimento. O personagem principal do conto, que narra a história na primeira pessoa, descreve o encontro que teve com o outro, seu antigo condiscípulo e até certo ponto seu rival:

> No fim do ano encontramo-nos casualmente; achei-o um pouco taciturno e preocupado. Vi-o ainda outras vezes, e não me pareceu diferente, a não ser

[4] Idem, *Relíquias da Casa Velha*, primeiro volume, v. XVI, cit., p. 307.

que, além de taciturno, trazia na fisionomia uma longa prega de desgosto. Imaginei que eram efeitos da aventura, e, como não estou aqui para empulhar ninguém, acrescento que tive uma sensação de prazer. Durou pouco; era o demônio que trago em mim, e costuma fazer desses esgares de saltimbanco. Mas castiguei-o depressa, e pus no lugar dele o anjo, que também uso, e que se compadeceu do pobre rapaz, qualquer que fosse o motivo da tristeza.[5]

Esta dualidade do "demônio" e do "anjo" dentro da mesma pessoa é típica da maneira dialética de pensar de Machado e traduz fielmente a espécie de dualidade que forma a própria personalidade do autor. Mas que espécie de "demônio" é essa que Machado de Assis traz dentro de si e que ele utiliza em cada página de toda a sua obra? O demônio do mal? O lado mau, cruel, perverso, torvo, que alguns críticos enxergam em sua estrutura psíquica? Não me parece que isso explique a essência do fenômeno. Não se trata, a meu ver, de um problema de ordem moral. Afinal, "demônios" dessa espécie são vulgares, são medíocres, são comuns na pele de meio mundo. Não, o "demônio" machadiano é de outra espécie, bicho fino, agudo, requintado. É o demônio da inteligência, que se manifesta por uma extraordinária capacidade de penetração psicológica, por uma implacável vocação de dissecador de almas e caracteres. Toda a obra de Machado de Assis é fruto do gênio da análise, cujo ofício consiste em cortar, retalhar, esvurmar, com a "faca do raciocínio", os pensamentos e sentimentos mais recônditos das criaturas que ele observa na vida e recria com arte inexcedida em suas páginas. "Ele vai diretamente, brutalmente às vezes, ao imo das coisas, ao fundo das consciências, desnudando-as, denunciando-as, ridicularizando-as" — escreve Alcides Maya[6].

No conto "A causa secreta", certamente a mais dramática, a mais negra das histórias machadianas, assim se descreve o personagem Garcia: "Este moço possuía, em germe, a faculdade de decifrar os homens, de decompor os caracteres, tinha o amor da análise, e sentia o regalo, que dizia ser

---

[5] Idem, *Histórias sem data*, v. XIII, cit., p. 161.
[6] Alcides Maya, *Machado de Assis*, cit., p. 89.

supremo, de penetrar muitas camadas morais, até apalpar o segredo de um organismo"[7].

Desde seus primeiros escritos que Machado de Assis revelava possuir, em germe, essa agudíssima faculdade atribuída a Garcia, e em *Iaiá Garcia* já aparecem numerosas amostras do seu amadurecimento. De *Brás Cubas* em diante, aquilo que era uma qualidade nata chegava, ao cabo de vinte anos de contínuo exercício, à plenitude de sua tremenda potência de análise psicológica.

Olívio Montenegro diz que Machado de Assis lhe faz lembrar, de algum modo, a figura do dr. Jeckill, da famosa novela de Stevenson. O dr. Jeckill, médico prestimoso, estimado e admirado por toda a gente, ingere de vez em quando uma droga secreta que o transforma em monstro hediondo, violento, verdadeiro demônio. Mas há uma diferença capital: o "demônio" de Machado de Assis não é droga de laboratório, não é artifício estranho — nasceu com ele, é um puro dom da inteligência criadora, que lhe permite devassar os mais escondidos recantos da alma humana.

Assim como o coração tem razões que a razão desconhece, poderíamos talvez dizer que a razão ou o gênio tem sentimentos que o coração desconhece. E nisto reside, ao que suponho, a essência do problema do "bom" e do "mau" Machado de Assis. Era Machado de Assis um homem bom, um homem mau? O ponto preliminar a esclarecer neste caso é o seguinte: o fato de botar a nu a crueldade, a dissimulação, a hipocrisia, as pequenas vaidades e os secretos apetites de homens e mulheres observados na sociedade, e revividos em contos e romances, significa que o psicólogo, que estuda e desnuda o caráter alheio, seja ele próprio portador das taras e defeitos que analisa? Outra pergunta: o fato de alguém possuir tão agudo dom de análise é em si mesmo um defeito ou uma tara? Parece-me claro que não. Seria o mesmo que atribuir ao cirurgião a malignidade do tumor que ele rasga e extirpa do enfermo.

---

[7] Machado de Assis, *Várias histórias*, v. XIV, cit., p. 104.

Mas o problema é complicado, além de extremamente fascinante. Vale a pena insistir.

*

Era Machado de Assis um homem bom, um homem mau? Ou era simultaneamente, ou alternadamente, bom e mau? Em nota anterior já disse algo da maneira como encaro o problema. Reconheço, em todo caso, que as conjeturas são admissíveis e podem ser multiplicadas.

Convém apelar, em primeiro lugar, para o testemunho dos seus contemporâneos. Deixando de lado Hemetério dos Santos, inimigo gratuito, preconceituoso e destemperado, podemos ouvir João Ribeiro, que escreveu o seguinte: "A sua insensibilidade pela dor humana é absoluta: o seu egoísmo é sem limites — O interesse do Machado de Assis pelas naturezas fracas, espontâneas e imbeles, é inteiramente falso. Nunca o teve. — No sentido da caridade ele é um anticristão"[8].

A opinião de João Ribeiro resume tudo quanto os partidários do "mau" Machado de Assis pensam dele, tanto os contemporâneos quanto os que surgiram depois da sua morte, inclusive os mais modernos. Junte-se à opinião de João Ribeiro uma boa dose de freudismo, e aí teremos o "monstro" de Stevenson, o outro lado do dr. Jeckill, a que se refere Olívio Montenegro.

Mário Matos consagrou longo capítulo do seu livro a pesar os prós e os contras suscitados pelo problema, inclinando suas preferências para o testemunho de João Ribeiro. Mas ocorre lembrar que João Ribeiro é outro demônio de marca maior, e dele são, aliás, alguns dos mais finos e lúcidos comentários que já se fizeram à obra de Machado de Assis.

As opiniões favoráveis ao "bom" são mais numerosas e me parece que exprimem melhor a verdade. Os amigos mais próximos de Machado de

---

[8] João Ribeiro, *Crítica, clássicos e românticos brasileiros* (organização, prefácio e notas de Múcio Leão, Rio de Janeiro, Publicações da Academia Brasileira de Letras, 1952), p. 227.

Assis são unânimes em reconhecer-lhe os sentimentos de cordialidade, de lealdade, de amizade, de fidelidade. Mário Matos comenta: "Os amigos exageraram-lhe a capacidade afetiva, a delicadeza do convívio, os extremos da sensibilidade. Pode ser exato, e é; a interpretação é que é errônea"[9]. Como se vê, comentário puramente conjetural. Creio antes que o fato de Machado de Assis possuir amigos tão dedicados e constantes — e se chamavam Joaquim Nabuco, Salvador e Lúcio de Mendonça, José Veríssimo, Mário de Alencar, para só falar dos círculos literários e de homens que lhe sobreviveram — constitui poderoso argumento a favor do "bom".

Lúcia Miguel Pereira, que lhe escreveu a melhor biografia, sustenta, em mais de uma página do seu livro, a tese do bom Machado de Assis, embora admitindo a sua "crueldade" de espírito. Por exemplo: "Sob o gesto medido e comedido, a generosidade palpitava. — Onde mais se torna evidente essa escondida nobreza, é na sua completa ausência de inveja [...]"[10]. Esta anotação sobre a ausência de inveja é extremamente significativa. Ainda há pouco, M. Cavalcanti Proença chamava-me a atenção para o comportamento de Machado de Assis em relação a José de Alencar. Nem um pingo de inveja, pelo contrário — o mais límpido respeito, uma constante e cálida admiração em vida de Alencar, e uma inalterável devoção depois de morto o grande romancista de *O guarani*.

Mas há certa passagem do *Memorial de Aires* que nos oferece a chave para se penetrar na mina subterrânea e aí devassar alguns de seus filões mais íntimos. Aires, que andava a estudar a alma de Fidélia, encontra-se com o velho Santa-Pia, já depois da briga entre pai e filha, e anota o seguinte no seu diário: "Está claro que lhe não falei da filha, mas confesso que, se pudesse, diria mal dela, com o fim secreto de acender mais o ódio — e tornar impossível a reconciliação. Deste modo ela não iria daqui para a fazenda, e eu não perderia o meu objeto de estudo. Isto, sim, papel amigo, isto podes aceitar, porque é a verdade íntima e pura e ninguém nos lê. Se

---

[9] Mário Matos, *Machado de Assis* (São Paulo, Brasiliana, 1939), p. 80.
[10] Lúcia Miguel Pereira, *Machado de Assis*, cit., p. 210.

alguém lesse achar-me-ia mau, e não se perde nada em parecer mau; ganha-se quase tanto como em sê-lo"[11].

Eis aí: o demônio da inteligência deixa escapar duas confissões preciosas: a primeira é a do "fim secreto" que ele visa ao perseguir o seu "objeto de estudo"; e a segunda equivale a dizer: deixai-me "parecer" mau; não se perde nada com isto, e ganha-se quase tanto quanto em ser de fato mau. O demônio, simultaneamente melancólico e galhofeiro, consola-se e diverte-se em meter susto na gente. No fundo é um bom sujeito.

É certo que aqui topamos com um problema correlato — o da contradição entre, "ser" e "parecer". Novas complicações machadianas. Mas deixemos isso de lado, pois há ainda alguns comentários e conjeturas a fazer em torno da questão do "bom" e do "mau".

*

Alguns críticos interpretam o humorismo e a ironia de Machado de Assis como um produto típico do homem mau, árido, cruel. Sem dúvida, o humorismo e a ironia são as armas prediletas de que se serve o seu demônio interior, isto é, o demônio da sua inteligência — para dar expressão literária e artística à crítica social que ele faz em seus livros. Mas isso é prova de maldade, de perversidade, de crueldade do homem Machado de Assis? Eis a questão.

Se há quem responderia pelo sim, há também os que respondem pelo não, e se não me engano são a maioria. Eu me associo a estes últimos.

O primeiro a se manifestar sobre esta questão, suponho que foi Lafayette Rodrigues Pereira, que defendeu Machado de Assis contra críticas injustas formuladas por Sílvio Romero. Para Lafayette, o humorismo de Machado de Assis "é mais uma malícia de espírito do que uma perversidade de coração [...]"[12].

---

[11] Machado de Assis, *Memorial de Aires*, cit., p. 59.
[12] *Vindiciae*, cit., p. 26.

Alcides Maya, a quem se deve entre nós o primeiro estudo aprofundado sobre o problema do *humour*, precisamente em relação à obra de Machado de Assis, via na sua zombaria humorística, suavizada "com a fragrância delicada de uma flor de cultura a aridez de deserto do seu domínio de almas, uma doce e vaga, mas constante, simpatia pelos humildes e sofredores, que a piedade do analista entrevê como vítimas inconscientes e pequeninas"[13].

Segundo Oliveira Lima, não há no *humour* de Machado de Assis nem grosseria nem maldade. Suas preferências pelos humoristas ingleses do século XVIII, acrescenta Oliveira, se explicam "porque ele sentia o que havia neles de ternura pela vida, e porque, à semelhança deles, procurava esconder tal sentimento sob a máscara de uma ironia sempre alerta, porém, jamais cruel"[14].

Jorge Jobim, autor do prefácio das *Páginas escolhidas* de Machado de Assis, volume por ele organizado de parceria com Alberto de Oliveira, entendia que "sob aquela aparente indiferença lhe pulsava o coração compassivo e terno, que ele apenas faz timbre em não querer revelar"[15].

Lúcia Miguel Pereira vê na sua obra, "a par da filosofia amarga, um sopro de vida, um latejar de dor que hão de sempre achar eco no coração humano"[16]. E, mais, que o seu humorismo é "fruto da simpatia humana aliada ao pendor crítico, da piedade jungida à lucidez, da ternura unida à inteligência. Ao lado do coração que se compadecia, estava o espírito que buscava explicações, que observava friamente as reações"[17].

Creio que estas opiniões, colhidas em alguns dos críticos brasileiros que melhor conhecem a obra e a vida de Machado de Assis, são também as que melhor exprimem a mais acertada conjetura na questão do "bom" e do "mau".

---

[13] Alcides Maya, *Machado de Assis*, cit., p. 81.
[14] Manuel de Oliveira Lima, *Machado de Assis et son œuvre littéraire* (Paris, Louis-Michaud, [1909]), p. 53.
[15] Rio de Janeiro, Garnier, Coleção Aurea, 1921, p. XIX.
[16] Lúcia Miguel Pereira, *Machado de Assis*, cit., p. 191.
[17] Ibidem, p. 193.

Há críticos estrangeiros que afinam pelo mesmo tom. Com a vantagem de, por serem estrangeiros, possuírem um ângulo de visão e julgamento isento de preconceitos, prevenções e partidarismos. Citarei alguns, a começar pelo alemão dr. Wilheim Giese, bom conhecedor da obra machadiana.

W. Giese, de quem João Ribeiro traduziu e comentou interessante ensaio sobre o nosso autor, refere-se como tantos outros às influências dos humoristas ingleses na obra de Machado, e a essas influências atribui "aquele caráter de benévolo e excêntrico humorismo, que notamos no *Brás Cubas* e no *Quincas Borba*, em menor grau, em *Dom Casmurro* e no *Esaú e Jacó* [...]"[18].

Adrien Delpech, professor francês que residiu e trabalhou no Brasil durante muitos anos, tradutor do volume das *Várias histórias* e das *Memórias póstumas de Brás Cubas*, escreve: "A sobriedade, as linhas suaves, a ironia benevolente de Machado de Assis não melindravam ninguém"[19].

Outro tradutor francês do romancista brasileiro, Francis de Miomandre, diz que ele possui o dom da ironia — "não dessa ironia que escarnece de tudo, com a inconsciência do ácido, a ironia seca e breve dos fabricantes de espírito, mas uma ironia nutrida de ternura humana, de sofrimento, de meditação, uma ironia que era fruto de longa experiência: a ironia da mais alta cultura"[20].

O prof. Roger Bastide cita e aplaude a opinião de Miomandre.

Como se viu na citação acima de Oliveira Lima, o crítico brasileiro identifica o caráter do humorismo de Machado de Assis com o dos ingleses do século XVIII — Sterne, Fielding, Swift — porque os grandes humoristas são sempre homens de excelente qualidade, cheios de ternura pelo gênero humano.

---

[18] João Ribeiro, *Crítica, clássicos e românticos brasileiros*, cit., p. 272.
[19] Machado de Assis, *Quelques contes* (Paris, Garnier, 1910), p. VIII.
[20] Idem, *Dom Casmurro* (Paris, Institute International de Coopération Intellectuelle, [1936]), p. 7.

Ora bem, tal era igualmente a opinião manifestada certa vez por Engels, a propósito de humorista inglês do seu tempo. Eis as palavras textuais de Engels: "Tomás Hood, o mais dotado de todos os humoristas ingleses contemporâneos e, como todos os humoristas, cheio de bons sentimentos humanos, mas sem nenhuma energia intelectual [...]"[21].

De um modo geral não se pode dizer que faltasse a Machado de Assis energia intelectual, muito pelo contrário. Mas quem sabe se tomada a expressão em certo sentido restrito, não vamos encontrar aí uma tal ou qual explicação para o desinteresse do escritor brasileiro pela política partidária?

Como quer que seja, e para fechar esta nota com uma chave de bom quilate, quero fazer minhas as palavras que se seguem, proferidas em conferência por Barbosa Lima Sobrinho: "Quando atribuímos a Machado de Assis frieza, indiferença e egoísmo, podemos estar certos de que ainda não começamos a compreendê-lo"[22].

---

[21] Marx e Engels, *Sur la littérature et l'art* (Paris, Editions Sociales, 1954), p. 329-30.
[22] Citado em João Ribeiro, *Crítica, clássicos e românticos brasileiros*, cit., p. 259.

Apontamentos avulsos

Detalhe de caricatura de Machado de Assis, por Claudio de Oliveira.

TRABALHO E ESTUDO

Machado de Assis foi sempre um grande trabalhador. Sua obra foi meio século de trabalho. Já se aproximando do fim, a caminho dos 68 anos, viúvo, solitário, acabrunhado, mesmo assim o trabalhador Machado de Assis não deixa a ferramenta enferrujar. Em carta a Mário de Alencar, datada de 26 de dezembro de 1906, confidenciava: "Eu tenho passado sem novidade. Agora estou bastante cansado, particularmente do pescoço, que me dói, visto que ontem gastei todo o dia curvado a trabalhar em casa. Para quem já havia trabalhado todo o domingo (nos outros dias tenho a interrupção das tardes), foi realmente demasiado. Mas eu não me corrijo".

E porque não se corrigia, ainda nos deu, às vésperas de morrer, esse puro milagre de composição, que é o *Memorial de Aires*, romance e memória, testemunho e testamento, livro de feição singular, obra-prima da língua portuguesa.

Trabalho e estudo — eis o método dos métodos de Machado de Assis, programa de toda uma vida de escritor cem por cento devotada ao seu ofício. Era a sua prática de todos os dias — e pode-se dizer que era também a sua teoria.

No exercício da crítica ou na crônica de assunto vário, em que entrava também a apreciação de livros, batia sempre na mesma tecla, quando criticava autores jovens: "Ao tempo e à constância no estudo deve-se deixar o cuidado do aperfeiçoamento das obras".

Se não calava, tampouco exagerava os defeitos encontrados nos estreantes de talento: "Defeitos não fazem mal, quando há vontade e poder de os corrigir". O talento está na base de tudo, mas nasce inexperiente, necessitando de vontade e exercício, isto é, de trabalho e estudo, para produzir obras limpas de defeitos.

Na famosa carta a José de Alencar, em resposta à apresentação de Castro Alves, que o solitário da Tijuca lhe fizera, assim resume a sua opinião sobre o poeta baiano, depois de ouvir o Gonzaga: "A mão é inexperiente, mas a sagacidade do autor supre a inexperiência. Estudou e estuda; é um penhor que nos dá".

Em 1872, no prefácio às *Névoas matutinas*, estreia do poeta fluminense Lúcio de Mendonça, advertia Machado de Assis, ainda jovem na idade, mas já maduro no trabalho e no estudo: "Não se contente com uma ruidosa nomeada; reaja contra as sugestões complacentes do seu próprio espírito: aplique o seu talento a um estudo continuado e severo; seja enfim o mais austero crítico de si mesmo?". Talento que se escora no estudo, trabalho que se afiança na autocrítica: tais as condições primordiais ao aprimoramento da produção intelectual.

Noutro prefácio, que lhe pedira Francisco de Castro para o volume das *Harmonias errantes* (1878), as intenções do crítico são resumidas em termos amistosos, mas sem fingimentos: "Viu que não o louvei com excesso, nem o censurei com insistência; aponto-lhe o melhor dos mestres, o estudo, e a melhor das disciplinas, o trabalho".

Ao poeta gaúcho Carlos Ferreira, autor de um drama representado na corte, em 1877, dirigiu palavras de animação, dizendo que o "melhor meio de progredir é andar para a frente". E acrescentava: "Os senões emendam-se e evitam-se com o trabalho e a perseverança".

Muitos anos antes, em 1863, quando fazia a crítica literária no *Diário do Rio de Janeiro*, Machado de Assis dedicou todo um artigo ao livro *Revelações*, poemas de Emílio Zaluar, escritor português radicado no Brasil, e que não era nenhum estreante, concluindo por afirmar que "a poetas como o autor das *Revelações*, não há mister de exortações e conselhos; ele sabe que a condição do talento é trabalhar e utilizar as suas forças". E mais: "O tempo para os dons do espírito é um meio de desenvolvimento, a inspiração que se aplica, cresce e se fortalece, em vez de diminuir e esgotar-se".

Seria fácil multiplicar os exemplos, mas o que aí fica é bastante para nos mostrar o grande escritor, homem de trabalho e de estudo, empenhado, a vida inteira, em transmitir aos jovens colegas o segredo da sua teoria e prática da criação literária.

DIDEROT

De fascinante interesse — inclusive porque cheio de riscos e ciladas — é o estudo das fontes literárias e filosóficas em que se abeberou Machado de Assis, grande ledor de livros, voluptuoso ruminador de ideias, e que podemos identificar ao longo da sua obra. Nem devemos esquecer que as pesquisas feitas neste terreno, quando realizadas com as devidas cautelas, são sempre úteis e mesmo indispensáveis a uma compreensão mais profunda do fenômeno brasileiro chamado Machado de Assis.

Eugênio Gomes tem sido o mais penetrante e tenaz dos batedores empenhados nessa espécie de garimpagem dos textos machadianos. Seus ensaios sobre as fontes e influências inglesas são excelentes, e creio que esgotaram o filão. O filão francês, no entanto, permanece pouco menos que intacto, apenas vislumbrado ou reconhecido, quase sempre de passagem, sem maiores demoras na pesquisa. Que eu saiba, é ainda a Eugênio Gomes que devemos a exploração dos veios Victor Hugo e Voltaire. Afrânio Coutinho explorou principalmente Montaigne e Pascal. Deste último fez boa lavra o terrível garimpeiro Magalhães Júnior, em capítulo de seu livro *Ao redor de Machado de Assis*. Rabelais, Diderot, Xavier de Maistre, Stendhal, Merimée, Renan, meramente aflorados aqui e ali, continuam desafiando a sagacidade dos pesquisadores.

Diderot é um dos franceses menos lembrados nesse particular. Entretanto o autor do *Sobrinho de Rameau* figura entre os escritores mais lidos e melhor digeridos pelo autor brasileiro. Os sinais que ele deixou na obra machadiana são bastante acentuados, pelo menos de certa altura em diante, e sobretudo nos contos de intenção ou feição filosófica.

José Veríssimo já havia notado, ao sair o volume das *Várias histórias*, que "a característica do Sr. Machado de Assis é que ele é, em a nossa literatura de ficção, um artista forrado de um filósofo". Mas esta característica pode ser aplicada, como luva, ao próprio Denis Diderot, e aí teremos estabelecida com clareza a linha de certas identidades existentes entre ambos. Nem é por acaso que o contista brasileiro coloca no pórtico das *Várias histórias* a palavra do contista francês: "*Mon ami, feisons toujours des contes [...] le temps se passe, et le cont de la vie s'chè, sans qu'ou s'en aperçoive*". Anos antes, no prefácio dos *Papéis avulsos*, já Machado de Assis se valia precisamente do nome de Diderot para justificar a maneira e o tipo de alguns contos ali recolhidos. Entre esses contos, há certamente mais de uma obra-prima que o grande escritor francês gostaria de assinar — por seu sabor filosófico (embora de não idêntica filosofia), por sua forma dialogal e ainda, convém acrescentar, por seu íntimo movimento dialético.

Mas é sobretudo no conto "Pílades e Orestes", reunido no volume *Relíquias de casa velha*, que vamos encontrar a marca de Diderot assinalada de maneira a bem dizer literal. Em Machado de Assis os dois personagens, dois amigos como se fossem dois irmãos, chamam-se Quintanilha e Gonçalves; em Diderot chamam-se Olivier e Félix.

O conto de Diderot, intitulado "*Les deux amis de Bourbonne*", começa assim: "Havia aqui dois homens, que a gente podia chamar de Orestes e Pílades de Bourbonne. Um chamava-se Olivier, e outro Félix", etc. Machado de Assis inicia o seu conto pela forma seguinte: "Quintanilha engendrou Gonçalves. Tal era a impressão que davam os dois juntos", etc. Cinco páginas adiante, o autor brasileiro define o caso dizendo: "A união dos dois era tal que uma senhora chamava-lhes os 'casadinhos de fresco', e um letrado, Pílades e Orestes".

O desenvolvimento da história é diferente num e noutro conto, com ambientes, episódios e detalhes diferentes. São dois contos diferentes. Mas em ambos, o caso de amor, que constitui o seu drama nodal, é semelhante, com desfecho semelhante.

Em Diderot: "Ao cabo de algum tempo de permanência no lugar, eles amaram; e o acaso quis que amassem a mesma moça. Não houve entre os dois nenhuma rivalidade; o primeiro que percebeu a paixão do amigo retirou-se: foi Félix. Olivier casou-se, e Félix, desgostoso da vida sem saber por quê, entregou-se a toda a sorte de trabalhos perigosos, adotando por fim o ofício de contrabandista".

Em Machado, Gonçalves e Quintanilha amaram a mesma Camila, prima de Quintanilha. Mas Quintanilha, ao perceber o amor do amigo, sacrificou-se em benefício de Gonçalves, que se casou com a pequena.

Olivier teve morte violenta, por bala, ao meter-se numa briga para salvar o amigo; Quintanilha morreu também de morte violenta, varado por uma bala revoltosa, em 1893, quando ia visitar o amigo. A diferença principal, aí, está em que Diderot matou o casado, e Machado o solteiro. E mais: o conto de Diderot continua depois da morte de Olivier, levando Félix a uma série de outras aventuras, o de Machado termina coma morte de Quintanilha — a bala perdida que o prostrou pôs o ponto-final na história.

Em certos detalhes, como se vê, a semelhança entre os dois contos é patente, e vai mesmo além de simples influenciação de leitura, fazendo lembrar o que escrevia o próprio Machado, em outro conto ("Um homem célebre", das *Várias histórias*), ao referir-se à marca de Chopin gravada numa composição de Pestana, autor de polcas populares, cuja ambição artística o torturava na busca de alguma inspiração de nível clássico: "A ideia, o motivo, eram os mesmos; Pestana achara-os em algum daqueles becos escuros da memória, velha cidade de traições".

Mas devemos reconhecer, em favor de Machado de Assis, que o seu "Pílades e Orestes" não é em nada inferior aos "Dois amigos" de Diderot, se bem que em comparações desse gênero não devemos perder de vista as diferenças de estilo próprias do tempo em que viveram e escreveram um e outro.

PROUDHON

O encontro de Quincas Borba com Brás Cubas, no Passeio Público, está narrado no capítulo LIX das *Memórias póstumas*. Desde meninos não se viam, e foi com tremendo espanto que Brás, rico, próspero, sonhando com as grandezas da política, topa de repente aquele mísero frangalho de gente a que ficara reduzido o Quincas. Este já andava ruminando o seu "humanitismo", com que alimentava a alma transtornada pela fome do corpo. Conversaram durante duas páginas — como diria o próprio romancista —, o bastante para deixar Brás Cubas enjoado de tamanho aviltamento. O outrora gentil Quincas, filho de família abastada, era agora aquilo — um facadista maltrapilho e cínico, uma ruína, uma degradação. Como já lhe havia passado uma nota de cinco mil-réis, Brás Cubas tentou despedir-se. Quincas Borba insistiu para que ficasse mais um pouco: "— Não vá sem eu lhe ensinar a minha filosofia da miséria [...]".

A conversa prosseguiu no capítulo seguinte. Mas paremos aqui na "filosofia da miséria".

Não é difícil concluir que há nessa expressão uma reminiscência da obra famosa de Proudhon. Teria Machado de Assis lido Proudhon? É possível. Os livros de Proudhon, como os de outros socialistas franceses contemporâneos — Fourier, Saint-Simon, Enfantin, Pecqueur, Considérant, Vidal, Blanc, etc. —, eram divulgados pelo mundo inteiro. Num catálogo da livraria Garnier, que já se tornara a principal livraria do Rio de Janeiro, anunciavam-se, em 1870, nada menos de 28 obras de Proudhon. Nada de extraordinário, portanto, que o nosso romancista houvesse lido os dois volumes do *Système des contradictions économiques* ou *Philosophie de la misère*.

Mesmo porém que não tivessem passado diretamente pelos seus olhos, em leitura de estudo, podemos admitir que os compulsasse ali mesmo na livraria de que era frequentador de todos os dias. Machado de Assis era constante leitor também de jornais e revistas europeias, e certamente teria lido artigos e críticas consagrados a Proudhon: é muito possível que algum de tais artigos e críticas lhe houvesse despertado o interesse por um conhecimento direto da obra.

Há ainda outra indicação em favor desta suposição. É o que deduzimos de citações do nome de Proudhon feitas por Machado de Assis, pelo menos duas vezes: numa crônica de 1878[1] e na ruidosa crítica ao *Primo Basílio*, de Eça de Queiroz, também datada de 1878. Sendo que neste último caso não se trata de mera citação do nome, porém de opinião colhida em algum texto do publicista francês: quando o crítico reprocha ao escritor português a maneira como ele transpõe para o romance tais ou quais — "reminiscências e alusões de um erotismo, que Proudhon chamaria onissexual e onímodo".

Note-se que ambas as citações datam de 1878, precisamente às vésperas de ser escrito o *Brás Cubas*.

O que não se vê em Machado de Assis, salvo engano, é qualquer referência a Marx e Engels ou a suas obras. E devemos aqui observar que justamente a *Filosofia da miséria* de Proudhon, cuja primeira edição é de 1846, levou Marx a elaborar o seu livro polêmico, escrito originalmente em francês e publicado em 1847 sob o título bem característico de *Miséria da filosofia*. O livro de Marx não teve a mesma divulgação do de Proudhon, e isto não se deu por acaso. Mas não será demais supor que Machado de Assis, se houvesse conhecido a *Miséria da filosofia*, depois de conhecer a *Filosofia da miséria*, ter-se-ia regalado pelo menos com o título que lhe pôs Marx. Como este último, o nosso Machado era também amigo e assíduo praticante de antíteses, contrastes e contraposições.

---

[1] Machado de Assis, *Crônicas (1878-1888)*, v. XXV, cit., p. 142.

AINDA PROUDHON

Mais algumas indicações acerca das possíveis leituras que Machado de Assis teria feito de obras de Proudhon. Encontramos novos sinais dessas possíveis leituras ou reminiscências de leitura em crônicas de 1896, dezoito anos depois, portanto, das crônicas que esmiuçamos anteriormente.

Em comentário às declarações de paz emitidas pelo presidente da República francesa, numa recepção festiva de Ano-Bom (1896), o cronista lembrava certa proclamação nada pacífica feita por Napoleão III, também num dia 1º de janeiro (1863), na qual o então imperador dos franceses declarava que os tratados de 1815 tinham deixado de existir. Semelhante proclamação produzira intenso mal-estar em toda a Europa, informa o cronista brasileiro, que acrescenta a seguir: "Um socialista, Proudhon, respondeu-lhe [ao imperador] perguntando em folheto se os tratados de 1815 podiam deixar de existir, sem tirar à Europa o direito público". Aqui se faz referência direta ao panfleto de Proudhon, saído a lume em 1863, na França, sob o título interrogativo — *Si les traités de 1815 ont cessé d'exister?*. No catálogo de livros franceses à venda na Garnier, já citado em nota anterior, encontra-se anunciado esse panfleto pelo preço de 2 mil réis.

Noutra crônica, datada de 13 de setembro do mesmo ano de 1896, escreve Machado de Assis o seguinte: "[...] se a propriedade é um roubo, como quer o publicista célebre [...]". De certo, não era, nem é necessário ter lido o livro de Proudhon (*Quèst-ce que la propriété? ou Recherches sur le principe du droit et du gouvernement*), para citar a frase já popularizada e repetida em todas as línguas — "a propriedade é um roubo". Mas também não é demais supor que o nosso cronista, ledor infatigável, o tivesse pelo menos folheado, nos balcões da casa Garnier.

Mais sugestiva ainda é a alusão feita a Proudhon no *Esaú e Jacó*. Aí vemos o título do capítulo LV posto entre aspas: "A mulher é a desolação do homem", e um pouco abaixo a frase do título repetida no texto com uma dubitativa indicação de autoria: "A mulher é a desolação do homem, dizia não sei que filósofo socialista, creio que Proudhon". O *Esaú e Jacó* é de 1904, escrito, portanto, bem depois dos sessenta anos, e a citação de uma sentença de Proudhon, feita em dobro, leva-nos a concluir que as reminiscências de prováveis leituras do famoso socialista permaneciam tenazmente na memória de Machado de Assis. A própria forma dubitativa com que ele menciona a autoria da frase fortalece a suposição de leituras feitas trinta anos antes[1].

---

[1] Depois de redigida a nota acima, consegui localizar a frase de Proudhon, num livro de publicação póstuma — *La pornocratie ou les femmes dans les temps modernes* — reimpresso em nova edição das obras completas do autor (Paris, M. Rivière, 1939). Mas é interessante verificar que a frase, como aparece no *Esaú e Jacó*, pode prestar-se a falsa interpretação. Proudhon não se referia à mulher de um modo geral: o que ele deixou escrito é que a mulher, quando degrada em "concubina ou cortesã, torna-se a desolação do homem". Coisa diferente da maliciosa generalização que lhe atribui o nosso romancista. É certo que as opiniões de Proudhon, em relação à situação da mulher na sociedade, eram sempre impregnadas de um moralismo rotineiro e mesmo retrógrado, o que lhe valeu a triste fama de misógino. O caso, porém, é que Machado de Assis, abusando da memória, emprestou à citação um sentido geral, e ainda por cima galhofeiro, que ela não possui.

MISÉRIA DA FILOSOFIA

Como ficou dito antes, não se vê em Machado de Assis nenhuma citação ou referência, mesmo indireta, a qualquer livro de Marx (ou de Engels). Isto se deveria, em primeiro lugar, ao fato de, então, só raramente aparecer, em nossas livrarias, uma ou outra das obras dos fundadores do socialismo científico. O aludido catálogo da Garnier não menciona nenhuma. Relativamente ao panfleto de Marx — *Miséria da filosofia*, é coisa sabida que ele teve muito menor divulgação que a *Filosofia da miséria* de Proudhon. Sua primeira edição é de 1847, e Engels conta que só muito dificilmente conseguiu alguma notícia de jornal ou revista: o silêncio foi a bem dizer geral, o contrário precisamente do que sucedia com os livros de Proudhon. O próprio Proudhon, que havia prometido contestar a crítica de Marx, achou melhor silenciar também. Mas o tempo é sempre o melhor dos críticos: hoje, a *Filosofia da miséria* vai caindo no esquecimento e a *Miséria da filosofia* vai tendo divulgação crescente no mundo inteiro.

A nossa Biblioteca Nacional — aliás paupérrima no concernente à literatura socialista — possui a primeira edição do livro de Proudhon, mas o de Marx só em tradução brasileira de 1946, cem anos depois da edição original. Uma nota curiosa: na ficha da B. N. está registrada a edição brasileira da *Miséria da filosofia* com a menção ou ressalva bibliográfica de que o livro foi escrito originalmente em alemão — *Das Elend der Philosophie* —, quando se sabe que foi redigido em francês pelo próprio Marx, e isto porque seu autor pretendia ser lido principalmente pelo público francês. A primeira edição alemã, sob forma de livro, em tradução de Kautsky e Bernstein, e prefácio de Engels, data de 1884.

Mas voltemos a Machado de Assis e às suas possíveis incursões por autores socialistas. Tudo leva a crer que ele não leu jamais a *Miséria da filosofia*. Entretanto, em sua crônica de 27 de outubro de 1875, pode se ver o seguinte: "Bebíamos chá e falávamos de coisas e coisas. Foi na quarta-feira desta semana. Abriu-se um capítulo de mistérios, de fenômenos obscuros e concordávamos todos com Hamlet, relativamente à miséria da filosofia".

Eis aí a "miséria da filosofia". Nas falas de Hamlet não há menção assim literal à "miséria da filosofia", o que nos faz supor que Machado, guardando na memória a lembrança da proudhoniana "filosofia da miséria", teria armado por sua conta e risco o jogo de palavras de que facilmente resultou a "miséria da filosofia". Coisa aliás muito do seu gosto e, o que é mais importante, da sua própria maneira de pensar.

Além do mais, devemos observar que a "miséria" da filosofia correspondia — e corresponde — como luva à linha do pensamento hamletiano. Observaremos, por outro lado, que o autor da *Miséria da filosofia* era, não menos que o nosso Machado, um devoto com a linha hamletiana e apenas serve para caracterizar, com sarcástica propriedade, a mísera "filosofia" proudhoniana.

*

Permita-se agora ao bibliômano narrar o seu próprio encontro com o livro de Karl Marx.

Há coisa de uns trinta anos, o inveterado farejador de livros entrou, certa tarde, na loja do velho alfarrabista Martins, na antiga rua General Câmara. Como todo bibliômano que se preza, não ia propriamente em busca de nenhum livro determinado: ia simplesmente buquinar, garimpar, bisbilhotar, esgaravatar. Havia uma escada ao alto, encostada a uma prateleira onde negrejavam, ao alto, as lombadas de velhas encadernações. O bibliômano meteu o pé na escada, subiu e pôs-se a ver o que havia lá por cima: velhos livros franceses de assuntos os mais diversos. O nosso herói já não se lembra de nenhum dos títulos e nomes de autores ali enfileirados e empoeirados. Isto é, não se lembra porque o título e o autor de um daqueles volumes de capa enegrecida pelo tempo monopolizaram totalmente a sua atenção. O buquinador, à vista da raridade, quase veio abaixo. Mas dominou-se, manteve-se firme, fingindo grande serenidade, desceu com o volume na mão, cuja tremura mal podia disfarçar, e dirigiu-se calmamente ao Martins Filho, que estava na loja. Preço do livro: 3 mil réis. Pago, embrulhado, metido debaixo do braço — e pé na rua, a alma leve e risonha.

Era a primeira edição da *Misère de la philosophie*, de Karl Marx.

Eis a ficha bibliográfica do famoso bouquin:

Misère / de / la Philosophie. / Réponse a / La Philosophie de la Misère / de M. Proudhon, / Par Karl Marx. / Paris, / A. Frank, / 69, rue Richelieu. / Bruxelles, / C. G. Vogler, / 2, petite rue de la Madeleine. / 1847.

BENJAMIN CONSTANT

Mais de uma vez, em suas crônicas, cita Machado de Assis o nome e a obra de Benjamin Constant, o publicista suíço-francês que tamanha influência política exerceu entre nós no período da independência, durante a regência e ainda depois.

A primeira vez, ao iniciar a série de crônicas quinzenais para a *Ilustração Brasileira*, em julho de 1876. Referia-se o cronista ao incipiente movimento constitucionalista que agitava então o Império otomano, onde — "meia dúzia de rapazes libertinos, iscado de João Jaques e Benjamin Constant, ainda quentes do último discurso de Gladstone ou do mais recente artigo do *Courier de l'Europe*; meia dúzia de rapazes, digo eu, resolveram dar com o monumento bizantino em terra, abrir o ventre ao fatalismo e arrancar de lá uma carta constitucional".

A segunda vez, em crônica de 1º de abril de 1877, ao comentar o problema político das eleições diretas ou indiretas, que estava na ordem do dia, aqui no Brasil. O cronista glosava a questão à sua moda, entre sério e galhofeiro, para a certa altura exclamar: "Ideia para os Benjamin Constant do outro século".

Tratava-se, em ambos os casos, do Benjamin Constant escritor político, e não do outro. Só dez anos mais tarde Machado de Assis estende-se, e então com rasgados louvores, ao Benjamin Constant autor do *Adolfo*. Foi isso numa das crônicas em verso da série intitulada "Gazeta de Holanda", e tem a data de 23 de agosto de 1887. São 25 quadras interessantíssimas, em que se fala de matéria política relacionada com a aplicação constitucional dos poderes atribuídos ou praticados pelo imperador. Fervia a polêmica no parlamento e na imprensa, com a frequente citação de tratadistas nacionais e estrangeiros. Um dos mais citados era Benjamin Constant:

> Um deles foi o senhor
> Que o poder moderador
> Criou e deu à coroa.
> Foi ele, em escrito seu,
> Que a constituição brasília
> Sem saber, o artigo deu
> Que pôs a toda a família.
> Dos poderes, um poder
> Que a regesse e moderasse...

Aqui o suposto gazeteiro de Holanda se dirige aos manes de Benjamin Constant dele indagando, familiarmente, o que pensa da questão:

> E tu, Benjamin fatal,
> Grande amador de pequenas,
> Tu, morto, tu, imortal,
> Lá das regiões serenas,
> Que pensas, que pensas tu
> Nesta questão, obra tua?

A resposta veio pela mesma via da indagação, e o cronista revela-se, em bom vernáculo, arrumando tudo nas redondilhas da "Gazeta". A voz do outro mundo chegou até seu gabinete, rimando, "fininha como um retroz" e "viva como um diabrete", e confessando que tinha ouvido o debate brasileiro, sem maior interesse no entanto. De sua obra, numerosa, volumosa, jogara tudo ao mar, na sua viagem para a eternidade. Guardou apenas uma:

> Um livro, um livrinho só,
> Que entre os escritos passados
> Resiste ao mórbido pó
> Dos anos empoeirados,
> Custa-me dizê-lo, crê:

> Um romance, e pequenino
> Relê, amigo, relê
> O meu Adolfo: é divino.

De toda a evidência, tanto a modéstia na apreciação do romance quanto o repúdio às obras políticas do autor denunciam simplesmente a opinião de Machado de Assis — mas opinião que o tempo tem confirmado sem discrepância. Note-se que à data da crônica machadiana a fama do *Adolfo* era ainda reduzida, só tomando vulto depois de 1889, quando sobre ele escreveram Maurice Barrès e Paul Bourget, e a seguir Emile Faguet (em 1891). Sabe-se que nem mesmo Benjamin Constant lhe dava grande importância, e a verdade é que só mais recentemente, nos últimos trinta ou quarenta anos, tem recebido o *Adolfo* o merecido tratamento por parte da crítica, hoje unânime em exaltar suas qualidades de pura obra-prima da literatura francesa.

Machado de Assis possuía bom faro. Em crônica de 2 de julho de 1893, reafirmava ele em prosa o que havia dito seis anos antes em chistosos versos: "Eu, se prefiro a todas as políticas de Benjamin Constant o seu único *Adolfo*, é porque este romance tem de viver enquanto viver a língua em que foi escrito".

Benjamin Constant pertencia, como publicista, ao pequeno grupo dos melhores intérpretes da sociedade burguesa do seu tempo, e sua obra política, numerosa e substancial, exerceu um papel progressista de considerável importância na organização do regime constitucional não só da França como também de muitos países da Europa e da América, inclusive o Brasil, durante as primeiras décadas do século passado. Foi um doutrinário do liberalismo burguês. Mas quem lê hoje os seus discursos parlamentares ou os compactos volumes do *Curso de política constitucional*? Só por estrita obrigação profissional. Quer dizer: sua obra de publicista tem hoje valor meramente histórico, relacionado com a sua época, e tende a perecer, pelo menos naquilo que possui de mais circunstancial ou imediatista. Já o *Adolfo*, obra-prima de criação artística, essa permanece e permanecerá viva para todo o sempre. E é principalmente como autor do *Adolfo* que o nome de Benjamin Constant atravessará os séculos, sentido, admirado e amado por sucessivas gerações de leitores.

Machado de Assis tinha excelentes razões para preferir o *Adolfo* ao *Curso de política constitucional*. Se em 1887 pouca gente, sobretudo no Brasil, pensaria assim, hoje não há mais dúvida que semelhante preferência é geral e definitiva.

BENJAMIN CONSTANT E BENJAMIN CONSTANT

Há Benjamin Constant e Benjamin Constant. O suíço-francês e o brasileiro. Aquele original, este homônimo, imitação do nome. Dessa homonímia fez Machado de Assis motivo de comentário, em crônica de 27 de maio de 1894. Referia-se o cronista ao "espanto que houve na Europa e especialmente em França, quando a revolução de Quinze de Novembro elevou ao governo Benjamin Constant. Perguntaram se era francês ou filho de francês". A seguir o comentário incidia sobre o fato, frequente entre nós, de se batizarem meninos com os nomes de personalidades célebres no mundo: Lamartine, Chateaubriand, Laffayette, Washington, etc. E observava que no caso de Benjamin Constant não sabia — "se foi o homem político ou o autor de *Adolfo*, que determinou a escolha do nome".

Em verdade, a dúvida de Machado de Assis não tinha cabimento. O brasileiro Benjamin Constant nasceu em 1836, seis anos depois de falecido o suíço-francês Benjamin Constant, e é improvável que nessa época fosse o *Adolfo* conhecido no Brasil, a não ser excepcionalmente. Suas primeiras edições, muito limitadas, datam de 1816, 1824 e 1828; novas reedições só apareceram em 1839 e 1843. Não é crível, portanto, que o modesto professor de província Leopoldo Henrique Botelho de Magalhães houvesse lido um pequeno romance de reduzida circulação em países de língua francesa. Sua admiração se concentrava precisamente no escritor político Benjamin Constant, famoso como tal em toda a Europa. E é isso o que nos informa o autorizado Teixeira Mendes, em sua biografia do republicano brasileiro, quando escreve que, ao batizar o filho recém-nascido, deu-lhe "o pai por patrono subjetivo Benjamin Constant, o célebre publicista do constitucionalismo, de quem era entusiasta". A informação é acrescida da seguinte conjetura, que a completa por modo extensivo: "Esta circunstância pode até certo ponto dar-nos uma ideia das opiniões políticas que no lar ouviria o patriota brasileiro na sua meninice".

RELAÇÕES SOCIAIS

Dalcídio Jurandir chamou-me a atenção para o capítulo das *Memórias póstumas* em que Brás Cubas nos mostra quem é o "verdadeiro Cotrim"[1]. Cotrim era cunhado de Brás Cubas, casado com a irmã deste último, Sabina. Homem cheio de escrúpulos morais, temente a Deus, espírito conservador, esteio da sociedade — um modelo de vida cristã, possuidor de "um caráter ferozmente honrado". Irmão de várias irmandades, tesoureiro de uma confraria, praticava a caridade moderadamente, como convinha à sua maneira de ser e às suas convicções. É certo que fazia publicar nos jornais a notícia dos benefícios que lhe saíam das mãos. Não escondia da mão esquerda a esmola dada pela mão direita. Mas desculpava-se dizendo que "as boas ações eram contagiosas", de modo que sua publicidade nesse particular visava unicamente a "despertar a filantropia dos outros".

Em suma — Cotrim era um poço de virtudes públicas e privadas, tipo representativo da sua classe, que dominava a sociedade do seu tempo.

Acusavam-no de avareza, mas, segundo pensa o memorialista, "a avareza é apenas a exageração de uma virtude" — a de ser uma pessoa econômica, amiga de guardar o que era seu, e Cotrim era daqueles para quem o que era "seu" era "seu" por direito de nascença e por direito de conquista. Sua fama de avareza casava-se com a secura de maneiras, preocupado

---

[1] A fim de o incluir neste volume, tive de reler agora o ensaio de 1939, em que tentei caracterizar Machado de Assis como romancista do Segundo Reinado, e então verifico que o caso Cotrim já era ali abordado. Dalcídio Jurandir esquecera-se do ensaio — e eu também.

acima de tudo com a administração dos seus negócios, pouco dado a divagações sem proveito nem a conversas fiadas.

Tinha os seus inimigos, como todo o mundo, e esses inimigos chegavam a qualificá-lo de "bárbaro". Chegado a esta altura, o memorialista explica: "O único fato alegado neste particular era o de mandar com frequência escravos ao calabouço, de onde eles desciam a escorrer sangue; mas, além de que ele só mandava os perversos e fujões, ocorre que, tendo longamente contrabandeado em escravos, habituara-se de certo modo ao trato um pouco mais duro que esse gênero de negócio requeria, e não se pode honestamente atribuir à índole original de um homem o que é puro efeito de relações sociais". No mesmo *Brás Cubas* há o caso de d. Plácida, mulher pobre, viúva que vivia do seu pequeno trabalho de costureira, consciência honesta, limpa e reta. O caso é narrado em alguns capítulos do livro, com aquela gradação psicológica que Machado de Asis sabia dosar como ninguém. D. Plácida acabou representando pacificamente o papel de medianeira nos amores pecaminosos de Brás Cubas e Virgília. Não resistiu à tentação de uma pequena fortuna (e a história desta pequena fortuna é outra obra-prima de penetração psicológica), que o ilustre Cubas lhe meteu nas mãos. No primeiro momento chorou, resmungou, renegou-se, mas acabou cedendo e se habituando à sua nova condição — os dias tranquilos, sem mais preocupar-se com o futuro. Sua consciência adquiriu nova dimensão e acomodou-se plenamente. E até a consciência de Brás Cubas, que teve os seus repelões de quase remorso por "ter feito capitular a probidade de D. Plácida", acabou igualmente pacificada, ainda que por vias diferentes. Não fossem os seus amores clandestinos, e d. Plácida terminaria como tantas outras, ao desamparo, morrendo de miséria. De onde concluía Brás Cubas "que o vício muitas vezes é o estrume da virtude". Semelhante reflexão selou a paz geral daquelas consciências em secretos conflitos.

Marx e Engels ter-se-iam regalado com o *Brás Cubas*. As passagens que acabo de citar — e outras semelhantes se multiplicam nas páginas do grande romance — são, com efeito, uma realização artística da melhor qualidade, em que o escritor descreve ou revela, com mão de mestre, as condições que determinam a formação ou a transformação da consciência dos seus personagens.

Cotrim podia ter nascido com uma "consciência" de anjo, e, no entanto, possuía uma consciência de escravocrata. Era um escravocrata, que vivia do negócio de traficar e contrabandear escravos. Pensava e sentia como escravocrata, vinculado por suas relações sociais precisamente ao regime escravocrata dominante no país. Para ele, o escravo não era uma pessoa humana, era apenas um objeto de negócio, uma coisa que se compra e vende, um animal com dois braços para o trabalho. Suas relações sociais com o escravo eram as relações existentes entre dono e traficante de um lado e coisa possuída, comprada e vendida do outro lado. E tais relações é que lhe condicionavam a consciência.

O caso de d. Plácida é diferente, e é aliás um caso de importância secundária. É um caso típico de corrupção individual pelo dinheiro. Mas serve para nos mostrar o processo de transformação qualitativa de uma consciência sob a pressão de novas condições de vida. No famoso prefácio da *Contribuição à crítica da economia política*, Marx condensou numa página a sua teoria da formação da consciência do homem. "Não é a consciência do homem que lhe determina a existência, mas, pelo contrário, é sua existência social que lhe determina a consciência" — lê-se no referido prefácio, e nessa frase se resume todo o processo.

No seu romance, Machado de Assis dá-nos uma imagem viva, realista das condições sociais que condicionam a formação da consciência do homem. Não sei se Machado de Assis ouviu alguma vez falar na teoria de Marx. Provavelmente, não. Como se explica então semelhante "coincidência"? Muito simplesmente. Marx estudou a história da sociedade com olhos de cientista, e seu estudo o levou a formular uma teoria. Machado de Assis estudou a sociedade brasileira do seu tempo com olhos de romancista, e a imagem que lhe ficou nos olhos da coisa estudada ele a retransmitiu sob a forma artística da ficção. Quando a realidade observada por um e por outro era a mesma, ambos chegavam a resultados idênticos, cada qual por seu próprio caminho, e transmitiam tais resultados por seus próprios meios, a ciência num e a arte no outro. Eis aí a "coincidência".

Disso tudo se pode concluir que a arte é também uma fonte de conhecimento — coisa que muita gente não compreende.

O MESMO ASSUNTO

No capítulo final de seu livro *Introdução à revolução brasileira*, em que trata do problema da miscigenação na sociedade brasileira, Nelson Werneck Sodré mostra à evidência que o comportamento moral dos senhores para com os escravos é objetivamente condicionado pela própria natureza do regime escravocrata. Argumentando com a história na mão e servindo-se de dados colhidos na literatura, o autor demonstra, ainda, que semelhante comportamento não é estático, invariável, mas, pelo contrário, muda sempre, em consequência das mudanças que se operam na conjuntura histórica, e, portanto, nas "relações sociais", a que se refere Machado de Assis no *Brás Cubas*.

Nelson Werneck Sodré aponta alguns exemplos típicos neste sentido, tirados das obras literárias de Macedo, Alencar e Machado. O caso de Cotrim, personagem importante do *Brás Cubas*, que eu mesmo comentei anteriormente, é apresentado pelo ensaísta como excelente comprovação da mutabilidade dos conceitos morais. Em 1814, quando o tráfico de escravos era negócio "normal", não só reconhecido como também protegido pela lei vigente, ninguém ousaria qualificar de "bárbaro" o traficante Cotrim; quatro décadas depois, proibido o tráfico pela lei de 1850, já isso era possível. E era tanto mais possível, convém reparar nesta circunstância agravante, porque o negocista Cotrim burlava a lei, praticando o tráfico sob a forma ilegal de contrabando[1].

---

[1] Em comentáio ao poema "O Almada", tive ocasião de salientar caso semelhante ao de Cotrim: do pai de Margarida, "tipo de sólidas virtudes", que enriquecera no tráfico de africanos (Ver: "*O Almada* e a história da cidade", p. 113 do presente volume).

Sobre a importância da obra machadiana como contribuição literária e artística ao esclarecimento de tais problemas, escreve Nelson Werneck Sodré, com irrecusável justeza: "A observação cuidadosa e aguda do romancista sente e recolhe as alterações do quadro social. E não teria sido ele o grande romancista que foi se não possuísse tal qualidade". Dessa correta opinião do ensaísta podemos tirar duas lições: a primeira está em que a arte é também uma fonte do conhecimento, e esta é uma lição de ordem geral que devemos repetir com insistência, embora se trate de uma lição elementar; a segunda, que é menos elementar, mas não menos verdadeira, está em que a compreensão das obras de arte não pode ser alcançada em toda a plenitude se limitamos a sua análise unicamente aos aspectos e peculiaridades estéticas que apresentem. Não há a menor dúvida que a consideração estética tem de ser levada em conta, e muito, mas não é tudo nem esgota os critérios de avaliação crítica da obra. A crítica, para ser completa, deve analisar a obra com critérios múltiplos e convergentes — isto diria La Palisse e seria repetido pelo conselheiro Acácio. E eu não temo em tornar a repeti-lo, uma e muitas vezes.

AUSÊNCIA DE PAISAGEM

O prof. Roger Bastide, que viveu no Brasil durante anos, exercendo o seu ofício na Universidade de São Paulo, é um excelente conhecedor da literatura brasileira, conforme se pode verificar, mais uma vez, à leitura de seus *Études de litérature brésilienne*, pequeno mas substancioso volume editado pelo Centro de Documentação da Universidade de Paris. Suponho que se trata de lições ou resumo de lições proferidas no Instituto de Altos Estudos da América Latina, que funciona na Sorbonne. O caso é que o prof. Roger Bastide realizou em breve tomo, com penetrante senso crítico, um escopo histórico extremamente sugestivo da nossa literatura, de Gregório de Matos a Machado de Assis.

Sobre o nosso romantismo e sobre o movimento de renovação cultural da década de 1870, o ilustre crítico francês emite algumas opiniões e pontos de vista que apresentam especial interesse — mesmo para os estudiosos brasileiros. Podemos assinalar nestas páginas, com efeito, mais de uma tese ou indicação a sugerir-nos a necessidade de novas pesquisas e análises que nos levem a uma compreensão mais aprofundada do nosso passado literário.

Muito bom o capítulo consagrado a Machado de Assis. O prof. R. Bastide compreende Machado de Assis muito melhor do que certos críticos brasileiros. Noutra oportunidade hei de me referir a algumas de suas vistas a respeito do nosso grande escritor; limitar-me-ei aqui a chamar a atenção para o que ele diz sobre a paisagem na obra machadiana.

Há entre nós quem aponte até a miopia de Machado de Assis como responsável pela "ausência" de paisagem nos seus livros. Com toda a razão o prof. R. Bastide rebate semelhante acusação, lembrando que nos primeiros poemas de Machado há não poucas descrições de paisagens. Permito-me acrescentar que eu mesmo já tive ocasião de abordar esta questão, em comentários ao poema herói-cômico "O Almada". Não nega o autor destes *Estudos* que na ficção machadiana a paisagem diminui pouco a pouco, mas isso em primeiro lugar por justificáveis razões de *métier*: concentrando-se naquilo que é essencial, o escritor suprimia a paisagem — espécie de *hors d'oeuvre* nos contos, novelas e romances — porque a paisagem é quase sempre um elemento supérfluo, levando o leitor a distrair-se do drama em desenvolvimento.

Escreve o prof. R. Bastide: "De fato, Machado de Assis não elimina completamente a paisagem, mas, à semelhança de La Fontaine em suas *Fábulas*, ele a reduz ao mínimo, a uma simples sugestão de traços ou de cores". Os exemplos citados confirmam plenamente a opinião defendida pelo crítico.

Demais disso, Machado de Assis escreve em estilo falado e não em estilo descritivo. A conversação, o diálogo é tudo na ficção machadiana. Observa então o prof. R. Bastide que entre pessoas que conversam não há nunca longas descrições.

Além dessas razões de ordem técnica, a verdade é que o grande ficcionista se preocupava principalmente com as criaturas humanas, e isso de maneira deliberada, não por incapacidade descritiva ou por alguma ojeriza à paisagem. Interpretando com justeza a motivação "antipaisagística" da técnica machadiana, o prof. R. Bastide esclarece que a paisagem brasileira é um dom de Deus ou da natureza, um dom gratuito de belezas naturais que podemos admirar, mas de sua existência não nos cabe nenhum mérito. O que realmente importa é ver e saber o que o homem brasileiro faz desse dom. O que mais importa considerar é o tremendo esforço do homem a fim de criar cidades e formar sob o Trópico muito bonito mas hostil uma civilização e uma cultura de que possamos nos orgulhar.

O que caracteriza a natureza carioca — observa o ilustre crítico francês — é a vegetação sensual, são as noites tépidas e voluptuosas, e mais ainda, a presença do mar. Ora, estes três elementos não estão ausentes da obra do nosso escritor; eles se tornam a própria carne das mulheres machadianas, fluem com o sangue de suas veias, vibram delicadamente sob a sua pele morena. A vida vegetal dos Trópicos está presente no lânguido andar de suas mulheres-vegetais, de suas mulheres-paisagens. As noites estão presentes nas longas cabeleiras perfumadas, tépidas, sensuais, cortadas, como diz o próprio romancista, no manto da noite.

Eis uma observação fina, cálida, saborosa, formulada por um crítico de espírito penetrante, cuja sensibilidade se deixa gostosamente enlear pelos sortilégios de uma arte literária até hoje inigualada nos trópicos brasileiros.

O CHARLATÃO JOSÉ DIAS

Nenhum estudioso de Machado de Assis ignora que a referência ou alusão de ordem cronológica não falta nunca em suas obras de ficção. Seus romances e contos estão sempre rigorosamente situados no tempo — excetuados, é claro, aqueles contos de feição alegórica ou intemporal. Nos romances cuja ação abrange largo período de tempo, como o *Brás Cubas* e o *Dom Casmurro*, o momento exato de certos episódios ou motivos ou ambientes é invariavelmente assinalado por uma data, pela menção de um fato histórico, pela recordação de algum acontecimento mais ou menos importante. Não raro, uma frase ou uma simples palavra basta para estabelecer o nexo de contemporaneidade entre a ficção e a realidade. A este propósito, escreveu Otávio Tarquínio de Sousa excelente artigo[1], em que acentua, com a sua autoridade de historiador, o que isto significa como elemento de caracterização histórica da obra machadiana.

O *Dom Casmurro* é particularmente fértil em tais referências e alusões, inclusive algumas de âmbito mundial, como a guerra da Crimeia (1854-1956), que dá motivo a uma polêmica escrita entre os meninos Bentinho e Manduca, um a favor da Rússia, outro a favor dos aliados. Polêmica de meninos que podia muito bem refletir uma experiência vivida na época pelo menino Joaquim Maria, em bélica disputa com algum companheiro da mesma idade.

Mas há no *Dom Casmurro*, repetida várias vezes, uma notação das mais interessantes como referência de tempo. É a que se relaciona com o

---

[1] Otávio Tarquínio de Sousa, "História e ficção", em Suplemento Literário, *O Estado de S. Paulo*, de 2 de março de 1957.

charlatanismo homeopata de José Dias. Ao descrever o agregado no capítulo V do romance, o memorialista recorda como ele surgiu na fazenda de Itaguaí, onde nascera Bentinho: "Um dia apareceu ali vendendo-se por médico homeopata: levava um *Manual* e uma botica". O "doutor" José Dias curou de febre alguns escravos e acabou permanecendo na fazenda, agregando-se em definitivo à família. Quando esta se transferiu para o Rio de Janeiro, José Dias veio junto, e um dia confessou ao pai de Bentinho que não era médico nem coisa parecida. "Tomara este título para ajudar a propaganda da nova escola." E ainda tomado dos ardores de propagandista, José Dias completou a confissão, armando uma razoável justificativa, aliás sem qualquer superlativo: "Eu era um charlatão... Não nego; os motivos do meu procedimento podiam ser e eram dignos; a homeopatia é a verdade, e, para servir a verdade, menti; mas é tempo de restabelecer tudo".

Anos mais tarde, tentando dissuadir o moço Bentinho de estudar medicina no Rio de Janeiro, José Dias investiu furioso contra a alopatia: "— Não duvidaria aprovar a ideia, disse ele, se na Escola de Medicina não ensinassem, exclusivamente, a podridão alopata. A alopatia é o erro dos séculos, e vai morrer; é o assassinato, é a mentira, é a ilusão".

Mas o tempo desbastaria a agressividade antialopática de José Dias, e ele acabou descrendo da homeopatia. Pouco antes de morrer e de proferir o último superlativo, disse a Bentinho, que lhe prometia trazer um médico homeopata: " — Não, Bentinho, disse ele, basta um alopata; em todas as escolas se morre. Demais, foram ideias da mocidade, que o tempo levou; converto-me à fé de meus pais. A alopatia é o catolicismo da medicina...".

É evidente em tudo isso a intenção satírica, ajustando-se o charlatanismo homeopata à psicologia do personagem. Mas o que me prende a atenção, no caso, é a data em que o falso "doutor" apareceu na fazenda de Itaguaí, no ano em que nasceu Bentinho, por volta de 1843.

Ora, precisamente no ano de 1842 é que desembarcou no Rio de Janeiro o dr. Benoît Mure, médico francês, discípulo de Hahnemann. Aqui estabelecido, o dr. Mure fundou na capital do Império o primeiro consultório de medicina homeopática, do qual se originariam pouco depois a Escola e o Instituto de Homeopatia. Nesse tempo, Machado de Assis contava menos de quatro anos; mas a atividade homeopática do dr. Mure provocou infindáveis e virulentas polêmicas pela imprensa, e dessas polêmicas, ou do eco que elas produziram, viria depois a tomar conhecimento o jovem jornalista Machadinho.

Podemos ainda supor que Machado de Assis ter-se-ia informado do assunto através de livros e revistas, que aqui se publicaram durante a permanência do dr. Mure e depois de seu regresso à Franca. Do próprio dr. Mure é o livro, em dois volumes, *Prática elementar de homeopatia*, o qual teve grande repercussão, com sucessivas edições, sendo a sua quinta edição datada de 1857. E não seria esse, justamente, o *Manual* de que se munira José Dias, conforme relata Bentinho?

O fato é que, ao narrar, no romance, como e em que circunstâncias José Dias surgira na vida de Bentinho, não esqueceu o romancista de harmonizar a data do episódio com a data do estabelecimento do dr. Mure no Rio de Janeiro. Ocorre ainda que a biografia do dr. Mure apresenta aspectos estranhos, que não eram desconhecidos na corte, e deles se informaria Machado de Assis ouvindo pessoas que sabiam de tudo, inclusive a parte aventurosa.

O dr. Benoît Mure veio para o Brasil não apenas como adepto e propagandista das doutrinas médicas de Hahnemann, mas também como adepto e propagandista das doutrinas sociais de Fourier[2]. Obtivera do governo imperial uma concessão de terras na província de Santa Catarina, para ali instalar um falanstério socialista do tipo ideado por Fourier. Trouxe de início algumas dezenas de famílias francesas, umas duzentas pessoas, todas como ele fourieristas. Fundaram o Falanstério do Saí, naquela província do Sul, dedicando-se os falansterianos à criação de gado, à pesca, à lavoura, a

---

[2] Há um curioso personagem de Flaubert, tipo de aventura, também fourierista e homeopata, além de outras coisas: "*Pellerin, après avoir donné dans le fourierisme, l'homéopathie, les tables tournantes l'art gothique et la peinture humanitaire, était devenue photographe* [...]". Gustave Flaubert, *L'education sentimentale* (Paris, Garnier, 1954), p. 424.

trabalhos de ferraria, serraria, etc. Mas a tentativa durou pouco, minada por discórdias internas e inadaptação às novas terras. A maior parte regressou à França — e o dr. Mure, decepcionado, fixou-se no Rio de Janeiro como propagandista da homeopatia. Aqui permaneceu até 1847 ou 1848[3].

Granjeou não poucos adeptos, o mais combativo dos quais foi o médico português dr. João Vicente Martins, nascido em 1810, formado em 1836 pela Escola Médico-Cirúrgica de Lisboa e chegado ao Rio de Janeiro em 1837. Escreveu muito, fundando com o dr. Mure uma "revista universal brasileira" intitulada *Ciência*, que se publicou na corte de 1847 a 1849. Viajou pela Bahia e Pernambuco em propaganda da homeopatia. Morreu com 43 anos de idade. Seu sucessor no Instituto Homeopático foi o dr. Tomás Cochrane, filho de *lord* Cochrane, e que viria a ser sogro de José de Alencar. E não seria o dr. Cochrane o informante de Machado de Assis[4]?

Dr. João Vicente Martins escreveu também um romance, *Gabriela envenenada ou a providência*, Rio de Janeiro, 1847. Conheço o volume de apenas o ver mencionado em catálogo, mas a crer no título e subtítulo, a heroína Gabriela teria sido envenenada pela alopatia e salva pela homeopatia, com a ajuda da providência. O catálogo a que me refiro menciona ainda o livro *Horas vagas*, de João Vicente Martins, consagrado à Imperial Sociedade Amante da Instrução, Rio de Janeiro, 1847.

O engenheiro Vauthier, outro francês, também propagandista das doutrinas de Fourier, e que viveu no Recife na mesma época em que esteve no Rio o dr. Mure, dizia que este último era um charlatão. Limito-me a

---

[3] Sobre a aventura do dr. Mure no Saí, vide Alberto Rangel, *No rolar do tempo* (Rio de Janeiro, José Olympio, 1937), onde há todo um capítulo com interessantes pormenores. Outros pormenores também muito curiosos foram anotados por Arnaldo S. Thiago, "Falanstério do Saí", *Jornal do Comércio*, fev. 1950.

[4] Do seu interesse pelo assunto encontramos indicação precisa em crônica publicada entre 1884 e 1885, na qual podemos ler o seguinte: "A própria homeopatia, quando entrou no Brasil, tinha os seus ecléticos; entre eles o Dr. R. Torres e o Dr. Teoesquelec, segundo afirmou em tempo (há quarenta anos) o Dr. João V. Martins que era dos puros. Os ecléticos tratavam os doentes como a eles aprouvesse. É o que imprimia então o chefe dos propagandistas" (Machado de Assis, *Crônicas (1878-1888)*, v. XXV, cit., p. 206).

registrar a pesada acusação formulada pelo engenheiro, talvez exagerada. O fato é que o médico deixou entre nós bom nome — e discípulos fiéis. Quanto a José Dias, sobre esse não pairam dúvidas — era um charlatão acabado e confesso.

SAINT-CLAIR DAS ILHAS E PAULA BRITO

Em seu livro *Ao redor de Machado de Assis*, inclui R. Magalhães Júnior dois capítulos que me interessam particularmente, pois incidem sobre assuntos que ocupam algum espaço no meu fichário machadiano.

Um deles relaciona-se com os livros que os personagens de Machado liam. Entre tais livros há um romance, *Saint-Clair das Ilhas*, muitas e muitas vezes citado em contos e romances, mas sem mencionar-se nunca o nome do autor. R. Magalhães Júnior pôs-se à cata do desconhecido, e só depois de muita busca infrutífera conseguiu localizar um anúncio no *Diário do Rio de Janeiro*, em 1854, em que aparecem título e autor do então lidíssimo romance: *Saint-Clair das Ilhas, ou os desterrados na ilha da Barra*, por mme. Mantolieu, traduzido do francês por A. V. de C. e Sousa, edição da casa Garnier em três volumes. Pois agora, depois de lido o livro de R. Magalhães Júnior, por acaso encontrei as indicações que tamanho trabalho lhe deram. Aqui estão num velho Catálogo dos Livros da Biblioteca Fluminense (impresso na Tipografia Thevenet & C., rua da Ajuda, 16, Rio, 1866) sob o n° 2.603: "*Saint-Clair das Ilhas, ou os desterrados na Ilha de Barra*. Traduzido do francês de Madame de Montolieu por A. V. de C. e Sousa, Lisboa, 1835, 3 vols. in 8°". E aí está mais um detalhe: a edição Garnier, que Magalhães Júnior viu no anúncio do *Diário do Rio de Janeiro*, seria de fato uma reedição feita muitos anos depois da edição portuguesa de 1835. Duas pequenas diferenças são de notar entre o anúncio do jornal de 1854 e o Catálogo de 1866: Ilha "da" Barra e Mantolieu com "o" no primeiro caso, e Ilha "de" Barra e Montolieu com "e", no segundo caso. Pequenos nadas de mínima importância, prováveis erros de revisão num ou noutro caso; mas são esses nadas insignificantes que muitas vezes levam o pesquisador a grandes descobertas — pelo menos como excelente exercício de paciência, sem a qual não pode haver pesquisa, nem pequena nem grande.

Outro assunto do meu particular interesse é o do capítulo dedicado a Paula Brito, o primeiro editor de Machado de Assis. R. Magalhães Júnior resume nesse capítulo as informações contidas em trabalhos de Moreira de Azevedo e Melo Morais Filho, completando-as com outros dados colhidos alhures. E cita, a propósito, algumas das crônicas de Machado em que este recorda, com as melhores palavras de amizade e gratidão, o antigo protetor e amigo. Podia citar também certa passagem do conto "Singular ocorrência" (*Histórias sem data*), onde se conta que foi à porta da loja Paula Brito que Andrade avistou a primeira vez a Marocas, e que esse encontro fortuito foi o ponto inicial de uma louca paixão e de outras complicações correlatas. O conto foi publicado primitivamente na *Gazeta de Notícias*, em 1883, mas o contista, como sempre meticuloso em datar e localizar as suas histórias, adianta que o caso ocorrera em 1860 e que o Rocio não tinha então nem jardim nem estátua.

A loja do Paula Brito, lugar de reunião diária de literatos e políticos da época, não fugia à regra universal das lojas do gênero; os *potins* mais ou menos malévolos enchiam boa parte das horas que ali passavam os ilustres frequentadores.

Num romance de A. D. de Pascual, *Esposa e mulher*, editado em 1872, há um capítulo intitulado precisamente "A loja de Paula Brito", onde se pode ler o seguinte: "Estavam reunidos na loja de Paula Brito alguns desses felizes ou infelizes mortais que nada têm que fazer, durante o dia, e menos em que ocupar as noites. Onde quer que reúnem-se esses membros da família moral dicotiledônea [sic!] pode-se dizer que a conversa é sobre política que não sabem o que é, ou sobre a mulher, que também não a conhecem senão nas mais vulgares e ofensivas cores".

O romancista ressalva as boas qualidades de Paula Brito, mas não poupa os frequentadores da loja, aos quais aplica, além dessa esquisita "dicotiledônea", os qualificativos de "madraços" e "sicofantas sociais". *Esposa e mulher*, dito "romance brasileiro", é uma xaropada em 356 páginas, com todos os matadores da pior subliteratura daquele período de liquidação final do romantismo. A. D. de Pascual, que usava o pseudônimo de Adadus Calpe (e isto é que parece nome de planta "dicotiledônea"), aliás estimável escritor em obras de outra natureza, era autor de outros romances, cada qual mais alambicado, choroso e moralizante. Seus insucessos no gênero seriam provavelmente objeto de comentários desfavoráveis, ali na loja do bom Paula Brito, e isso com certeza é que o levou a vingar-se nas páginas do citado e abominável romance.

USO E ABUSO DA MEMÓRIA

Machado de Assis abusava da boa memória que possuía. Guardava na cabeça muito e muito que lia, e são frequentes em toda a sua obra as reminiscências de leitura e as citações de frases, versos, conceitos, pensamentos, sentenças... colhidos em autores antigos e modernos. Mas não menos frequentes são os equívocos resultantes do abuso da memória. R. Magalhães Júnior chamou-o com razão de "deturpador de citações", assim intitulando um dos capítulos do seu livro *Machado de Assis desconhecido*. O caso de uns versos dados por ele como sendo de Camões confirma plenamente o vezo das citações em falso.

Como única — e relativa — desculpa, neste caso, pode-se admitir que Machado houvesse tomado de terceiro o engano em questão. Precisamente o que viria a fazer o escritor português Cruz Malpique, citando os mesmos versos e também atribuindo-os a Camões, e isso justamente em ensaio consagrado a Machado de Assis, no anuário *Brasília*, v. III, Coimbra, 1946, o que nos leva à quase certeza de que o ensaísta apenas copiou o equívoco do autor brasileiro.

Mas voltemos ao nosso caso.

Segundo as minhas notas, o verso que diz — "Entre mim mesmo e mim", atribuído a Camões por Machado de Assis, foi por ele citado duas vezes: a primeira no conto "Viagem à volta de mim mesmo", publicado na *Gazeta de Notícias* de 4 de outubro de 1885, conforme consta da *Bibliografia* organizada pelo prof. Galante de Souza; e a segunda na crônica publicada igualmente na *Gazeta de Notícias*, nove anos depois, a 7 de outubro de 1894. Ambos estão recolhidos em livro, um no v. I de *Relíquias de casa velha*, e o outro no v. II de *A semana*, edições Jackson.

No conto é citado todo o terceto inicial da cantiga, e o contista os qualifica de "maviosos versos de Camões": "Entre mim mesmo e mim / Não sei que se alevantou. / Que tão meu imigo sou".

Na crônica, já o vimos anteriormente, transcreve-se apenas o primeiro verso — "Entre mim mesmo e mim".

Foi Augusto Meyer quem me despertou a atenção para o *lapsus calami*: os versos citados no conto não são de Camões. Verificação feita e refeita, confirmava-se a denúncia: maviosos ou não, de Camões é que não são. Mas de quem, então? Pequeno problema, grande empenho: convoquei dois ou três amigos, machadianos, camonianos, manuseadores de clássicos. O prof. Thiers Martins Moreira adiantou-se cabalmente, como se pode ver pela comunicação que teve a bondade de me endereçar, e vai transladada a seguir, com a sua autorização e o meu agradecimento:

> Os versos não são de Camões. Constituem um mote (ou moto, como escreviam) de uma cantiga de Bernardim Ribeiro que figura no *Cancioneiro geral* de Garcia de Resende (v. 5º da Ed. de Coimbra, 1917, pág. 271) e, com variantes, nas edições de suas obras (V. Bernardim Ribeiro e Cristovam Falcão, *Obras*, v. II. Coimbra, Imprensa da Universidade, pág. 157). O texto da cantiga, segundo a edição das *Obras*, é o seguinte:
>
> Antre mim mesmo em mim,
> Não sei que se alevantou
> Que tão meu imigo sou.
> Uns tempos com grande engano
> Vivi eu mesmo comigo,
> Agora no maior perigo
> Se me descobriu mor dano:
> Caro custou um desengano
> E, pois, me este matou,
> Assás caro me custou.
> De mim sou feito alheio.

Antre cuidado e cuidado,
Está um mal derramado
Que por meu grã mal me veio
Nova dor, novo arreceio.
Foi este que me matou,
Que tão meu imigo sou.

Como foi Machado de Assis atribuir a Camões os três versos do mote? Se citou de memória, é provável que tenha confundido os dois quinhentistas. Também pode ser que se tenha valido de fonte secundária e incorreta.

O assunto dos versos é frequente na época. Cantiga muito parecida com a que transcrevo existe entre os poemas de Bernardim Ribeiro e é atribuída a Sá de Miranda. O mote é assim: "Comigo me desavim. / Vejo-me em grande perigo: / Não posso viver comigo, Nem posso fugir de mim".

O nosso Camões andou bem perto do mesmo tema com a cantiga que tem por mote: "Do que me serve fugir / Da morte; dor e perigo / Se me eu levo comigo?". Como se vê, estamos diante de um desses topos literários comuns a uma época. O desgosto do poeta consigo mesmo, a adorável ficção poética de o inimigo ser ele próprio e daí surgirem os desencontros e os sofrimentos, são assuntos para uma sedutora pesquisa literária, onde, já agora, se incluirá a pequena confusão do nosso romancista.

Thiers Martins Moreira

FROTA DA BOA VIZINHANÇA

A primeira linha de navegação entre New York e o Rio de Janeiro foi inaugurada em maio de 1878, precisamente há sessenta anos e meio. Não vi ninguém lembrar-se disso, agora, a propósito do estabelecimento da frota da boa vizinhança. Tampouco poderia eu lembrar-me de tal coisa, não fora o acaso que me fez ler, nestes dias, umas velhas crônicas do folhetinista Eleazar, estampadas no diário *O Cruzeiro*, que então se publicava na corte. Eleazar, como se sabe, era um dos muitos pseudônimos usados por Machado de Assis para firmar as suas crônicas e os seus folhetins.

O Cruzeiro fora fundado poucos meses antes (o próprio Machado de Assis registrou o fato na sua crônica para a *Ilustração Brasileira* de 1º de janeiro daquele ano) e nele colaborou Eleazar com suas "Notas semanais", publicadas, regularmente, de 2 de junho a 1º de setembro (sempre de 1878). Não sei dizer se *O Cruzeiro* continuou a viver depois dessa data[1], ou se o último folhetim de Machado de Assis nele estampado coincidiu com o derradeiro número da folha.

Machado de Assis, mestre não só do conto e do romance, mas igualmente do folhetim, fazia da crônica dos fatos um jogo amável do espírito, em que às vezes o bom humor e a graça dos comentários vestiam alegremente a triste nudez de graves preocupações ou de altos pensamentos. As "Notas semanais" de Eleazar são um modelo no gênero e pertencem, decerto, ao que há de mais típico e mais saboroso na maneira machadiana. No folhetim em questão, depois dos comentários tecidos a

---

[1] Continuou — até 1883. Mas a colaboração de Machado de Assis — crônicas, contos, teatro e um romance: *Iaiá Garcia* — não foi além de setembro de 78. (Nota de 1958)

propósito de um incêndio que ocorrera naquela semana, o cronista, ligando o fato do incêndio ao fato da inauguração da nova linha de vapores, saiu-se com esta: "Sucessos em terra, sucessos no mar. Voa um prédio; inaugura-se a linha de navegação entre este porto e o de New York. No fim de uma coisa que acaba, há outra que começa; e a morte pega com a vida; eterna ideia e velha verdade. Que monta? Ao cabo, só há verdades velhas, caiadas de novo". Aí está, entre dois fatos e uma irreverência, a fórmula exata de um conceito filosófico que tanto mais profundo quanto mais velho; conceito que vem dos velhos tempos de Heráclito, tendo atravessado a escuridão dos séculos para ganhar novas forças com Hegel e assumir o papel de guia luminoso que permitiu a um de seus discípulos[2] elaborar um poderoso sistema de concepção da vida universal. Provavelmente Machado de Assis nem sequer conhecia esse sistema, e de seu autor porventura só teria tido informações escassas. Mas isto ainda acrescenta os méritos de escritor brasileiro, cujo pensamento, intuitivamente ou não, se colocava na linha geral da mesma conceituação filosófica, velha e revelha, e sempre verdadeira.

Naturalmente, conhecendo como ninguém o seu ofício, o folhetinista não pretendia servir aos seus leitores "um caldo suculento de reflexões". O caldo gordo era servido no artigo de fundo. O folhetim era a sobremesa do jornal. As reflexões e ponderações mais sérias lhe escapavam quase sem querer, como lastro intermitente da conversa fiada. E foi assim, como quem não queria ("O vapor é grande demais para estas colunas mínimas; há muita coisa que dizer dele, mas não é este o lugar idôneo" — dizia), que Eleazar alinhou algumas observações relativas à necessidade de melhor conhecimento e mais estreitas relações entre o Brasil e os Estados Unidos.

"Que os Estados Unidos começam a galantear-nos, é coisa fora de dúvida; correspondamos ao galanteio; flor por flor, olhadela por olha-

---

[2] Referência a Karl Marx. Do original constava o nome do fundador do socialismo científico. A pretexto, porém, de se prevenir contra a censura do DIP, a censura interna do jornal (*Diário de Notícias*, do Rio) suprimiu o nome perigoso. (Nota de 1958)

dela, apertão por apertão." Parecia-lhe que a nova linha de navegação era alguma coisa mais que uma simples linha de barcos. "Já conhecemos melhor os Estados Unidos; já eles começam a conhecer-nos melhor. Conheçamo-nos de todo e o proveito será comum." Eis aí temos Machado de Assis colocando-se entre os pioneiros da política de boa vizinhança entre os dois grandes países do continente. Isto em 1878.

Machado de Assis previa, ou pelo menos pressentia, o enorme alcance futuro de tais relações. Tanto que as desejava firmadas não só no plano do puro interesse, mas ainda num plano em que predominassem motivos outros, talvez menos palpáveis, porém não menos importantes. "Conjuguemos os nossos interesses — aconselhava Eleazar — e um pouco também os nossos sentimentos; para estes há um elo, a liberdade; para aqueles, há outro, que é o trabalho; e o que são o trabalho e a liberdade senão as duas grandes necessidades do homem? Com um e outro se conquistam a ciência, a prosperidade e a ventura pública."

São palavras, estas, de um simples folhetinista fluminense de 1878 — é verdade que era ele um folhetinista que se chamava Machado de Assis; mas ecoam hoje, sessenta anos depois, como se fossem palavras atuais nada menos que de um Roosevelt.

Dezembro de 1938

PREOCUPAÇÕES POLÍTICAS

Pelos anos de sessenta, no século passado, duas questões internacionais apaixonaram particularmente a opinião pública do mundo inteiro: as lutas sustentadas pelo povo oprimido da Polônia contra o Império tzarista opressor, e a malograda aventura de Napoleão III querendo impor ao México o imperador Maximiliano. Sabe-se como as forças do tzar russo conseguiram esmagar o povo polonês que se batia, de armas na mão, pela independência nacional: a ferro e a fogo. Mais felizes que os poloneses, os mexicanos, sob a direção do patriota Juarez, acabaram por fim com as veleidades imperialistas do terceiro Napoleão, reimplantando a República e liquidando de vez a inglória figura de Maximiliano.

Naquele tempo, o jovem poeta e jornalista Machado de Assis, atento ao que ia pelo mundo, e exprimindo o seu pensamento com os impulsos próprios da idade, ocupou-se de ambos os casos em poesia e prosa.

O seu poema "Polônia" data de 1862 e foi incluído no volume de estreia do poeta, *Crisálidas*, editado em 1864. É uma peça veemente, inspirada na admiração e na solidariedade que o povo polonês, "admirável povo", bem merecia: "Pobre nação! — é longo o teu martírio; / A tua dor pede vingança e termo…".

A Polônia luta pela liberdade; as suas dores são as dores da opressão. O poeta ama a liberdade e por isso toma posição ao lado do povo oprimido, solidário com o seu sofrimento: "Não ama a liberdade / Quem não chora contigo as dores tuas…".

Mas não só como poeta manifestou Machado de Assis a sua admiração pela Polônia. Dois anos depois, fazia ele o folhetim semanal do *Diário do Rio de Janeiro*, quando os acadêmicos do Recife lhe proporcionaram nova oportunidade de se referir aos poloneses, em prosa não menos veemente que os versos:

> Os acadêmicos do Recife, segundo a notícia que nos trouxe o paquete, pretendem dar um espetáculo em favor das vítimas da Polônia, sendo eles próprios os atores.
>
> Deixamos de parte a consideração da oportunidade; a lembrança vem tardia, decerto: mas eu procuro ver o que há de essencial no ato.
>
> Assim, mando daqui os meus calorosos aplausos aos acadêmicos do Recife pela ideia nobre e generosa que pretendem levar a efeito. É própria da mocidade, e dá a esperança de que na geração que desponta há centelhas de sincero amor à causa da justiça.
>
> ... Eu, quando vejo manifestações destas, sinto-me cheio de orgulho e de esperança; porque elas simbolizam o espírito do futuro como uma condenação do presente.
>
> O presente é isto; a Polônia revoltou-se mais uma vez contra os seus injustos opressores: alçou-se um grito de todos os pontos da terra.

Igualmente em verso e prosa, por diversas vezes repetidas, Machado de Assis exprimiu também a sua simpatia pelo México em luta contra Maximiliano e Napoleão III. No "Epitáfio do México", também incluído na coletânea das *Crisálidas*, clamou ele contra a imposição aos mexicanos, pela força das armas, de um regime espúrio e impopular. A causa da justiça, que era a própria causa do povo, fora batida pela superioridade bélica do invasor:

> Ante o universo atônito
> Abriu-se a estranha liça,
> Travou-se a luta férvida
> Da força e da justiça;
> Contra a justiça, ó século,
> Venceu a espada e o obus.

Isto foi escrito em 1862. Em 1865 volta o escritor a tratar da questão mexicana, em diversas crônicas publicadas no aludido *Diário*. O que ele havia feito em verso volta a ser repetido, com insistência e até com mais energia, na boa prosa dos folhetins. Citaremos alguns trechos.

Em 24 de janeiro de 65: "O Império napoleônico, sob a responsabilidade legal de Maximiliano, foi puramente imposto ao povo mexicano, em nome da força, *le droit du plus fort*". O folhetinista exprime ainda a sua revolta não só contra o atentado, de que foi vítima o povo mexicano, como ainda contra a passividade das potências diante da brutalidade: "Se o meu século aplaudisse a conquista do México, eu não hesitaria em dizer que era um século de barbaria, indigno da denominação que se lhe dá. É certo que o consentimento tácito das diversas potências, que andam à frente do mundo, faz desanimar a todo aquele que está convencido do espírito liberal e civilizado do seu tempo".

Em 21 de fevereiro seguinte, novamente se refere o cronista à situação mexicana, a propósito da apresentação de credenciais do primeiro embaixador de Maximiliano junto à corte brasileira. Respondendo por antecipação aos que pudessem alegar, em favor dos vencedores, as boas intenções do príncipe austríaco, feito à força imperador do México, escreveu: "[...] as melhores intenções deste mundo e os esforços mais sinceros não dão a menor parcela de virtude àquilo que teve origem do erro, nem transformam a natureza do fato consumado".

Duas semanas mais tarde, a 12 de março, Machado de Assis reproduzia no seu folhetim uma carta que lhe escrevera um *Amigo da verdade* em defesa de Maximiliano — e no mesmo folhetim dava "a resposta conveniente" aos argumentos do adversário. Resposta que era o desenvolvimento do seguinte conceito inicial: "Em nossa opinião o Império do México é um filho da força e uma sucursal do Império francês".

Se os sentimentos democráticos e o amor à liberdade levaram assim Machado de Assis à defesa de nações estrangeiras, claro é que na defesa da independência e da soberania do Brasil não se poupava ele ao bom combate. Muitas e muitas citações poderíamos fazer neste sentido. Mas basta-nos, para terminar, transcrever aqui um trecho dos mais expressivos de um folhetim datado de 10 de novembro de 1861. Lembremo-nos que isso foi no tempo da famosa questão Christie, que tão profundamente agitou a opinião pública do país.

Primeiro o fato: "[...] deu-se ultimamente em nosso porto um fato que é nada menos que uma grave ofensa à soberania nacional. Mal saía a visita da polícia de um vaso brasileiro, apresentou-se um oficial inglês no escaler de sua nação, exigindo a sua introdução a bordo!".

Depois o comentário:

> Nações fracas devem sofrer tudo, dizem as potências de primeira ordem; e, sem atender que, como dizia o conceituoso Camões, é "fraqueza ser leão entre ovelhas", fazem alarde de sua importância e força material. Benza-o Deus, antes querem um aleijão no moral que uma quebra desse poder que atemoriza os fracos, indignando a consciência. Vamos ver o que fará o nosso governo. Dizem que somos colônia da Inglaterra; não sei se somos, mas é preciso provar que não.

Esta última frase — escrita em 1861 — definia bem claramente a posição patriótica do jovem Machado de Assis.

Junho de 1939

ALGUMA BIBLIOGRAFIA

I – Em 1939

O livro de Sílvio Romero, datado de 1897, e a famosa contradita que lhe opôs Labieno-Lafayette creio que foram os primeiros estudos de conjunto consagrados à análise e à apreciação da obra de Machado de Assis. Este vivia ainda, e precisamente por esse tempo estaria compondo o *Dom Casmurro*, que foi afinal a melhor contradita, oposta às críticas de Sílvio. Em 1901 aparecia o volume das *Poesias completas*, o qual motivou uma série inacabada de artigos de Múcio Teixeira sobre Machado poeta — menos "sobre" do que propriamente "contra". O estudo de Sílvio era também "contra", mas tratava-se em todo caso de um "contra" importante, se bem que apaixonado, e por isso mereceu o *Vindiciae*; já os artigos de Múcio não conseguiram provocar nenhum outro Labieno.

Dos numerosos artigos publicados por ocasião da morte de Joaquim Maria, em 1908, alguns interessam ainda hoje como depoimentos sobre a personalidade do escritor. Estão neste caso, em primeiro lugar, as reminiscências de Mário de Alencar, tão cheias de comovida ternura, a que se juntaram, mais tarde, os seus prefácios para os volumes de publicação póstuma editados pela casa Garnier[1].

---

[1] Haveria que mencionar, aqui, os artigos de José Veríssimo, Araripe Júnior, Magalhães de Azeredo Constâncio Alves, Olavo Bilac, Carlos de Laet, etc., e ainda o discurso de Rui — *O adeus da Academia*, e o de Alcindo Guanabara na Câmara dos Deputados. A conferência de Oliveira Lima, lida na Sorbonne, em Paris, a 3 de abril de 1909, excelente ensaio sobre a obra de Machado de Assis, devia ser também mencionada. A esses trabalhos viriam juntar-se, nos anos a seguir, muitos outros estudos, ensaios,

Mas só em 1912, com o ensaio do sr. Alcides Maya, é que a obra de Machado de Assis começou na verdade a ser estudada gratuitamente, com espírito objetivo, fora de qualquer propósito polemístico ou apologético. Um belo ensaio, inteligente, compreensivo, embora parcial, isto é, visando a determinado aspecto da obra machadiana. Meia dúzia de anos depois, surgia o considerável volume de Alfredo Pujol, biografia literária sistemática, de valor mais descritivo do que interpretativo, porém rico de informações concretas sobre a vida do biografado. Outra meia dúzia de anos transcorreu até 1923, quando Graça Aranha editou e prefaciou o volume contendo a coleção de cartas trocadas entre Machado de Assis e Joaquim Nabuco. Nenhum intuito descritivo ou informativo no prefácio; Graça Aranha entregava-se a um puro trabalho de interpretação, não raro voluptuosamente perdido no arbitrário e no conjetural, mas também, por vezes, rebrilhando em verdadeiros achados de argúcia e penetração.

O prefácio de Graça Aranha foi seguido de quase uma década de silêncio, passando pouco menos que despercebidos os tardios comentários que lhe dedicou Luís Murat, em 1926. Um ou outro pequeno ensaio, artigo de revista ou de jornal, e até algum livro inteiro, mal e mal percebido, não conseguiam quebrar o silêncio. Machado de Assis parecia mergulhar no esquecimento, abafado sob o tumulto dos sucessos políticos...

Por volta de 1932 surgiram os livros dos srs. Fernando Nery, Vianna Moog, Mário Casassanta e a reedição, em Minas, do *Vindiciae*. Eram já os sinais precursores de próxima ressurreição. Esta, com efeito, foi anunciada por dois livros notáveis, aparecidos respectivamente em 1935 e 1936: o do sr. Augusto Meyer, ensaio de alto quilate, e o da sra. Lúcia Miguel Pereira, pesquisa biográfica e crítica da melhor qualidade. Ainda de 36 é o ensaio do sr. Teixeira Soares, todo ele simpatia e compreensão. A seguir apareceu

---

reminiscências, conferências e artigos importantes, quase todos depois reunidos em livros dos respectivos autores, e que seria difícil computar na ocasião em que se publicou a presente nota, nem era intuito do autor fazer uma relação bibliográfica propriamente dita. (*Nota de 1958*)

o volume do sr. Peregrino Júnior, devassando os desvãos clínicos ainda obscuros da vida e da obra de Machado.

O grande escritor como que renascia mais poderoso, e os personagens por ele criados recomeçaram a viver com insuspeitado vigor, enchendo a literatura brasileira de uma importância que tende visivelmente a superar as mais otimistas previsões anteriores. A reedição e divulgação em massa das suas obras completas, coincidindo com a renovação dos estudos a ele consagrados, nos mostraram, aos velhos e aos novos, que há ali um gigante irônico a desafiar o tempo, com a firme disposição de permanecer e assistir ao desfilar de muitas gerações.

O ano do centenário pode afirmar-se que não é somente o ano da glorificação oficial de Machado de Assis, porque é sobretudo o ano inicial da sua popularização — eu ia quase dizer da sua socialização. As celebrações que estamos presenciando transcendem dos limites comuns às simples solenidades dessa natureza. Há nelas qualquer coisa de essencial, que a só passagem da centúria não poderia explicar. Fica-me a impressão de que o Brasil está descobrindo o seu grande escritor, aquele que melhor soube transmitir ao barro das criações literárias a alma característica da gente brasileira.

Nenhum outro escritor brasileiro, em nenhum tempo, foi tão falado, tão manuseado, tão esquadrinhado quanto Machado de Assis atualmente. A sua obra e a sua personalidade estão sendo exploradas por uma espécie de garimpagem literária que se alastra pelo país inteiro. Na imprensa diária e periódica, nas academias e nas escolas, e até no rádio e no cinema, por mil formas diversas, são os seus livros submetidos à análise e ao comentário de quantos possuem um meio qualquer de comunicação com o grande público. Ora, tudo isto significa, antes de mais nada, que a sua obra está sendo lida e sentida pelo povo. O que vem a ser uma bela coisa, a desmentir de modo claro a presunçosa opinião segundo a qual os seus livros não podiam ser entendidos pelo povo, porque demasiado finos e sutis. Só uma reduzida elite de privilegiados da cultura, afirmava-se, possuía antenas capazes de bem apreender e compreender as suas finuras e sutilezas.

Duplo engano: o de pensar que o povo é incapaz de apreciar as grandes obras literárias e o de supor que Machado de Assis não escreveu para o povo. Em boa e pura verdade, o povo é que compreende mais sentidamente as grandes obras e Machado de Assis não teria deixado uma grande obra se não escrevesse para ser entendido pelo povo. Da presunçosa opinião dos leitores supostamente privilegiados resultaria, no fim de contas, em vez de louvor, o amesquinhamento da qualidade literária do mestre.

Sem dúvida, a moda influiu muito em todo esse entusiasmo centenário, produzindo um tal ou qual derramamento de "machadismo" — de "machadismo" assim com aspas, tomado no mau sentido que a palavra possa ter. Mas a moda por ser moda passará com o centenário, e a obra de Machado de Assis permanecerá sempre atual, e a sua popularização se irá estendendo e aprofundando, cada vez mais, num processo decerto menos acelerado e por isso mesmo também menos superficial.

Paralelamente à sua popularização, guiando-a e orientando-a, novos machadianos vão e irão surgindo, biógrafos, exegetas, críticos e comentadores da obra e da vida do escritor. A garimpagem meio açodada destes dias centenários apenas tem aflorado o terreno: o veio aurífero é muito mais rico do que pode parecer à primeira vista e não se esgotará tão cedo. Há muito ainda que pesquisar e dizer sobre o escritor e sobre o homem.

O sr. Alcides Maya, pioneiro ilustre, dá-nos um exemplo disso, preparando uma segunda edição desenvolvida do livro que publicou há cerca de trinta anos. O sr. Augusto Meyer tampouco se fartou com a primeira colheita, prometendo-nos agora uma *Biografia póstuma de Machado de Assis*, título que só por si já denuncia qualquer coisa de novo no gênero. Do sr. Eloy Pontes espera-se, como é do seu feitio, uma biografia compacta e exaustiva. Outros estudos biográficos são anunciados pelos srs. Modesto de Abreu, Mário Matos, Machado Coelho, este último do Pará como o sr. Raymundo de Moraes, que também comparece com um volume de crítica e comentário.

Seria de mau gosto aventurar palpites sobre o caráter ou a substância de livros alheios meramente anunciados; contudo, creio bem não incidir em erro afirmando que os estudos atuais sobre Machado de Assis estão apenas abrindo caminho para trabalhos de maior profundidade. É a fase horizontal do desbravamento, sem embargo de uma ou outra tentativa de sondagem vertical. Acredito que não tardarão os estudos particularizados neste sentido, como resultante de pesquisas mais concentradas e intensivas. Os trabalhos de síntese virão a seu tempo, depois de uma elaboração necessariamente demorada.

Há muito mistério ainda em Machado de Assis. Mistério fascinante, que atrai e enfeitiça deliciosamente os decifradores.

Junho de 1939

II – Em 1958

A passagem do cinquentenário da morte de Machado de Assis veio mostrar como cresceu e cresce, dia a dia, o interesse do público pelas obras do grande escritor. E isto significa, parece-me evidente, que a massa de leitores, o Brasil que lê e estuda, compreende e sente Machado de Assis como um escritor que reflete em seus livros a alma da nacionalidade, a realidade da nossa vida, tudo quanto possuímos de mais íntimo e genuíno em nossa maneira de ser. Isto significa, ainda, em contrapartida, que não cabe razão àqueles que pretenderam e ainda pretendem colocar a obra machadiana fora do seu país e do seu povo, e como algo de requintado, superior e inacessível ao leitor comum. Está provado: Machado de Assis é um escritor nacional e é principalmente nesta qualidade que ele interessa e interessará cada vez mais ao povo brasileiro.

Mas há outro aspecto, correlativo e não menos significativo, da crescente popularização de Machado de Assis — o da também crescente bibliografia consagrada ao estudo, à análise e à interpretação da sua obra. Não poucos livros se publicaram, depois do centenário, sobre o homem e o escritor, e ainda agora estão aparecendo outros, alguns de autores estreantes, o que é particularmente expressivo. Merece destaque, neste sentido, o fato de o livro de Lúcia Miguel Pereira, dado a lume pela primeira vez em 1936, ter já atingido uma quinta edição, datada de 1955. Não sei se haverá, em nossa literatura, uma biografia dessa natureza — biografia e estudo crítico de um puro homem de letras — com cinco edições publicadas em pouco mais de vinte anos; mas isso, que por um lado confirma o valor do trabalho realizado por Lúcia Miguel Pereira, por outro lado é uma clara reafirmação do grau de popularidade do biografado.

O livro de Augusto Meyer teve igualmente uma segunda edição, em 1952, anunciando-se para breve uma terceira edição acrescentada de novos capítulos. De 1947 é a *Introdução a Machado de Assis*, de Barreto Filho, um dos mais notáveis intérpretes da obra machadiana. De 1952 é o volume de José Maria Belo, *Retrato de Machado de Assis*.

Eugênio Gomes, que publicara em 1939 o seu ensaio sobre as *Influências inglesas em Machado de Assis*, ampliou-o de novas páginas, reeditando tudo no volume *Espelho contra espelho*. Em outro volume, *Prata de casa*, publicado mais tarde, incluiu novos ensaios sobre Machado de Assis. Eugênio Gomes tem outro volume, *Machado de Assis*, a sair brevemente. De Brito Broca, excelente pesquisador da nossa história literária, é o *Machado de Assis e a política e outros ensaios*, editado em 1957. Otávio Mangabeira, que ocupava na Academia Brasileira a cadeira fundada por Machado, escreveu um grosso volume com o título de *Machado de Assis*, no qual resume e condensa toda a ficção machadiana. Parece-nos trabalho de merecimento muito discutível, salvando-se o volume pela introdução crítica, bem mais elogiável.

No começo do ano apareceu o livro de Otávio Brandão, *O niilista Machado de Assis*, do qual o menos que se pode dizer é que é um livro infeliz.

De publicação recente, coincidindo com o cinquentenário, há dois livros consideráveis: *Tempo e memória em Machado de Assis*, do professor Wilton Cardoso, da Universidade de Minas Gerais. Não li ainda a obra, mas a aparência é de coisa séria, que exige estudo e meditação. O outro livro é de Francisco Pati: *Dicionário de Machado de Assis*. Compõe-se de verbetes com a história e a biografia dos personagens machadianos.

Estão já anunciados novos livros de pesquisa, crítica e interpretação da obra machadiana. Esperemos.

R. Magalhães Júnior, homem de múltipla e trepidante atividade, publicou o seu *Machado de Assis desconhecido* em 1955. Êxito fulminante, já desdobrado em três edições. Do mesmo autor, dono absoluto do adjetivo infatigável, é o volume *Ao redor de Machado de Assis*: pesquisas e interpretações, que saiu em junho último, e ainda o *Machado de Assis funcionário público* que saiu este mês. Nesse meio-tempo, isto é, de 1955 a 1958, Magalhães Júnior organizou e prefaciou uma dezena de volumes de Machado de Assis, contos e crônicas que descobriu em velhos jornais e revistas. E a lista não está encerrada, longe disso.

Anotamos aqui o que nos parece mais importante na bibliografia machadiana aparecida nestes últimos anos. Poderíamos citar igualmente muitos ensaios, incluídos como capítulos em livros de vários autores. Não difícil encontrar, em cada um desses trabalhos, uma contribuição ou um ponto de vista útil ao melhor conhecimento do legado literário de Machado de Assis.

Deixo para o fim a menção dos trabalhos do prof. J. Galante de Sousa: *Bibliografia de Machado de Assis*, publicada em 1955, e *Fontes para o estudo de Machado de Assis*, distribuído agora[2]. São dois volumes de base, indispensáveis a qualquer estudo sobre Machado de Assis, fruto de longos anos de pesquisa, trabalho e tenacidade. Ambos editados pelo Instituto Nacional do Livro, que neste mesmo mês fez o lançamento de um número especial da *Revista do Livro* com numerosos estudos e ensaios firmados pelos nossos machadianos mais notórios, além de interessante material iconográfico e informativo.

Setembro de 1958

---

[2] Nunca será demais insistir sobre a importância capital dos dois volumes do prof. Galante de Sousa: são dois guias bibliográficos sistemáticos e exaustivos, levantamento exato, minucioso, inapreciável serviço prestado à história literária de Machado de Assis.

Apêndice

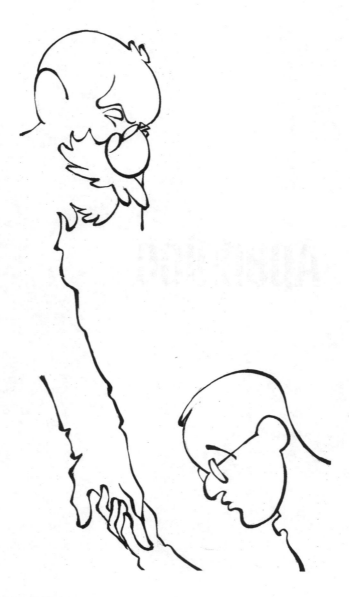

Caricatura de Claudio de Oliveira
representando a visita de Astrojildo
Pereira ao quarto de Machado de Assis.

A ÚLTIMA VISITA[1]

Na noite em que faleceu Machado de Assis, quem penetrasse na vivenda do poeta, em Laranjeiras, não acreditaria que estivesse tão próximo o triste desenlace da sua enfermidade. Na sala de jantar, para onde dava o quarto do querido mestre, um grupo de senhoras — ontem meninas que ele carregava nos braços carinhosos, hoje nobilíssimas mães de família — comentavam-lhe os lances encantados da vida e reliam-lhe antigos versos, ainda inéditos, avaramente guardados nos álbuns caprichosos. As vozes eram discretas, as mágoas apenas rebrilhavam nos olhos marejados de lágrimas, e a placidez era completa no recinto, onde a saudade glorificava uma existência, antes da morte.

No salão de visitas viam-se alguns discípulos dedicados, também aparentemente tranquilos.

E compreendia-se desde logo a antilogia de corações tão ao parecer tranquilos na eminência de uma catástrofe. Era o contrário da própria serenidade incomparável e emocionante em que ia, a pouco e pouco, extinguindo-se o extraordinário escritor. Realmente, na fase aguda de sua moléstia, Machado de Assis, se por acaso traía com um gemido e uma contração mais viva o sofrimento, apressava-se em pedir desculpas aos que o assistiam, na ânsia e no apuro gentilíssimo de quem corrige um descuido ou involuntário deslize. Timbrava em sua primeira e última dissimulação: a dissimulação da própria agonia, para não nos magoar com o reflexo da sua dor. A sua infinita delicadeza de pensar, de sentir e de

---

[1] Crônica publicada no *Jornal do Commercio*, 30 set. 1908. Extraída de: Euclides da Cunha, *Obra completa*, v. I (Rio de Janeiro, Nova Aguilar, 1995), p. 503-5.

agir, que no trato vulgar dos homens se exteriorizava em timidez embaraçadora e recatado retraimento, transfigurava-se em fortaleza tranquila e soberana.

E gentilissimamente bem durante a vida, ele se tornava gentilmente heroico na morte...

Mas aquela placidez augusta despertava na sala principal, onde se reuniam Coelho Netto, Graça Aranha, Mário de Alencar, José Veríssimo, Raimundo Correa e Rodrigo Otávio, comentários divergentes. Resumia-os um amargo desapontamento. De um modo geral, não se compreendia que uma vida que tanto viveu as outras vidas, assimilando-as através de análises sutilíssimas, para no-las transfigurar e ampliar, aformoseadas em sínteses radiosas — que uma vida de tal porte desaparecesse no meio de tamanha indiferença, num círculo limitadíssimo de corações amigos. Um escritor da estatura de Machado de Assis só deverá extinguir-se dentro de uma grande e nobilitadora comoção nacional.

Era pelo menos desanimador, tanto descaso — a cidade inteira, sem a vibração de um abalo, derivando imperturbavelmente na normalidade de sua existência complexa — quando faltavam poucos minutos para que se cerrassem quarenta anos de literatura gloriosa...

Neste momento, precisamente ao anunciar-se esse juízo desalentado, ouviram-se umas tímidas pancadas na porta principal da entrada.

Abriram-na. Apareceu um desconhecido: um adolescente de dezesseis ou dezoito anos, ao máximo. Perguntaram-lhe o nome. Declarou ser desnecessário dizê-lo:

> Ninguém ali o conhecia; não conhecia ele por sua vez ninguém; não conhecia o próprio dono da casa, a não ser pela leitura de seus livros, que o encantavam. Por isso, ao ler os jornais da tarde que o escritor se achava em estado gravíssimo, tivera o pensamento de visitá-lo. Relutara contra esta ideia, não tendo quem o apresentasse: mas não lograra vencê-la. Que o desculpassem, portanto. Se lhe não era dado ver o enfermo, dessem-lhe ao menos notícias certas de seu estado.

E o anônimo juvenil — vindo da noite — foi conduzido ao quarto do doente. Chegou. Não disse uma palavra. Ajoelhou-se. Tomou a mão do mestre: beijou-a num belo gesto de carinho filial. Aconchegou-o depois por algum tempo ao peito. Levantou-se e, sem dizer palavra, saiu.

À porta, José Veríssimo perguntou-lhe o nome. Disse-lhe.

Mas deve ficar anônimo. Qualquer que seja o destino desta criança, ela nunca mais subirá tanto na vida. Naquele momento, o seu coração bateu sozinho pela alma de uma nacionalidade. Naquele meio segundo — no meio segundo em que ele estreitou o peito moribundo de Machado de Assis, aquele menino foi o maior homem de sua terra.

Ele saiu — e houve na sala, há pouco invadida de desalentos, uma transfiguração.

No fastígio de certos estados morais concretizam-se às vezes as maiores idealizações.

Pelos nossos olhos passara a impressão visual da Posteridade...

Euclides da Cunha
30 de setembro de 1908

MACHADO DE ASSIS É NOSSO, É DO POVO

Quando o Brasil inteiro comemora com entusiasmo e brilhantismo o centenário de nascimento de Machado de Assis, queremos trazer com o nosso depoimento a nossa homenagem a esse filho do povo, pobre, mestiço, vindo das camadas mais oprimidas da população e que à custa unicamente do seu gênio e do seu próprio esforço conseguiu colocar-se no primeiro plano dos nossos escritores.

Discordamos dos que veem em Machado de Assis um escritor que somente possa ser compreendido pelas chamadas "elites". O contrário justamente é o que se observa: as "elites" nunca o compreenderam e por isso nenhum foi mais do que ele combatido e falsamente interpretado. Em Machado nós vemos o aprendiz de tipógrafo, o baleiro, o menino miserável do morro, o filho de um pintor pobre e de uma lavadeira, que acreditava na cultura como força de renovação e de progresso, que protestou indignado contra a invasão do México pelas tropas de Napoleão III, que escarneceu dos artifícios e dos convencionalismos de sua época, que pôs a nu os angustiosos conflitos morais da sociedade do Segundo Reinado, que amou e sentiu mais do que todos a cidade onde nasceu e viveu e que soube exercer a sua profissão com dignidade e altivez, reagindo com bravura contra a degradação e corrupção do intelectual, simbolizado no tipo clássico do boêmio irresponsável.

Não cremos que, batendo-se pelos direitos da personalidade e deles não abdicando numa sociedade escravagista, feudal, em que "o Império não era senão um prolongamento da colônia", fosse Machado de Assis um conformista, como timbram em apontá-lo críticos apressados. Pelo contrário, sua atividade, nesse terreno, foi extremamente fecunda e progressista.

Acreditamos que Machado se tornará cada vez mais popular. Quanto mais o novo se instruir, quanto mais a cultura deixar de ser monopólio e privilégio de uma reduzida minoria, quanto mais o Brasil se transformar e avançar, mais a obra do escritor insigne ganhará em difusão e simpatia.

O carioca da segunda metade do século XIX vive nos romances e nos contos de Machado, tal como é, sem intenções preconcebidas por parte do autor, com seus defeitos e qualidades, humanamente. Nesses romances e nesses contos muito se terá que estudar e aprender do nosso passado. Isso sem falarmos na língua e no estilo do criador de *Esaú e Jacó*, na feliz combinação que soube fazer do gosto pelos bons clássicos com as novas formas de expressão brasileiras, na sua técnica que o sr. Mário de Andrade comparou à de um artesão, tanto era o zelo e a responsabilidade que Machado punha em sua comunicação com o público.

A vida de Machado é, sobretudo, uma lição. Uma lição para o proletariado, para o homem do povo em geral, pois demonstra que o pensamento, a literatura e a arte não são um "dom natural" dos "bem-nascidos", mas um direito de todos os homens livres, de todos aqueles que sabem que só há horizontes fechados quando se foge à luta e que a cultura terá de ser, não uma concessão às massas, mas uma conquista das massas, uma vitória dos ideais de liberdade.

A *Revista Proletária* presta, aqui, o seu tributo à memória de Machado de Assis e concita o povo brasileiro a reivindicar como um patrimônio seu, inalienável, a obra, sob tantos aspectos digna de ser refletida e meditada, do mestiço glorioso que foi em si mesmo um desmentido vivo e eloquente às calúnias sobre a "nossa inferioridade racial" postas em voga — e não por acaso... — pelos Oliveira Viana e outros apologistas do "arianismo" antinacional e dissolvente. Ele completa a galeria ilustre dos Luís Gama, dos Lima Barreto, dos Patrocínio, dos André Rebouças e tantos mulatos e negros que honram a literatura, a arte e o jornalismo no Brasil. Machado é nosso, é do povo.

Astrojildo Pereira
Revista Proletária, *junho de 1939*

EM MEMÓRIA DE MACHADO DE ASSIS

A intelectualidade brasileira rende um preito de saudade ao escritor Joaquim Maria Machado de Assis na data do cinquentenário de sua morte.

Machado de Assis foi o maior ficcionista brasileiro do século passado. Sua atividade de crítico literário, poeta, teatrólogo, contista, romancista se prolongou da década de 1860 do século passado à primeira década deste século.

Foi esse um período importante na vida do país. Surge a burguesia nacional e começa a formar-se o proletariado. Precisamente nos anos de 1860 a luta pela abolição da escravatura, vem para a rua, para a praça, ao ritmo dos versos candentes de Castro Alves "— Cresce, cresce, seara vermelha — Cresce, cresce, vingança feroz!".

Sem ser embora um combatente participante das lutas do povo, Machado de Assis refletiu com argúcia o espírito predominante de sua época. Sua obra tem um cunho profundamente realista. Seus pontos estão impregnados do sentido do seu tempo e da psicologia do povo. Ele mesmo tinha consciência disso e se propunha evidentemente a isso quando, jovem crítico literário, aconselhava a seus contemporâneos: "Voltemos os olhos para a realidade [...]", e mesmo quando, ao condenar a escola naturalista (a que chamava de realista), acrescentava: "a realidade é boa [...]", ainda era voltar-se para a realidade quando escrevia: "dizer que a poesia há de responder ao tempo em que se desenvolve, é somente afirmar uma verdade comum a todos os fenômenos artísticos". Assim, em princípio, Machado de Assis exclui a arte pela arte.

Sua obra reflete precisamente o ambiente em que vivia. É digna de destaque essa sua opinião, que infelizmente não era generalizada: "O que se deve exigir de um escritor, antes de tudo, é certo sentimento íntimo que o torne homem de seu tempo e de seu país".

E neste sentido foi um inovador como poucos em sua época. É um dos fundadores da literatura autenticamente brasileira. Nenhum romancista antes dele — exceção de José de Alencar — tinha conseguido libertar-se tanto de influências destoantes estranhas, sobretudo portuguesas. A sua linguagem, reconhecidamente correta, era ao mesmo tempo a linguagem, a expressão, a maneira de dizer do povo brasileiro. E também aí ele reconhecia e admitia como legítima, sem o esnobismo prevalecente em muitos intelectuais seus contemporâneos, a participação popular na formação e evolução da língua. "A este respeito — escrevia — a influência do povo é decisiva."

Seus personagens, mesmo quando homens simples do povo, escravos, não falam com pedantismo ou artifícios de linguagem.

Mas, se estas opiniões de Machado de Assis servem para marcar-lhe o caráter, o que ele nos legou de realmente importante e duradouro é a sua obra de ficcionista.

Machado de Assis soube ver como nenhum outro escritor brasileiro e traduzir em seus romances e contos o ambiente de frustração, refletindo através de seus personagens o sentimento dominante na sociedade que o rodeava: de conformismo ou desencanto, indiferença, timidez ou cinismo. E por isso pretendem atribuir ao próprio romancista todas estas qualidades negativas. Numa série de artigos aparecidos sobre Machado de Assis nas comemorações do seu centenário de nascimento, em 1939, havia como que um *leit motiv* central: o "pessimismo" de Machado de Assis. No entanto, as criaturas indiferentes ou céticas que desfilam em seus livros compunham o grosso da sociedade burguesa ou pequeno-burguesa por ele retratada. Eram seres sem perspectivas que viam as "ilusões do século" irem de águas abaixo na estagnação econômica do país ou em seu lento progresso, ante o compromisso da burguesia com o latifúndio para manter os restos feudais, ante a sórdida politicagem, ante o jogo de especulação desenfreada, ante o "encilhamento", que caracteriza o principal surto da burguesia brasileira entre o fim do Império e o começo da República.

E se queremos atribuir-lhe como opiniões suas as palavras de alguns de seus personagens, por que não lembrar aquele canto ao homem do futuro, do diálogo de Prometeu e Asverus?: "Então, a tua retina fitará o sol sem perigo, porque no homem do futuro ficará concentrado tudo o que há de melhor na natureza, enérgico ou sutil, cintilante ou puro". Ou em *Quincas Borba* este profundo pensamento sobre a vida?: "Não há morte. O encontro de duas expansões, ou a expansão de duas forças, pode determinar a supressão de uma delas; mas, rigorosamente, não há morte, há vida, porque a supressão de uma é condição da sobrevivência da outra, e a destruição não atinge o princípio universal e comum". É um pensamento de materialista. E foi um mérito de Machado de Assis ter abordado uma compreensão materialista do mundo.

É verdade que encontramos também em *Dom Casmurro*, que data de 1900, o elogio da timidez: "Timidez não é tão ruim moeda, como parece". E ainda: "Não é só o céu que dá as nossas virtudes, a timidez também...".

E daí o acentuado "ceticismo" que encontramos na obra de Machado de Assis. Ceticismo que está talvez em seus personagens mais honestos. Mas esse ceticismo, ao contrário do que pretendem alguns críticos de Machado, contém um elemento altamente positivo para aquela época. Traduzia a dúvida ante reformas burguesas inconsequentes, ante uma República burguesa altamente comprometida com o latifúndio, ante a contrafação de democracia burguesa. Esse pessimismo era um sinal de que havia descontentamento com a ordem de coisas dominante, mesmo quando não se divisava um rumo certo a seguir. Esse pessimismo é um germe de crítica e, portanto, um começo de condenação ao que existe de errado numa determinada ordem de coisas, numa dada organização social. Pode ser o ponto de partida para uma atitude revolucionária.

Machado de Assis não transpôs estes limites. Mas nem por isso sua obra perde valor. Ela é um patrimônio da literatura brasileira de que podemos orgulhar-nos.

Rui Facó
Voz Operária, *27 de setembro de 1958*

Caricatura de Machado de Assis, por Claudio de Oliveira.

TRADIÇÃO E REVOLUÇÃO[1]

A livraria São José é quase o último "sebo" do Rio de Janeiro e é uma casa editora que publica obras em parte muito modernas, digamos avançadas. É uma casa *sui generis* na qual o sr. Carlos Ribeiro conseguiu reunir o respeito a tradição enraizadas e gosto da renovação permanente.

Os termos não são inequívocos. A tradição pode ser terra firme e pode ser rotina sufocante. A renovação pode ser destruidora e pode ser reconstrutora. Como sairemos do impasse das definições contraditórias? A frase de Ortega y Gasset — sobre a história como luta entre os paralíticos e os epilépticos — é mais espirituosa que exata. A solução só pode ser a dialética para a qual a língua alemã, perigosamente ambígua como sempre, forneceu a Hegel o termo *Aufheben*: esse verbo significa, em alemão, "abolir" e, ao mesmo tempo, "conservar". Na síntese dialética, as teses e antíteses são *Aufgehoben*, isto é, superadas, mas não abandonadas. A editora dialética do sr. Carlos Ribeiro não podia deixar de incluir entre os seus autores o dialético sr. Astrojildo Pereira, que agora reuniu em volume todos os seus estudos sobre esse ficcionista muito dialético que se chamava Machado de Assis.

O *Machado de Assis* do sr. Astrojildo Pereira reúne ensaios e outros artigos, menores, que já conhecíamos quase todos, mas que, com o tempo, ficaram inacessíveis, dispersos em livros esgotados e em revistas e jornais. É um prazer relê-los. É um proveito permanente possuí-los reunidos. Justamente porque o sr. Astrojildo Pereira é amigo pessoal de quem

---

[1] Esse artigo foi originalmente publicado no jornal *Correio da Manhã* no dia 22 de agosto de 1959.

escreve estas linhas, não pretendo elogiá-lo de maneira efusiva em letras de fôrma: de elogios não precisa esse escritor brasileiro, um dos mais cultos e mais inteligentes da nossa época: e a efusão seria inconveniente, tratando-se de homem tão sereno (embora a serenidade quase clássica do seu estilo mal chegue a esconder a paixão das suas convicções sempre respeitáveis). Em suma: eis um verdadeiro escritor e um verdadeiro homem. Não seria preciso dizer mais, se o livro não oferecesse, também, oportunidade para discutir e precisar alguns problemas atuais de crítica literária.

Assim como a casa editora que acaba de publicar o presente livro, o sr. Astrojildo Pereira é tradicionalista e revolucionário ao mesmo tempo. Tradicionalista: porque em sua crítica se observa a preocupação pela significação moral e pela interpretação da importância social das obras estudadas. Revolucionário: porque a norma dessas preocupações e interpretações é a crítica marxista da sociedade e das suas expressões superestruturais. A bibliografia marxista sobre o marxismo e seus problemas é muito grande. Mas é, parece, muito maior a bibliografia de tendência antimarxista. O marxismo já foi, inúmeras vezes, definitivamente refutado, sem se esgotar, porém, a necessidade de refutá-lo sempre de novo. O caso lembra aquele verso de Corneille: *"Les morts que vous tuez, se portent assez bien".*

Nem todo o marxismo, mas certos princípios básicos do marxismo foram aceitos e aplicados por sociólogos tão visceralmente antimarxistas como Max Weber e Karl Mannheim; nem todos, mas certos daqueles princípios também se encontram na doutrina de sociólogos católicos como Werner Jostock e Goetz Briefs. No terreno que aqui nos ocupa, o da crítica literária, ninguém tem o direito de desprezar a lição de marxistas como Walter Benjamin e Bernard Groethuysen. A palavra definitiva já parece ter dito Benedetto Croce rejeitando o método marxista como fonte de soluções dogmáticas e aceitando-o como cânone interpretativo dos fenômenos históricos. O verdadeiro e mais perigoso inimigo desse método é o dogmatismo dos próprios marxistas. É o dogmatismo que conseguiu expulsar para o limbo da heresia o marxista Georg Lukács (veja sobre o caso dele o ensaio de Peter Demetz na revista *Merkur*, XII 6, jun. 1958). No Brasil, no setor da crítica machadiana, aquele dogmatismo produziu o livro do sr. Octávio Brandão, trabalho infeliz sobre o qual já foi dito o que foi necessário dizer. Mas a aplicação correta dos critérios de interpretação sociológica à obra de Machado de Assis é muito anterior: é o ensaio "Romancista do Segundo Reinado", que saiu primeiro na *Revista do Brasil* (fase de Otávio Tarquínio de Sousa), depois mais duas vezes em livros hoje esgotados, e constitui agora o núcleo do livro do sr. Astrojildo Pereira.

Esse ensaio, uma das obras principais da crítica machadiana, é característico do seu autor: é tradicionalista e revolucionário ao mesmo tempo. É uma análise da sociedade do Segundo Reinado, vista através da obra de Machado de Assis, análise inspirada por tanta compreensão íntima que se falaria, quase, em saudosismo, se não se sentisse também em cada linha a caducidade daquela estrutura social e a fatalidade do seu ocaso e a vontade de acabar com todas as estruturas sociais decadentes. A obra de Machado é considerada como documento da época da qual saiu; mas a análise da época também é instrumento de interpretação da própria obra. Dir-se-ia: método de reflexo duplo, satisfazendo às exigências do historiador social e, ao mesmo tempo, fornecendo contribuição indispensável para a interpretação propriamente literária.

É um método que também pode ser aplicado por não marxistas e já o foi. Basta lembrar o trabalho de W. H. Bruford sobre *A Rússia de Tchekov* e o trabalho de Hugo Bieber sobre o romance alemão burguês do século XIX. Falta-nos uma análise, no mesmo sentido, do romance nordestino. São, aliás, inegáveis as dificuldades que o método apresenta. Só um analista de muita experiência e da necessária sensibilidade evitará o perigo de confundir a verdade histórica e a verdade da ficção. Uma tentativa metodológica, nesse sentido, já foi feita por Robert Angell, em: "A Critical Review of the Development of the Personal Document Method in Sociology" (*Social Science Research Council*, Nova York, Bullet n. 53, 1945). O possuidor tem de guardar seus passos.

Em um dos ensaios do presente volume, o sr. Astrojildo Pereira parece ter dado um passo para além dos limites metodologicamente estabelecidos no ensaio "Pensamento dialético e materialista". Não considero errada a tese defendida nesse estudo: a de que Machado de Assis teria sido materialista. Pois também já aventurei essa hipótese (e o sr. Astrojildo Pereira me honrou, na pág. 160 do seu livro, citando-me a respeito). É, no entanto, uma tese que poucos admitem. Não compreendo, aliás, por que essa hipótese provoca tanta celeuma, já que todos admitem a falta de fé religiosa do grande escritor. É verdade que a sra. Lúcia Miguel Pereira nos transmite, de fonte fidedigna, o fato de que Machado de Assis se defendeu, com certa indignação, contra a denúncia de ser materialista. Mas essa indignação é compreensível: Machado não quis ser tido por aquilo que seu ambiente e sua época pensavam que fossem materialismo. Se ele foi materialista, então no sentido em que o foram os filósofos pré-socráticos; materialismo assim como está exposto no livro de Friedrich Albert Lange, que Machado parece ter conhecido; e no sentido em que Leopardi foi materialista. Evidentemente, essa filosofia não tem nada que ver com o materialismo dialético de Marx, que o escritor ignorava. O sr. Astrojildo Pereira admite isso com franqueza. Mas, para demonstrar o que não é possível demonstrar, quer encontrar um materialismo por assim dizer instintivo na metafórica de Machado e os traços característicos do pensamento dialético no conto "O espelho"; mas o que é dialético em Machado não é seu pensamento, e sim seu modo de ser ficcionista.

Esse método de interpretação crítica é bem conhecido: pretende-se encontrar na obra literária certas coisas que não existem nela manifestamente e das quais o próprio autor talvez não tivesse conhecimento consciente. É o método de interpretação "simbólica" que já foi tão incisivamente criticado por W. R. Keast e E. Olson (no volume *Critics and Criticism, Ancient and Modern*, edit. por R. S. Crane, Chicago, 1952). Se o crítico "simbolista" pretende encontrar seus "símbolos" dentro da própria obra, confere a certas partes dela importância maior que a outras, "menos significativas", isto é, faz crítica de julgamento sem poder provar seus julgamentos; mas se pretende demonstrar a significação dos "símbolos", alegando provas exteriores (cartas ou diários do autor, etc.), cai na heresia do método biográfico. No recentíssimo livro *The Business of Criticism* (Oxford, 1959), Helen Gardner diz bem que "*to many modern critics past literature is a mystery to be deciphered by what have virtually become laboratory technique*" e protesta contra "*the central image, the all-embracing symbol*", etc. Essa mania de querer saber mais de uma obra do que sabia o próprio autor baseia-se em fundamentos filosóficos fracos e duvidosos. É uma generalização ilegítima de conceitos psicanalíticos, cuja divulgação e popularidade não são garantias de segurança. É certo que a posteridade lê, numa grande obra literária, mais coisas e outras coisas que os contemporâneos e o próprio autor, mas não é o autor a quem temos o direito de atribuí-los. É o tempo (em sentido ativo do termo) que acrescenta sempre às obras dos autores muito estudados e muito interpretados: Dante, na Itália; Cervantes, na Espanha; Shakespeare, na Inglaterra; Goethe, na Alemanha. Autores em cujo espelho se reconhece ou acredita reconhecer-se a respectiva nacionalidade. No Brasil desempenha a mesma função a obra de Machado de Assis.

Assim, não temos perdido de vista o que importa: o texto de Machado. O próprio sr. Astrojildo Pereira nos leva a um texto machadiano dos menos estudados: o poema herói-cômico *O Almada*, cujo enredo é um episódio da história do Rio de Janeiro.

Machado de Assis e o Rio de Janeiro: eis um tema que foi nos últimos tempos melhor estudado (lembro os trabalhos do sr. Brito Broca), mas ainda oferece muitas possibilidades. Um conhecedor do assunto poderia desenhar um mapa do Rio da época de Machado, acompanhando nas praças, ruas e casas os destinos dos personagens. *O Almada* refere-se, porém, a uma época muito anterior: a um episódio revolucionário dos tempos coloniais. E o sr. Astrojildo Pereira no revela, novamente, de que maneira profunda a obra e a mentalidade machadianas estão enraizadas no solo carioca. A forma do poema é, porém, a epopeia herói-cômica, gênero hoje extinto, que foi, durante séculos, veículo de manifestações satíricas e oposicionistas. Escrevendo *O Almada*, Machado trata o Rio colonial de tempos passados e o Rio semicolonial da sua época de maneira dialética: o velho Rio de Janeiro está nesses versos *Aufgehoben*, "superado-abolido" e "conservado". O estudo poderia chamar-se "O Rio de Janeiro e Machado de Assis". Mas também poderia chamar-se "O Rio de Janeiro e Astrojildo Pereira". Nesse estudo de aparência despretensiosa, revela o sr. Astrojildo Pereira a harmonia entre as suas convicções de humanista e a sua serenidade humana, alcançou o equilíbrio perfeito de tradição e revolução.

Otto Maria Carpeaux

SOBRE O AUTOR

Astrojildo Pereira Duarte Silva nasceu em Rio Bonito, no estado do Rio de Janeiro, no dia 8 de outubro de 1890. Filho de uma família de comerciantes e políticos locais, fez seus primeiros estudos no tradicional Colégio Anchieta, em Nova Friburgo, e no Colégio Abílio, em Niterói. Cultivou desde a juventude interesse pela literatura e especialmente por Machado de Assis (1839-1908). Em 1908, sabendo da gravidade do estado de saúde do Bruxo do Cosme Velho, o visitou em seu leito de morte. O encontro foi imortalizado pelo texto de Euclides da Cunha (1866-1909) "A última visita". No mesmo ano, Astrojildo abandonou a educação formal e assumiu-se ateu, antimilitarista, republicano e democrata radical. Participou, em 1910, da campanha civilista do presidenciável Rui Barbosa, enquanto trabalhava como tipógrafo na capital da República.

Desiludiu-se rapidamente com o projeto liberal radical e em 1911 fez uma viagem à Europa ocidental, onde travou contato com os ideais anarquistas. Retornou ao Rio de Janeiro convencido de que deveria se engajar nas lutas operárias. Nos anos seguintes, esteve plenamente vinculado ao movimento anarquista, escrevendo para jornais como *A Voz do Trabalhador, Guerra Social, Spártacus, Germinal* e *O Cosmopolita*. Contribuiu também para a construção do II Congresso Operário Brasileiro, realizado em 1913, e da Central Operária Brasileira (COB). A partir de 1917, tomou parte nas greves gerais que agitaram diversas capitais brasileiras. Escreveu em 1918 um panfleto para defender a Revolução Russa intitulado "A Revolução Russa e a imprensa", utilizando o pseudônimo Alex Pavel[1].

Entre 1919 e 1921, afastou-se do anarquismo e aproximou-se dos ideais comunistas, fascinado com a Revolução Russa. Estava plenamente convencido de que deveria criar um partido comunista no Brasil. Organizou e viabilizou a realização do congresso de fundação do Partido Comunista do Brasil (PCB) em março de 1922. Após a desistência de um companheiro de legenda, assumiu a posição de secretário-geral. Ao longo dos anos 1920, foi uma das principais lideranças do partido, juntamente com Octávio Brandão, Paulo de Lacerda e outros. Fez repetidas viagens à União das Repúblicas Socialistas Soviéticas (URSS) naquela década. Em 1927, foi para a Bolívia encontrar-se com Luiz Carlos Prestes (1898-1990), buscando trazer o tenente para o partido. Começou a ter sua liderança questionada em 1929, sendo expulso do partido no ano seguinte.

Casou-se com Inês Dias no princípio dos anos 1930, ao mesmo tempo que se engajava na luta contra o Integralismo. Publicou o seu primeiro livro, *URSS Itália Brasil*, no fim de 1935. Nessa obra, reuniu uma série de textos, lançados originalmente na imprensa entre 1929 e 1934, em que divulgara e defendera as ideias comunistas. Na segunda metade da década, permaneceu afastado da política. Sobreviveu como vendedor de bananas e concentrou-se nos seus estudos literários sobre Machado de Assis, Lima Barreto (1881-1922) e outros autores. Essas investigações resultaram em seu segundo livro, *Interpretações*, editado em 1944.

Prestigiado como crítico literário após a publicação de *Interpretações*, participou do I Congresso Brasileiro de Escritores em janeiro de 1945 como representante do Rio de Janeiro. O evento exigiu a retomada das liberdades democráticas no país, ao questionar a ditadura do Estado Novo (1937-1945). Com a legalização do Partido Comunista em maio de 1945,

---

[1] Publicado como apêndice no livro *Formação do PCB* da presente coleção (São Paulo/Brasília, Boitempo/Fundação Astrojildo Pereira, 2022).

Astrojildo solicitou o seu retorno à legenda. Foi aceito com a imposição de uma humilhante autocrítica pública. Retomou suas atividades políticas a partir desse ano. Em 1946, esteve presente na III Conferência Nacional do PCB, sendo indicado como membro suplente do Comitê Central. Candidatou-se sem sucesso a vereador pela capital carioca em 1947. Coordenou a revista *Literatura* entre 1946 e 1948 e escreveu regularmente para jornais comunistas como *A Classe Operária* e *Voz Operária*.

Na década de 1950, não ocupou nenhum cargo no Comitê Central, nem mesmo na suplência. Atuou no setor cultural, colaborando na imprensa. Coordenou de 1958 a 1964 a revista *Estudos Sociais*, publicação que ajudou a formar importantes intelectuais, como Carlos Nelson Coutinho (1943-2012) e Leandro Konder (1936-2014). Em 1959, lançou o seu terceiro livro, *Machado de Assis*, reunindo seus principais escritos sobre o fundador da Academia Brasileira de Letras (ABL).

Em 1962, publicou *Formação do PCB*. Escrita para as comemorações dos quarenta anos da fundação do partido, a obra reconstitui historicamente o processo de criação da legenda. No ano seguinte, lançou seu último livro, *Crítica impura*, com textos de crítica literária. Foi preso em outubro de 1964, cerca de seis meses após o golpe militar. Permaneceu encarcerado até janeiro de 1965, período em que sua saúde debilitou-se profundamente. Faleceu em 10 de novembro de 1965, aos 75 anos.

COLEÇÃO ASTROJILDO PEREIRA

Conselho editorial
Fernando Garcia de Faria, Ivana Jinkings,
Luccas Eduardo Maldonado e Martin Cezar Feijó

URSS Itália Brasil
Prefácio: Marly Vianna
Orelha: Dainis Karepovs

Interpretações
Prefácio: Flávio Aguiar
Orelha: Pedro Meira Monteiro
Anexos: Nelson Werneck Sodré e
Florestan Fernandes

Machado de Assis
Prefácio: José Paulo Netto
Orelha: Luccas Eduardo Maldonado
Anexos: Euclides da Cunha, Rui Facó,
Astrojildo Pereira e Otto Maria Carpeaux

Formação do PCB
Prefácio: José Antonio Segatto
Orelha: Fernando Garcia
Anexos: Alex Pavel (Astrojildo Pereira)

Crítica Impura
Prefácio: Joselia Aguiar
Orelha: Paulo Roberto Pires
Anexos: Leandro Konder

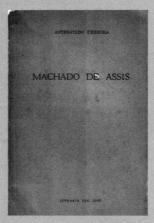

Capa da primeira edição de *Machado de Assis* lançada pela Livraria São José em 1959.

Publicado em março de 2022, cem anos após a fundação do Partido Comunista do Brasil (PCB), este livro foi composto em Adobe Garamond Pro, corpo 11/15,4, e impresso pela gráfica Rettec, para a Boitempo e para a Fundação Astrojildo Pereira, com tiragem de 2.500 exemplares.